U0372093

HZ BOOKS

INTELLIGENT RISK CONTROL

Principles, Algorithms and Practice

原理、算法与工程实践

梅子行 / 著

机械工业出版社
China Machine Press

图书在版编目（CIP）数据

智能风控：原理、算法与工程实践 / 梅子行著 . —北京：机械工业出版社，2020.1（2021.10 重印）
（金融科技）

ISBN 978-7-111-64353-1

I. 智… II. 梅… III. 金融风险 – 风险管理 IV. F830.9

中国版本图书馆 CIP 数据核字（2019）第 296885 号

智能风控：原理、算法与工程实践

出版发行：机械工业出版社（北京市西城区百万庄大街 22 号 邮政编码：100037）
责任编辑：罗词亮
责任校对：殷 虹
印 刷：北京文昌阁彩色印刷有限责任公司
版 次：2021 年 10 月第 1 版第 5 次印刷
开 本：186mm×240mm 1/16
印 张：15
书 号：ISBN 978-7-111-64353-1
定 价：89.00 元

客服电话：（010）88361066 88379833 68326294
投稿热线：（010）88379604
华章网站：www.hzbook.com
读者信箱：hzjsj@hzbook.com

推荐序

梅子行先生是我的好友，很荣幸受邀为梅先生的这本力作撰写推荐序。同时，得知本书即将由机械工业出版社出版，在此对本书的面世表示衷心祝贺。

风险性是包括信贷业务在内的金融活动的根本属性，风险管理是金融行业的核心与基石。根据我个人的理解，从方法的演进历程而言，风险管理大致经历以下三个阶段：

第一阶段是“纯人脑的风险管理”。由于可获得的数据很少，可运用的分析技术稀缺，这一阶段的风险管理完全依赖于从业者的经验累积和主观判断。

第二阶段是“人脑+电脑的风险管理”。由于累积了一定量的数据，出现了数据表格（如 Excel）和统计分析工具，计算机开始在风险管理中发挥一定的作用。

第三阶段是“智能风险管理”，这也是目前正在经历并将长期处于的阶段。由于拥有了海量的数据，加之包括机器学习、深度学习在内的人工智能技术逐步普及，风险管理正在变得更加精确、高效。

梅先生的这本书以当前流行的机器学习模型作为技术线，以信贷业务的风险管控作为场景图，以线带面勾勒出了信贷领域智能风控的最佳实践，可谓是一本贴合当前智能风险管理业务需要的佳作。

本书以Python作为实现智能风险管理的编程语言，而我个人也十分推崇运用Python分析金融、管控风险。我想借此机会，回答一下被众多金融从业者问及的一个普遍性问题："为什么金融领域如此偏爱Python？"我的回答包括以下三点：

第一，Python是开放的（Python is open）。Python不仅免费而且还是开源的，同样金融也是海纳百川、兼收并蓄的，Python与金融的"碰撞"必将创造出一个更加开放与包容的金融科技世界。

第二，Python是强大的（Python is powerful）。Python拥有大量第三方模块和工具包，便于开展各类科学数据分析与可视化工作，即使在机器学习、深度学习等前沿的人工智能领域，Python的工具包也发挥着不可替代的作用。而如今在整个金融行业数字化、智能化转型的关键阶段，强大的Python将助力金融业的转型。

第三，Python是简洁的（Python is simple）。Python的语法结构与代码的简洁性，使得无论是缺乏计算机编程经验的新手，还是熟练驾驭C++、Java、R等语言的编程老手，对Python都比较容易上手。而简洁性这一点也恰恰是当前金融业不断追求的，自从2008年全球金融危机以来，金融领域的一个典型特征就是金融产品的交易结构和规则日趋简洁。

那么，广大读者如何才能通过本书真正掌握智能风控技术呢？在这里我想借用三句宋词来阐述学习本书的三部曲。

第一部曲是"昨夜西风凋碧树，独上高楼，望尽天涯路"。（晏殊《蝶恋花》）对于广大读者而言，首先必须设定明确的学习目标，制订合理的学习计划和时间表，充分做好学习的长远规划和顶层设计。

第二部曲是"衣带渐宽终不悔，为伊消得人憔悴"。（柳永《蝶恋花》）由于智能风控既包括风险管理又包含人工智能，内容多、技术要求高，因此学习的过程绝不会轻松，更不可能是一日之功，而需要坚定自己的理想与信念，持之以恒地付出与努力。

第三部曲是"众里寻他千百度，蓦然回首，那人却在灯火阑珊处"。（辛弃疾《青玉案·元夕》）虽然包括机器学习在内的人工智能技术很强大，但是它所能发挥的作用大小与运用场景密不可分，在大量的运用场景中，风险管理可以说是最佳的运用场景之一。广大读者在学习本书时需要结合风险管理的理论和实践，因为只有这样才能让人工智能助力我们的学习。

金融科技时代已经来临，人工智能正创造着风险管理的无限可能！热切期盼梅先生的这本书能够成为广大金融从业者尤其是风险管理从业者的必备工具书。

斯文

经济学博士、CPA、CFA、FRM

微信公众号“风控博士沙龙”负责人

热门书《基于Python的金融分析与风险管理》作者

前言

为什么要写这本书

风控是机器学习新兴的应用场景之一，该应用场景特点非常明显：

第一，负样本占比极少，是不均衡学习（Imbalance Learning）的典型应用之一。有标签样本的稀缺，使得半监督和无监督算法在风控场景下大放异彩。

第二，业务对模型解释性要求偏高。同时业务对时效性也有一定要求，所以在实际建模中需要权衡模型复杂度与精度，并且适当优化算法内核。

第三，业务模型多样。每一个模型都和业务目标有着非常紧密的联系，因此每一个从业者都需要对业务和模型有很好的理解，从而为业务定制合适的模型。

第四，风控数据源丰富。围绕人展开的数据皆可用，而数据的多样性带来的是新兴技术的井喷，结构化数据、图像、文本等多个领域的方法都在风控领域有一定应用。

风控的子方向有很多，如信贷平台的贷款欺诈检测、社交平台的垃圾内容检测、媒体平台的流量作弊检测等。各个方向的场景大多具有相似的特点，虽然因数据源不同，实际应用中的算法选择略有差异，但整体的算法应用策略一致。在各场景中，信贷业务经过简化后相对容易理解，并且数据多元，包括结构化数据、时间序列数据、文本数据等。读者在了解基本的信贷概念后，就可以快速展开对机器学习相关内容的学习了。

笔者研读市面上智能风控相关的学习资料时发现，入门资料非常丰富，而专门介绍风控领域机器学习技术的进阶资料几乎没有，因此决心写一本构建风控领域机器学习体系的书，且希望原理与实践并重，帮助入门后的从业者进一步学习提高。本书围绕信贷风控展开，重点介绍欺诈检测的机器学习方法。

读者对象

本书主要面向从事风险控制工作的广大分析师、建模师、算法工程师，也适合对传统信用评分卡有初步认识的在校学生，以及对机器学习在风控领域应用感兴趣的读者。

本书特色

与市面上许多风控建模相关的图书不同，本书主要使用机器学习方法进行信用管理，而不是使用传统的统计分析手段与逻辑回归评分卡的内容。有关构建信贷评分卡的内容，本书最后的参考文献中所列的书籍已经讲解得非常透彻了，因此传统评分卡在本书中仅以对比机器学习评分卡的形式出现。对于信贷领域的基础概念，本书不作过多展开，只对本书中涉及的部分加以解释。

本书初稿的篇幅是目前的两倍以上，详细介绍了风控领域每一个场景的算法原理及业务逻辑，但经与专业人士反复探讨，笔者最终决定将与参考文献中所列图书重合度较高的内容去掉，而将笔墨集中在解决问题相关的算法及实际应用上。

本书的大部分章节都由问题、算法、案例三部分组成。期望读者通过对本书的阅读，可以更快、更好地解决实际问题，而非纸上谈兵。本书中的案例大多为业内尚未普及的前沿案例，希望能够对读者有所启发。

本书中有大量公式和代码，为提高可读性，特邀请资深设计师毛鑫宇老师为本书手绘素材及插图，希望在保证内容丰富、严谨、实用的同时，让读者感受到读书的乐趣。

如何阅读这本书

本书是一本专注于介绍机器学习算法在风控领域的应用的书籍，具有很强的实践性。全书共8章，包含21种实用算法与26种解决方案。

第1～2章讲解了信贷业务的基础知识及常用的规则引擎、信用评估引擎的建模方法。

第3章围绕迁移学习展开，并以项目冷启动为背景进行介绍。迁移学习在风控领域的应用非常广泛。

第4～5章介绍了幸存者偏差与不均衡学习中所使用的无监督学习与半监督学习方法。在实际应用中，迁移学习可以为这两种场景带来很多帮助。

第6章重点讲解了无监督的异常识别算法。该方法常用于数据清洗与冷启动项目，是反欺诈引擎中常用的个体欺诈检测方法。

第7章分享了一些经笔者实践证明效果较好的模型优化方法，并对模型融合的思路进行了较为详细的介绍。

第8章重点介绍了知识图谱相关的复杂网络基础知识及网络表示学习方法，其中的社区发现算法常用于团伙欺诈检测。除团伙欺诈检测外，第8章所涉及的部分方法对信用评估模型的优化也有很大帮助。

本书更多是为读者提供一些实践经验以及深入挖掘的方向，读者可以在本书基础上进行深入研究与实践。笔者认为阅读一本书应分为两大阶段：第一阶段将书“由厚读薄”，抽象出主体知识与脉络架构，形成自己的思维体系；第二阶段将书“由薄读厚”，将抽象的思维体系与书本内容进行交叉验证，发现其中的细节，并加以引申。切勿在第一阶段结束后就自以为掌握了核心思想而不再有进取之心。希望读者在阅读本书时能多思考、多总结、勤于实践，最终实现学以致用。

本书的内容结构如下图所示。

勘误与支持

写作本书时虽力求完美，但由于作者水平有限，错误和疏漏之处在所难免，在此，期望得到各领域专家和广大读者的批评指正。如果你有关于本书的建议或意见，欢迎发送邮件至 yfc@hzbook.com。

此外，本书的全部代码和部分数据可在华章官方网站（www.hzbook.com）上下载。因为有部分数据比较敏感、无法分享，请大家理解。

本书内容结构

致谢

感谢机械工业出版社华章公司策划编辑杨福川老师、责任编辑罗词亮老师，以及本书的封面、插画、素材设计者毛鑫宇老师。以上各位为本书花费了大量的时间和精力，并在本书的创作过程中提出了宝贵的修改建议，特此感谢。

感谢赵越老师（知乎 ID：微调），其开发维护的 PyOD 库为异常检测方法的实际应用提供了极大便利。感谢公众号“人工智能爱好者社区”负责人邬书豪兄、公众号“风控圈子”负责人孙耀武兄对本书的大力支持，以及梁官雪老师、周立烽老师等数十位好友在日常交流、工作中对我的指导。

感谢参与本书出版的全部工作人员的付出以及各位同事、朋友为本书带来的灵感。

目录

第 1 章　风控建模与规则挖掘

风险控制（Risk Control），简称风控，是互联网金融的核心，也是现阶段人工智能的主要应用场景之一。本章作为全书的第 1 章，首先为读者介绍信贷业务以及企业风控建模相关流程；然后对建模的每个环节和注意事项进行解读；最后通过一个实际案例，为读者介绍一种基于决策树进行自动化规则挖掘的方法。

1.1　信贷与风险

1.1.1　信贷业务与互联网金融风控体系

信贷业务又称信贷资产或贷款业务，是商业银行及互联网金融公司最重要的资产业务和主要赢利手段，通过放款收回本金，获得利息，赢得利润。对于有贷款需求的用户，贷款平台首先要对其未来的还款表现进行预测，然后将资金借贷给有大概率还款的用户。

互联网金融是在互联网场景下对传统信贷业务的继承与拓展。互联网金融风控体系主要由三大部分组成：

- 数据信息：包括用户基本信息、用户行为信息、用户授权信息、外部接入信息。
- 策略体系：包括反欺诈规则、准入规则、运营商规则、风险名单、网贷规则。
- 人工智能（AI）模型：包括欺诈检测模型、准入模型、授信模型、风险定价、额度管理、流失预警、失联修复。

信贷模型体系如图 1-1 所示。

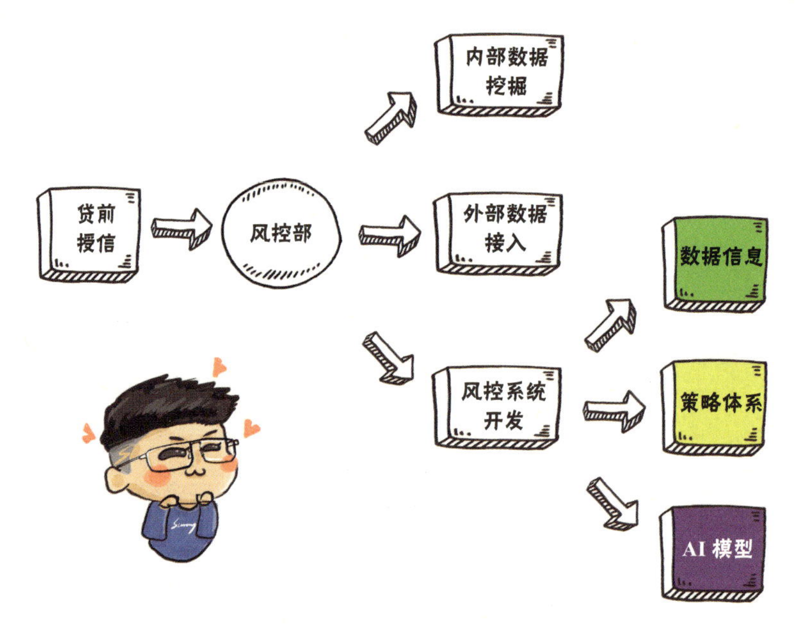

图 1-1　信贷模型体系

“AI 模型”这一栏中，准入模型、贷前定价与贷中额度管理（uplift model）、流失预警模型属于二分类模型，通常使用机器学习中的监督模型进行建模。本书中的大部分方法可以用于这些模型的建立。失联修复与欺诈检测模型通常需要借助贷款用户的社交关系，相关内容在第 8 章中进行介绍。风险定价模型涉及线性规划内容，与机器学习关系较弱，因此本书中不做过多介绍。风控系统开发每个板块所包含的内容如图 1-2 所示。

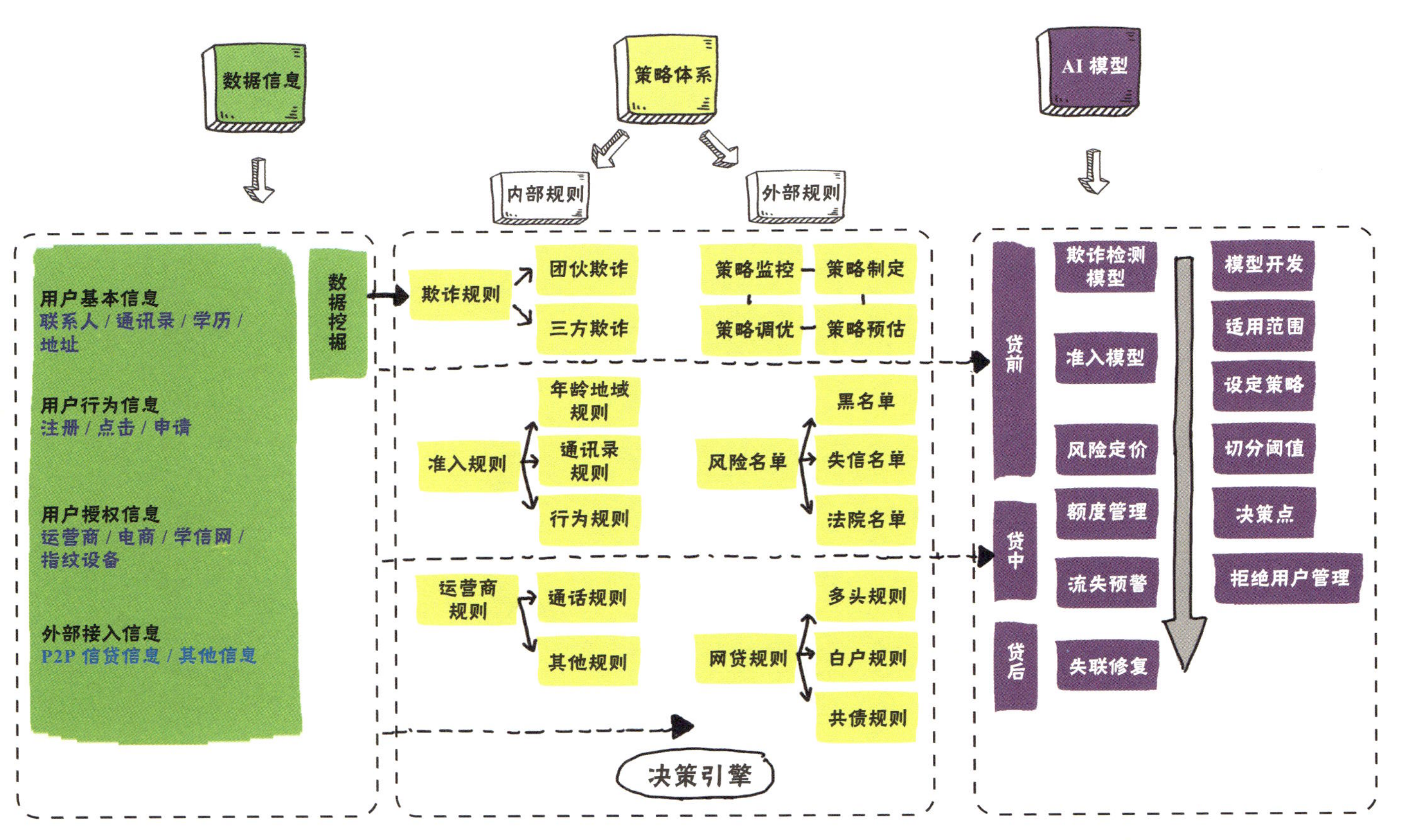

图 1-2　风控系统开发三大板块

1.1.2 信贷风险与控制

在信贷领域有两类风险：

- 信用风险：指借款人的还款能力和还款意愿在贷款后出现问题的风险。通常是由于不可抗力因素使用户的经济能力和思想状态发生改变导致的。
- 欺诈风险：指因借款人的贷款目的不正当引发的风险。这类风险下借款人在贷款初始便没有还款计划。多见于组织架构完备的中介平台。

一般情况下，金融机构可通过风险定价策略等手段对信用风险进行防范，风险可控性较大。而如果借款人在一开始就以骗贷为目的进行借贷并且贷款成功，则会给金融机构带来损失。因为平台不仅没有盈利，还会被欺诈者骗走本金。尤其在遇上团伙欺诈时，信贷业务会在短时间内遭受非常严重的打击。金融机构面对欺诈风险几乎毫无处置能力，因此欺诈检测是信贷风险管控中最重要的一环。

而风险的管控主要依靠信贷领域的两大类系统完成：一类是信用评分系统，另一类是欺诈检测系统。大多数读者较为熟悉的信用评分系统会对借款人还款能力和还款意愿进行评估，针对的是信用风险。而欺诈检测系统则会对借款人的目的是否正当进行判断，针对的是欺诈风险。本书介绍的多数模型均服务于这两大系统。

与传统的人工信审相比，基于机器学习的人工智能风控（或大数据风控）模型最主要的优点是可以批量、迅速、准确地处理贷款申请。开发人工智能的根本目的是解放劳动力。在信贷领域中，智能风控模型解放的就是信审人员在中小额贷款上的劳动力。

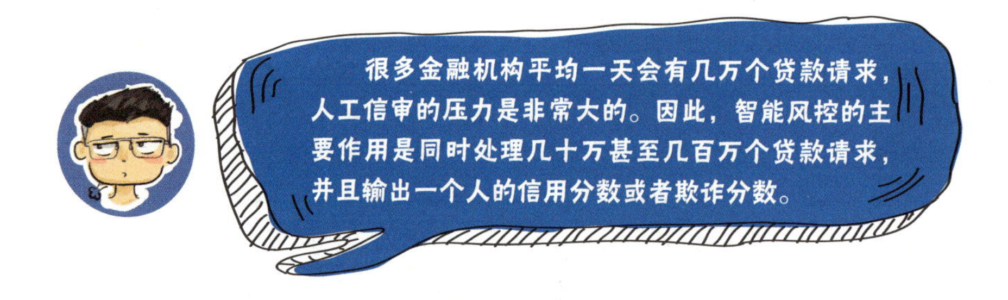

1.2 工业建模流程

本节介绍工业中的完整建模流程，以免后续章节在对其细节进行优化时，部分读者会有疑惑。

首先来看一下在工业界建立一个机器学习模型的完整流程：

1）将业务抽象为分类或回归问题。

2）定义标签。

3）选取合适的样本，并匹配出全部的信息作为基础特征。

4）特征工程 + 模型训练 + 模型评价 + 模型调优（相互之间可能会有交互）。

5）输出模型报告。

6）上线与监控。

工业建模的整个流程如图 1-3 所示。

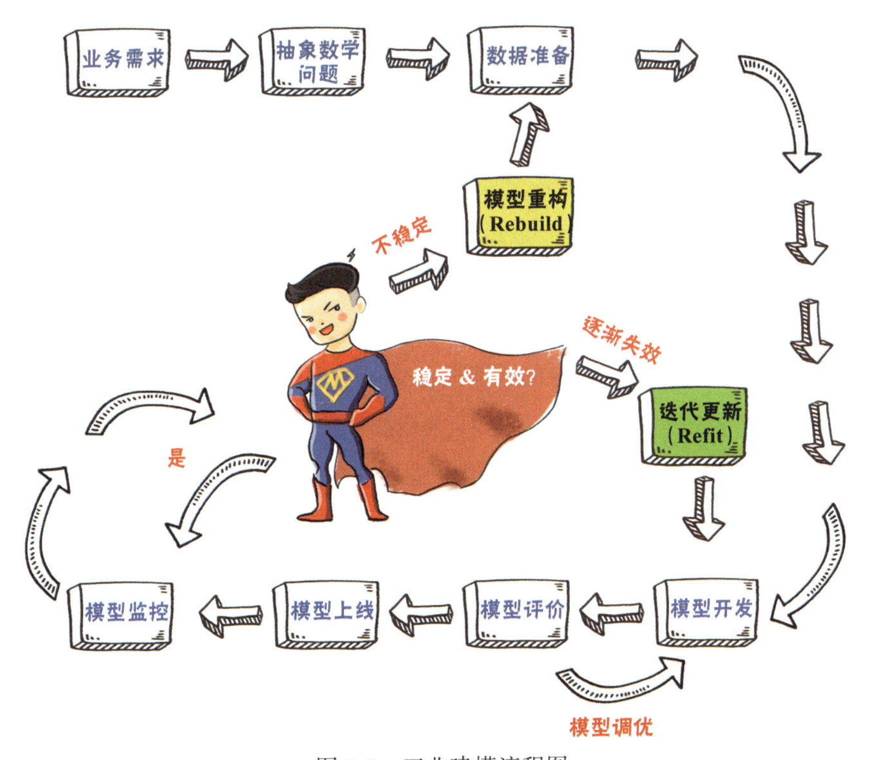

图 1-3　工业建模流程图

1.2.1 抽象业务

在风控场景下会碰到的问题通常都可以转化为二分类问题，且通常将响应变量称为“负样本”。比如：

- 信用评分模型期望用于预测一个用户是否会逾期，如逾期则该用户为负样本。
- 营销模型期望用于预测一个用户被营销后是否会来贷款，如果贷款则该用户为负样本。
- 失联模型期望用于预测一个用户是否会失联，如失联则该用户为负样本。

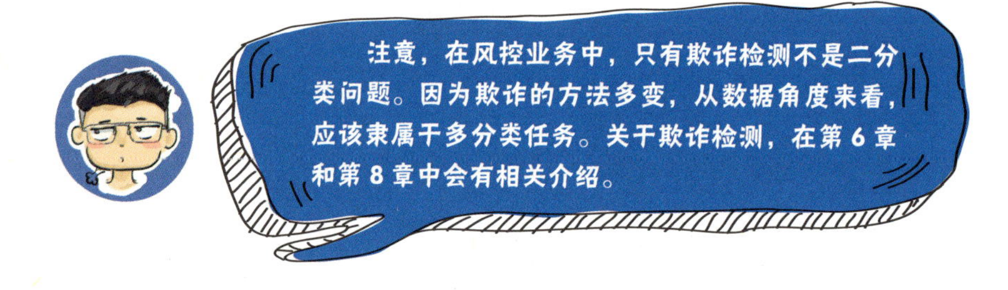

1.2.2 定义标签

在训练一个监督模型前，一定要得到样本集中每一个样本的标签。但是标签本身并不容易定义。在信贷评分模型中，通常只知道每个人的当前逾期情况，仅代表当前观察期内用户尚未还钱，事实上并没有真实的负样本标签。因此通常会选取一个截断点（阈值），当逾期超过某个阈值时，就认定该样本是一个负样本，未来也不会还钱。本书默认逾期 15 天为负样本的标记阈值，未特殊声明时，凡是被标记为响应变量（1）的客户均是逾期超过 15 天的客户。

在定义标签的过程中还有一个小技巧。通常负样本的定义较为简单，只要逾期大于 15 天即视为负样本。但逾期小于 15 天的人不会直接作为正样本，只会将按时还款和逾期较少的那一部分人标记为 0。比如，现在将逾期超过 15 天的人作为负样本，将逾期少于 5 天和没有逾期的人作为正样本，至于逾期在 5～15 天之间的那些人，将他们从样本中去掉。

这是因为逾期 15 天和逾期 14 天的样本在本质上很接近，直接截断显然不合理。从分布的角度来讲，二分类问题假设样本服从二项分布。这里负样本与正样本的实际界限很模糊，去掉中间一部分“灰样本”，会使得样本分布更趋向于二项分布，对模型的学习更加有利。

通常建模过程将样本集划分为训练集（Train）和测试集（Test）。训练集用于模型学习，测试集用于检验模型是否拟合得当。“灰样本”通常放入测试集中，用于确保模型在训练结束后，对该部分样本也有区分能力。

1.2.3　样本选取

建模过程的样本选取通常需要满足以下原则：

- 代表性：样本必须能够充分代表总体。如此从样本中提炼的数理关系才能有效预测未来真实场景的数理关系。如消费金融场景客群可能和小额现金贷场景下的客群有所差异，因此不能直接使用不同客群作为样本建模。
- 充分性：样本集的数量必须满足一定要求。当样本量较小时，无法满足统计的显著性（Statistical Significance）要求。评分卡建模通常要求正负样本的数量都不少于 1500 个。随着样本量的增加，模型的效果会显著提升。而对于神经网络等多参数模型，通常要求样本量在 50 万以上，否则很难保证模型的稳定性。
- 时效性：在满足样本量充足的情况下，通常要求样本的观测期与实际应用时间节点越接近越好。如银行等客群稳定的场景，观察期可长达一年半至两年。然而在许多平台，很难保证样本都处在稳定的较近期的时间点上。此时可以通过迁移学习（Transfer Learning）等方法对样本进行挑选或对变量进行映射，使得早期样本与近期样本有相似的数据分布。
- 排除性（Exclusion）：虽然建模样本需要具有代表整体的能力，但某些法律规定不满足特定场景贷款需求的用户不应作为样本，如对行为评分卡用户、无还款表现或欺诈用户均不应放入当前样本集。

虽然评分卡建模通常要求正负样本的数量都不少于 1500 个，但样本量也并非越大越好。当总样本量超过 50 000 个时，许多模型的效果不再随着样本量的增加而有显著提升，而且数据处理与模型训练过程通常较为耗时。如果样本量过大，会为训练过程增加不必要的负担，因而样本量较大时，需要对样本做欠采样（Subsampling）处理。

由于负样本通常较少，因此通常只针对正样本进行欠采样。常见的欠采样方法分为：

- 随机欠采样：直接将正样本欠采样至预期比例。
- 分层抽样：保证抽样后，开发样本、验证样本与时间外样本中的正负样本比例相同。
- 等比例抽样：将正样本欠采样至正负样本比例相等，即正样本量与负样本量之比为 1∶1。

需要注意的是，采样后需要为正样本添加权重。如正样本采样为原来的 1/4，则为采样后的正样本增加权重为 4，负样本权重保持为 1。因为在后续计算模型检验指标及预期坏账时，需要将权重带入计算逻辑，才可以还原真实情况下的指标估计值，否则预期结果与实际部署后的结果会有明显偏差。而当负样本较少的时候，需要进行代价敏感加权或过采样（Oversampling）处理。实际应用中需要经过严格的数据清洗来保证效果稳定，这一内容将在第 5 章详细介绍。

在金融领域有一个概念叫时间窗口，一个用户的时间窗口分为观察期和表现期。

- 观察期是指用户申请信贷产品前的时间段。在该时间段内进行特征的生成。
- 表现期是定义好坏标签的时间窗口，如果在该时间窗口内触发坏定义，就是坏样本，反之就是好样本。

如设定用户在到期 3 个月内未还款，即认为用户为负样本，则称表现期为 3 个月。如在用户贷款前 12 个月的数据切片中抽取用户的历史行为表现作为变量，用于后续建模，则称观察期为 12 个月。样本时间窗口如图 1-4 所示。

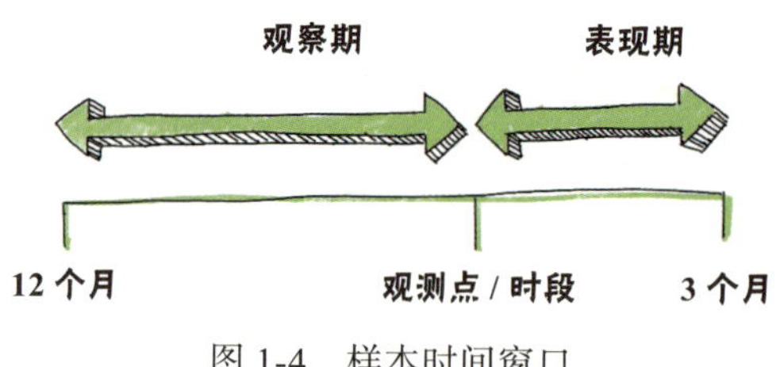

图 1-4　样本时间窗口

选择样本时，应保证观察期足够长，从而保证有充分的数据用于特征生成。此外还需要注意样本的表现期能否充分暴露风险，即用户自逾期开始是否已有 15 天（本书定义的表现期）的贷后表现。观察期足够长有利于用户画像的建立与数据挖掘，而表现期足够长有利于风险暴露。由于观察期与表现期此消彼长，因此在实际建模中，要根据现有数据的情况设立合适的观察期与表现期。

在时间窗口确定之后，数据集也会固定下来。数据集在建模前需要划分为 3 个子集：开发样本（Develop）、验证样本（Valuation）和时间外样本（Out of Time，OOT）。其中开发样本与验证样本使用分层抽样进行划分，以保证两个数据集中的负样本占比相同。通常开发样本与验证样本的比例为 6∶4。而时间外样本通常使用整个建模样本中时间切片的最后一段样本。预测模型的本质是使用历史数据对未来的数据进行预测，因此在实际应用中，更关注模型对未来样本的预测能力，以及模型的跨时间稳定性。通常模型检测指标需要大量数据，以使得统计结果满足基本统计学假设，所以以每月数据的整体进行统计呈现。建模人员期望模型的预估表现，与模型上线后第一次报表呈现有最大的相似度。因此使用与其时间距离最接近的一整月数据进行评测。

在选取样本时，上一节提到，会将一些杂糅样本去除，以便于模型学习。这种思路的方法其实很多，上一节介绍的去除“灰样本”属于基于业务的样本清洗方法，此外还可以通过一些无监督算法进行筛选。第 6 章中会介绍如何使用异常检测方法进行样本清洗。

1.2.4　特征工程与模型调优

用来解释现象发生的单一特性或者一组特性被量化之后，就被统一称为特征（或变量）。特征工程是指对特征进行处理与相互组合交叉的过程。

模型中的变量通常有两种类型，分别是连续型变量（Continuous Variable）与离散型变量（Discrete Variable）。

- 连续型变量是指该变量为观察数据所得的实际数值，并没有经过群组处理。例如，客户的出生日期为 1973 年 10 月 24 日，以 2009 年 12 月 31 日为计算时点，则该客户的年龄为 36 岁。
- 离散型变量是指质性变量或类别型变量。例如，将客户接受教育程度分为“中学及以下组”“大学组”及“研究生及以上组”。或者将变量实际数值进行分组处理，例如，将客户年龄进行分组处理：20～29岁为年龄群组一，30～39岁为年龄群组二。如果客户年龄为36岁，则归到年龄群组二。

在实际建模过程中，最重要的是数据、特征和模型。本书会深入挖掘信贷风控和欺诈检测领域特征的构造方式，包括基于业务的手动特征工程构造和通过一些算法对特征进行交叉衍生，并为每一类特征推荐最合适的算法和更好的表达。

模型优化是指通过对特征和模型进行调整，使模型表现达到当前最优的过程。通常调参对模型的提升不会有质的变化，更合适的变量与模型选择会带来更大的收益。实践中，通常会针对数据挑选接受度更高的模型，并引入通过模型自动组合特征的机制。这有助于数据信息的挖掘。而多模型的融合机制可以极大地降低模型的方差（Variance），这有助于增强模型的泛化能力。模型优化的主要内容在第7章进行介绍。

本书将尽量避免使用表现较差的网格搜索（Grid Search）等调参方法，而是从业务角度出发，介绍一种自动化调参策略。

1.2.5 上线监控与评估报表

在实际场景下，一个模型做好之后，最终要被部署到线上。通常这部分主要进行的是变量的核对工作。其核心在于通过统计手段构造模型报告，继而对模型的效果进行评估，并在上线后按照月度监控相应指标。

1. 模型报告

典型的模型报告如图1-5所示。

标准模型报告构建方法如下：

1）将测试样本的集合按照预估评分进行升序排列。

2）将样本等频切分（分箱后每一箱的人数相同）并分布到20箱中。

3）计算每一箱中的相应指标。

图1-5所示的每一列都表示具体每一箱样本的整体表现。

第1列表示每一箱中样本子集的KS（Kolmogorov-Smirnov）值。KS值通常用来描述模型的正负样本的区分能力，是风控领域最常用的指标。通常取得最大值的箱越靠前，表示该模型的效果越好。

	KS	负样本个数	正样本个数	负样本累计个数	正样本累计个数	捕获率	负样本占比
0	0.217	86	713	86	713	0.262	0.108
1	0.299	43	756	129	1469	0.393	0.054
2	0.339	29	770	158	2239	0.482	0.036
3	0.381	30	769	188	3008	0.573	0.038
4	0.398	22	777	210	3785	0.640	0.028
5	0.403	18	781	228	4566	0.695	0.023
6	0.408	18	781	246	5347	0.750	0.023
7	0.398	13	786	259	6133	0.790	0.016
8	0.396	16	783	275	6916	0.838	0.020
9	0.361	5	794	280	7710	0.854	0.006
10	0.332	7	792	287	8502	0.875	0.009
11	0.287	2	797	289	9299	0.881	0.003
12	0.258	7	792	296	10091	0.902	0.009
13	0.225	6	793	302	10884	0.921	0.008
14	0.208	11	788	313	11672	0.954	0.014
15	0.182	8	791	321	12463	0.979	0.010
16	0.137	2	797	323	13260	0.985	0.003
17	0.092	2	797	325	14057	0.991	0.003
18	0.045	1	798	326	14855	0.994	0.001
19	0.000	2	792	328	15647	1.000	0.003

图 1-5　模型报告模板

第 2 列为负样本个数。随着箱编码的增加，该列值应呈现严格递减趋势，但通常模型并不能保证严格递减。比如图 1-5 中，编号为 8 的箱（实则为第 9 箱）比编号为 7 的箱（实则为第 8 箱）的负样本个数要多。这种情况表明模型的排序能力出现波动。出现该现象的箱编码越靠前，说明模型的排序能力越弱。

第 6 列为捕获率（Capture Rate）。其计算方法为，当前箱的负样本累计个数除以样本集中负样本总数。捕获率常用于度量模型抓取负样本的能力。风控模型通常选择一个阈值对申请客群进行截断，因此期望在阈值以下的捕获率越大，模型的效果越好。

第 7 列为当前箱中负样本的占比。由于是等频分箱，该列所反映的排序能力与第 2 列的负样本个数相同。其余列是用于辅助计算上述列的辅助列，通常不需要特别关注。

模型部署后可能会遇到很多问题，初学者在这里会有很多困惑。下面来为读者讲解一些模型训练之后会遇到的问题以其解决思路。

2. 常见问题及解决思路

（1）模型训练效果很差

出现这种情况，通常的问题是模型特征没有做好，没有挖掘出更有价值的特征。当然也不排除数据质量很差的可能性，所以这时候应该从数据和特征两方面着手，首先重新做特征工程，然后尝试扩充数据集。

（2）训练集效果好，跨时间测试效果不好

因为风控在大多数场景下使用历史数据来预测未来的数据，所以通常除了将样本集按照一定比例（如 7：3 或 6：4）划分为训练集和测试集以外，还会预留出一部分比上述数据集更“新”的样本，也就是时间外样本集。

如果测试集和跨时间测试效果都不好，就说明这是一个很明显的过拟合问题。可以尝试减少模型的复杂度，比如减少特征的数量，做一些特征筛选；或者减少树模型的深度等。

如果在测试集上表现较好，但在时间外样本集上表现不好，此时称这种情况为模型的跨时间稳定性较差。这通常是因为特征的跨时间稳定性不够好造成的。特征的跨时间稳定性用于表示，随着时间的推移单个特征的取值分布是否有较大波动。这时候可以考虑去掉一些稳定性较差的特征。具体的稳定性衡量方法在第 2 章中介绍。

（3）测试集和跨时间测试效果都很好，上线之后效果不好

这种情况下，仍然不能排除过拟合的嫌疑。跨时间测试效果好，可能只是预留出的这一部分时间外样本集和训练数据集比较接近所造成的假象。可以再取出一部分更“新”的数据集来训练以对模型进行调整。

还有一种可能是线上模型的特征做错了，和线下的特征逻辑不一致。这种状况需要仔细核对特征逻辑。

（4）上线之后效果好，几周之后分数分布开始下滑

这种情况基本上可以认为是特征的稳定性问题，解决方案主要聚焦在特征的跨时间稳定性上。这时由于模型表现较差，通常需要进行模型重构（Rebuild），即从数据准备开始，重新建模。

（5）没有明显问题，但模型每个月逐步失效

这是工业界模型普遍存在的问题，目前比较常规的解决方式是通过频繁迭代来更新模型，即模型迭代（Refit）。只要一直使用比较新的样本，就可以保证在未来的几个月

模型效果让人满意。

有一些学习方式可以减少这种问题的影响，比如在线学习（online-learning）就可以解决这个问题。但某些场景下在线学习是不适用的，比如风控评分模型如果做成在线学习，贷前的审批通过率会持续波动，这对业务分析人员和策略制定人员都很不友好。在欺诈检测中可以使用在线学习。

1.3 规则挖掘方案

在风控领域有两种常见的风险规避手段：规则挖掘和人工智能模型。通常规则挖掘期望使用一系列判断逻辑对客户群体进行区分，使得不同分区中客户的期望风险有显著差异。如判断用户的多头借贷数量是否超过10个，超过则认为风险较高，不予通过；否则认为用户在这一维度上风险较低，进入下一条规则。人工智能模型使用机器学习手段预测用户未来违约的风险。它相比于规则引擎更加灵活，不会根据某维度信息直接将用户拒绝，但也更加复杂。通常人工智能模型从建立到部署上线需要经历相当长的一段时间。在实际应用中，风控人员更期望使用规则挖掘法，找到有区分度的规则，从而迅速解决问题。人工智能模型则更常用于对精度要求较高的场景。

与一般的策略分析方法不同，本节要介绍的方法主要通过特征工程与决策树模型相结合，利用均方差最小化原理实现规则的自动挖掘。常见的决策树（Decision Tree）算法有ID3、C4.5、CART分类树、CART回归树等。本节使用CART回归树进行规则引擎的制作。

1. 案例背景

假设某互联网公司旗下拥有多个服务板块，每个板块下都有专门的贷款产品，比如旗下外卖平台的骑手可以向平台申请“骑手贷”，旗下电商平台的商户可以申请“商品贷”，旗下电商平台的用户购买商品时可以申请“分期贷”，等等。

该公司有10个类似的场景，共用相同的规则引擎及申请评分卡，贷款人都是该公司的兼职人员。最近公司发现，“骑手贷”的逾期率明显比其他场景要高很多，整个金融板块30天逾期率为1.5%，而“骑手贷”产品的30天逾期达到了5%。

考虑到现有的风控架构趋于稳定，上线排期及开发速度都有要求，如果想解决当前遇到的问题，且尽量不使用复杂的方法，最优的解决方案一定是既简单效果又好的。

2. 数据预览

本次建模用到的基础变量字典如图 1-6 所示。

变量类型	最终基础变量名	释义
数值统计型	past_amount	外卖数量
	discount_amount	外卖折扣金额
	sale_amount	外卖促销金额
	amount	配送外卖总金额
	pay_amount	客户实际支付金额
	coupon_amount	商品优惠券金额
	payment_coupon_amount	支付优惠券金额
分类型	channel_code	骑手接单平台
	past_code	外卖品类
	source_app	店家类型
	coupon_amount	来源 App 编号
	call_source	订单来源编号

图 1-6　变量释义

3. 加载本次案例的包

加载本次案例包的方法如下：

```
1. import pandas as pd
2. import numpy as np
3. import os
4. # 为画图指定路径
5. os.environ["PATH"] += os.pathsep + 'C:/Program Files (x86)/Graphviz2.38/bin/'
6. # 读取数据
7. data = pd.read_excel('./data/data_for_tree.xlsx')
8. data.head()
```

数据预览如图 1-7 所示。

	uid	create_dt	total_oil_cnt	pay_amount_total	class_new	bad_ind	oil_amount	discount_amount
0	A8217710	2018-08-17	275.0	48295495.4	B	0	3308.56	1760081.0
1	A8217710	2018-08-16	275.0	48295495.4	B	0	4674.68	2487045.0
2	A8217710	2018-08-15	275.0	48295495.4	B	0	1873.06	977845.0
3	A8217710	2018-08-14	275.0	48295495.4	B	0	4837.78	2526441.0
4	A8217710	2018-08-13	275.0	48295495.4	B	0	2586.38	1350441.0

图 1-7　数据集部分预览

由上图可以看到，用户的 ID 是有重复的。数据集中包含了用户多个切片下的数据表现，其中，bad_ind 是用户的标签，1 表示逾期用户，0 表示未逾期用户。接下来通过特征工程对用户的数据进行聚合，得到将每个人用一行表示的数据。

4. 特征分类

在常规的特征工程中，通常对连续型变量进行聚合处理，对离散型变量进行特征编码。离散型变量的处理方式在第 2 章进行系统介绍，本节只统计每个样本离散型变量的取值个数。首先将连续型变量名字存入 agg_lst 列表中，将离散型变量放入 dstc_lst 列表中。

```
1. org_lst = ['uid', 'create_dt', 'oil_actv_dt', 'class_new', 'bad_ind']
2. agg_lst = ['oil_amount', 'discount_amount', 'sale_amount', 'amount',
3.            'pay_amount', 'coupon_amount', 'payment_coupon_amount']
4. dstc_lst = ['channel_code','oil_code','scene','source_app','call_source']
5.
6. df = data[org_lst].copy()
7. df[agg_lst] = data[agg_lst].copy()
8. df[dstc_lst] = data[dstc_lst].copy()
9.
10. base = df[org_lst].copy()
11. base = base.drop_duplicates(['uid'], keep='first')
```

5. 对变量进行加工衍生

对连续统计型变量进行函数聚合。聚合的方法包括对历史特征值计数、求历史特征值大于 0 的个数、求和、求均值、求最大值、求最小值、求方差、求极差、求变异系数。

```
1. gn = pd.DataFrame()
2. for i in agg_lst:
3.     # 计算个数
4.     tp = pd.DataFrame(df.groupby('uid').apply(
5.                         lambda df:len(df[i]))).reset_index())
6.     tp.columns = ['uid', i + '_cnt']
7.     if gn.empty == True:
8.         gn = tp
9.     else:
10.        gn = pd.merge(gn, tp, on = 'uid', how = 'left')
11.    # 求历史特征值大于 0 的个数
12.    tp = pd.DataFrame(df.groupby('uid').apply(
13.                        lambda df:np.where(df[i]>0,1,0).sum()).reset_index())
14.    tp.columns = ['uid',i + '_num']
15.    if gn.empty == True:
16.        gn = tp
17.    else:
18.        gn = pd.merge(gn,tp,on = 'uid',how = 'left')
19.    # 对历史数据求和
20.    tp = pd.DataFrame(df.groupby('uid').apply(
21.                        lambda df:np.nansum(df[i]))).reset_index())
22.    tp.columns = ['uid',i + '_tot']
23.    if gn.empty == True:
24.        gn = tp
25.    else:
26.        gn = pd.merge(gn,tp,on = 'uid',how = 'left')
27.    # 对历史数据求均值
28.    tp = pd.DataFrame(df.groupby('uid').apply(
29.                        lambda df:np.nanmean(df[i]))).reset_index())
30.    tp.columns = ['uid',i + '_avg']
31.    if gn.empty == True:
32.        gn = tp
33.    else:
34.        gn = pd.merge(gn,tp,on = 'uid',how = 'left')
35.    # 对历史数据求最大值
36.    tp = pd.DataFrame(df.groupby('uid').apply(
37.                        lambda df:np.nanmax(df[i]))).reset_index())
38.    tp.columns = ['uid',i + '_max']
39.    if gn.empty == True:
```

```
40.            gn = tp
41.        else:
42.            gn = pd.merge(gn,tp,on = 'uid',how = 'left')
43.        # 对历史数据求最小值
44.        tp = pd.DataFrame(df.groupby('uid').apply(
45.                            lambda df:np.nanmin(df[i])).reset_index())
46.        tp.columns = ['uid',i + '_min']
47.        if gn.empty == True:
48.            gn = tp
49.        else:
50.            gn = pd.merge(gn,tp,on = 'uid',how = 'left')
51.        # 对历史数据求方差
52.        tp = pd.DataFrame(df.groupby('uid').apply(
53.                            lambda df:np.nanvar(df[i])).reset_index())
54.        tp.columns = ['uid',i + '_var']
55.        if gn.empty == True:
56.            gn = tp
57.        else:
58.            gn = pd.merge(gn,tp,on = 'uid',how = 'left')
59.        # 对历史数据求极差
60.        tp = pd.DataFrame(df.groupby('uid').apply(
61.            lambda df:np.nanmax(df[i])-np.nanmin(df[i])).reset_index())
62.        tp.columns = ['uid',i + '_ran']
63.        if gn.empty == True:
64.            gn = tp
65.        else:
66.            gn = pd.merge(gn,tp,on = 'uid',how = 'left')
67.        # 对历史数据求变异系数，为防止除数为 0，利用 0.01 进行平滑
68.        tp = pd.DataFrame(df.groupby('uid').apply(
69.                            lambda df: np.nanmean(df[i])/(np.nanvar(df[i]) \
70.                            +0.01)).reset_index())
71.        tp.columns = ['uid',i + '_cva']
72.        if gn.empty == True:
73.            gn = tp
74.        else:
75.            gn = pd.merge(gn,tp,on = 'uid',how = 'left')
```

6. 对离散变量的历史取值进行计数

例如计算每个骑手在多少个平台上接过单。

```
1. gc = pd.DataFrame()
2. for i in dstc_lst:
```

```
3.      tp = pd.DataFrame(df.groupby('uid').apply(
4.                          lambda df: len(set(df[i]))).reset_index())
5.      tp.columns = ['uid',i + '_dstc']
6.      if gc.empty == True:
7.          gc = tp
8.      else:
9.          gc = pd.merge(gc,tp,on = 'uid',how = 'left')
```

7. 合并衍生数据和基础用户信息

将两部分衍生数据和基础用户信息合并在一起，base 中主要是用户的 ID 和逾期标签。

```
1. fn = base.merge(gn,on='uid').merge(gc,on='uid')
2. fn = pd.merge(fn,gc,on='uid')
3. fn = fn.fillna(0)
4. fn.shape
```

输出结果为：

```
(11307, 78)
```

8. 使用 CART 回归树进行规则挖掘

调用 sklearn 包中的决策树模型对衍生特征进行拟合，得到两层的 CART 回归树。CART 树是一种二叉树，在每一层分化的时候，会遍历每一个特征的每一个取值进行二分，并计算划分后叶节点上的均方差，然后将均方差最小的特征和特征值作为当前节点的分化依据。使用 CART 回归树进行规则挖掘的主要原因是，在二分类任务下，决策树叶节点的输出是当前节点标签的均值，这与负样本占比（bad rate）的意义相同。授信通过群体中有更小的负样本占比，这是风控场景下的主要优化目标，因此使用 CART 回归树更符合当前的业务要求。

注意，参数 max_depth 控制树的深度为 2 层，考虑到逻辑上的复杂程度，在生成规则引擎时一般不适用太深的树。参数 min_samples_leaf 控制每一个叶节点上的样本个数，由于一个节点上的样本过少，不具有统计意义，有非常大的可能产生过拟合，故在这里设置最小值为 500。参数 min_samples_split 控制父节点分化的最小样本个数为 5000 个，当节点样本数量少于 5000 时，则不再分化。

```
1. from sklearn import tree
2. x = fn.drop(['uid', 'oil_actv_dt', 'create_dt', 'bad_ind', 'class_new'], axis=1)
3. y = fn.bad_ind.copy()
4. dtree = tree.DecisionTreeRegressor(
       max_depth = 2,min_samples_leaf = 500,min_samples_split = 5000)
5. dtree = dtree.fit(x,y)
```

9. 输出决策树图像

输出决策树图像的代码如下：

```
1. import pydotplus
2. from IPython.display import Image
3. from sklearn.externals.six import StringIO
4. import os
5. os.environ["PATH"] += os.pathsep \
                        + 'C:/Program Files (x86)/Graphviz2.38/bin/'
6. dot_data = StringIO()
7. tree.export_graphviz(dtree, out_file=dot_data,
8.                      feature_names=x.columns,
9.                      class_names=['bad_ind'],
10.                     filled=True, rounded=True,
11.                     special_characters=True)
12. graph = pydotplus.graph_from_dot_data(dot_data.getvalue())
13. Image(graph.create_png())
```

最终决策树的形式如图 1-8 所示，图中 value 计算的是叶节点中的正负样本标签的均值。在二分类的情况下，均值和标签为 1 的样本在总样本中占比是等价的，即字段 value 的数值和逾期率是一样的，因此可以直接在图中看到每一个叶节点的负样本占比。这也是选用 CART 回归树的原因之一。可以看到，样本通过两个特征被划分为 3 个客群。负样本占比逐渐减小，分别为 0.074、0.03、0.012。

10. 实现决策树的决策逻辑

通过 DataFrame 中的条件判断，实现决策树的决策逻辑。

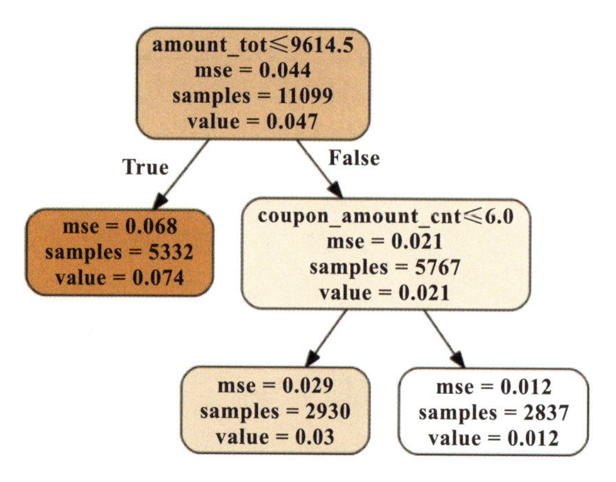

图 1-8　决策树生成规则

```
1. dff1 = fn.loc[(fn.amount_tot>9614.5)&(fn.coupon_amount_cnt>6)].copy()
2. dff1['level'] = 'past_A'
3. dff2 = fn.loc[(fn.amount_tot>9614.5)&(fn.coupon_amount_cnt<=6)].copy()
4. dff2['level'] = 'past_B'
5. dff3 = fn.loc[fn.amount_tot<=9614.5].copy()
6. dff3['level'] = 'past_C'
```

通过简单的逻辑判断可以实现对客户的分群，并大大减少业务损失。如果拒绝 past_C 类客户，则可以使整体负样本占比下降至 0.021；如果将 past_B 也拒绝掉，则可以使整体负样本占比下降至 0.012。至于实际对 past_A、past_B、past_C 采取何种策略，要根据利率来做线性规划，从而实现风险定价。这些内容不是本书的重点，在这里不做过多解释。但客群的逾期率越大，通常给予其越低的额度和越高的实际利率。

1.4　本章小结

本章主要介绍了风控领域的基础概念与建模流程，并通过决策树算法实现风控规则的自动挖掘。希望读者通过对本章的阅读，掌握机器学习在策略生成中的一般应用。在数据源确定的情况下，从下一章开始，正式介绍风控领域的一些典型问题，以及机器学习模型在其中的应用。

第 2 章　集成模型评分卡

本章主要介绍如何通过极端梯度提升机（eXtreme Gradient Boosting，XGBoost）模型生成评分卡；同时会对建模过程中的特征工程和特征筛选部分进行详细解析；还会通过一些具体的案例，帮助读者理解风控领域的数据处理、特征构造和筛选思路，以及集成模型相比于传统逻辑回归评分卡的优势。由于 XGBoost 模型对输入没有逻辑回归模型那么敏感，因此其特征处理过程会有所简化。但 XGBoost 模型的参数调整远比逻辑回归模型复杂，因此本章还会介绍一种实践最优的自动化调参策略。

2.1　特征工程解析

特征工程指的是通过数据处理方法，从源数据中抽取关键信息进行组合，挖掘出更加深入的信息的过程。在传统的机器学习领域，特征工程对模型的帮助非常大。多数算法最终结果的好坏很大程度上取决于特征工程的优劣。

2.1.1 特征与模型

工业界的两种主流建模思路是复杂特征加简单算法和简单特征加复杂算法。整体来看这两者并没有优劣之分，但是算法越简单可解释性越强。在传统信用评分建模中，业务人员更希望得到一个解释性更强的模型，所以使用复杂的特征工程加逻辑回归算法进行建模。然而随着机器学习模型在各个领域的普及，风控领域使用的模型正在慢慢地向更复杂的模型过渡。

目前实用性较强的复杂算法的代表为卷积神经网络（Convolutional Neural Network，CNN）、循环神经网络（Recurrent Neural Network，RNN）等表征学习算法，这些算法对特征工程的要求非常低，建立一个优秀的模型不一定要有大量业务经验的支撑，也就意味着对新手更友好。美中不足的是，复杂算法对数据量和计算资源的要求更高。

现阶段风控领域部分业务仍追求一定的解释性，并且考虑到模型融合的整体复杂度，将复杂模型作为一种特征构造方法，使用复杂模型的输出作为传统评分卡的输入，最终仍使用传统逻辑回归进行训练。具体内容将在第 7 章中介绍。

2.1.2 信用模型的特征

信用评分模型的主要目的是衡量一个用户的信用风险。因此，特征的构造也要围绕着反映用户信用等级的数据展开。特征构造进行的主要是时间维度的聚合统计及跨时间维度的特征比较。比如，计算一个用户的历史消费数据，可能会分别统计借款时间点之前的每一个月用户的消费金额，然后再计算最近一个月相比于之前几个月的均值是否有显著变化；或者计算历史 6 个月内，用户每个月的消费金额的增长量，从而得到 5 个特征，用来度量用户某一维度特征的稳定性。

通常衡量一个用户的偿还能力和还款意愿，主要会从以下几个角度出发：

- ❑ 个人基本信息：个人基本信息是每个场景下都一定会有的数据，比较典型的信息有年龄、性别、家庭情况等。基本思路是年龄太小和太大都有风险，因为太小没有收入来源，太大有寿命风险。对于性别，女性通常还款意愿强。对于家庭情况，亲戚朋友少的人，逾期时较难向其施压。
- ❑ 金融信息：直接反映用户偿还能力的数据，比如收入、家庭资产等。

- 多头信息：多头是指用户在多家借款平台贷款的情况。当用户借款平台较多时，会被判断为有负债严重的倾向，这类人通常被认为偿还能力较差。这些可能会被作为策略使用。达到或超过某一阈值，比如 15 家借款平台，这样的用户是无法通过申请的。
- 消费信息：典型的消费信息有电商数据、出行数据、外卖数据、点评数据等，这反映了用户在某一段时间内的消费水平。可以尝试计算用户过去一个月在每一种消费上所付出的金额，从而计算出他的购买力。还可以与用户的收入进行对比来估计用户的负债情况。消费过高或过低，或者近期有大幅度开销的情况都需要引起注意。
- 历史平台表现：用户在借款平台上可能会有一些历史表现。比如，在 B 卡中，用户有历史还款表现，这是可以直接体现用户还款意愿的特征。可以通过计算用户历史最大、最小逾期天数，以及历史借款的金额之和来估计用户的情况。
- 埋点数据：App 埋点数据也是使用较多的数据之一，用于记录用户点击 App 上每一个按钮的具体时间和频次。据此可以做一些聚合特征，或者计算不同点击之间的时间间隔。类似的字段在欺诈检测中使用得尤为频繁。
- 外部征信数据：市场上有很多种征信数据，这些数据对于衡量用户的信用风险会比较有帮助。通常征信公司不会将具体的征信分计算逻辑告诉甲方公司。这里通常直接提取征信分数作为特征，还可以将多条历史征信数据取出来计算均值方差，或者估计增降趋势。
- 稳定性：除了通过一些固定的维度来看用户的近期表现外，还可将用户上述的每一种维度的变化趋势做成特征，用来衡量用户现在处于生命周期的哪个阶段。比如，电商数据中用户每个月购买总金额的方差一直比较小，就说明客户处于一个稳定的状态。如果贷款前期突然有了巨大开销，那么最近一周消费总金额除以最近一个月消费总金额所得的特征值就会显著增大，这可能会被识别为信用降低的信号。类似的特征还有很多，比如每两个月之间特征的比值，最近一个月单项特征与之前 6 个月单项特征的均值的比值，等等。
- 数据密度：在用户的多头记录中，一个用户在一天之内在 10 家公司贷款和 10 天每天在一家公司贷款是两种完全不同的概念，按照月份粗粒度统计是不能体现这种信息的。这时候就可以考虑用数据密度来衡量用户的借贷密集程度。数据密度是一种特殊的特征构造方式。比如对多头数据进行月度聚合，可以衍生出另外几个字段：一个月内有多头数据的天数 /30，一个月内申请的多头数量 / 一个月内有申请的天数，等等。这本质上是希望将用户的行为活动所覆盖的时间维度考虑进来。

2.2 特征衍生方案

业内常用的特征衍生方案有以下两种：

- 通过算法自动进行特征交叉，虽然不可以解释但是可以将特征挖掘得较为深入和透彻。可以很轻松地从基础的几百维度衍生至任意维度，比如可以通过 XGBoost 对特征进行离散，或者通过 FM 算法进行特征交叉，也可以通过神经网络进行表征学习，然后将内部的参数取出来作为模型的输入。总之，只要是升高了特征维度，再和原始特征合并一起建模，都可以看成是特征衍生。
- 通过一些跨时间维度的计算逻辑对特征进行时间维度的比较，从而衍生出具有业务含义的特定字段。这种做法会具有更强的解释性，是早些年银行或者信用卡中心惯用的衍生方法之一。

举一个简单的例子，现在计算每个用户的额度使用率，记为特征 ft。按照时间轴以月份为切片展开，得到申请前 30 天内的额度使用率 ft1，申请前 30～60 天内的额度使用率 ft2，申请前 60～90 天内的额度使用率 ft3，…，申请前 330～360 天内的额度使用率 ft12，于是得到一个用户的 12 个特征，如图 2-1 所示。

customer_id	ft1	ft2	ft3	ft4	ft5	ft6	ft7	ft8	ft9	...
111	9	11.0	12	13	18	10	12	NaN	NaN	...
112	11	-11.0	10	10	13	13	10	NaN	NaN	...
113	0	11.0	10	12	6	10	0	25.0	10.0	...
114	-7	-1.0	9	8	7	0	-19	10.0	11.0	...
115	11	NaN	6	10	0	17	19	10.0	30.0	...

图 2-1 基础特征预览

下面根据这个时间序列来进行一些基于经验的人工特征衍生。

1）计算最近 mth 个月特征 feature 大于 0 的月份数。

```
1. def Num(feature, mth):
2.     df = data.loc[:,feature+'1': feature+str(mth)]
3.     auto_value = np.where(df>0, 1, 0).sum(axis=1)
4.     return feature + '_num' + str(mth), auto_value
```

为什么要用 mth 和 feature 来代替月份和特征名呢？这是因为在工业界通常都是对高维特征进行批量处理。所有设计的函数最好有足够高的灵活性，能够支持特征和月份的灵活指定。对于函数 Num 来说，传入不同的 feature 取值，会对不同的特征进行计算；而指定不同的 mth 值，就会对不同的月份进行聚合。因此只需要遍历每一个 feature 和每一种 mth 的取值，就可以衍生出更深层次的特征。

2）计算最近 mth 个月特征 feature 的均值。

```
1. def Avg(feature, mth):
2.     df = data.loc[:,feature+'1': feature+str(mth)]
3.     auto_value = np.nanmean(df, axis=1)
4.     return feature + '_avg' + str(mth), auto_value
```

3）计算最近 mth 个月，最近一次 feature＞0 到现在的月份数。

```
1. def Msg(feature, mth):
2.     df = data.loc[:,feature+'1': feature+str(mth)]
3.     df_value = np.where(df>0, 1, 0)
4.     auto_value = []
5.     for i in range(len(df_value)):
6.         row_value = df_value[i,:]
7.         if row_value.max() <= 0:
8.             indexs = '0'
9.             auto_value.append(indexs)
10.        else:
11.            indexs = 1
```

```
12.             for j in row_value:
13.                 if j>0:
14.                     break
15.                 indexs += 1
16.             auto_value.append(indexs)
17.     return feature + '_msg' + str(mth), auto_value
```

4）计算当月 feature/ 最近 mth 个月 feature 的均值。

```
1. def Cav(feature, mth):
2.     df = data.loc[:,feature+'1':inv+str(mth)]
3.     auto_value = df[feature+'1']/np.nanmean(df,axis=1)
4.     return feature + '_cav' + str(mth), auto_value
```

5）计算最近 mth 个月，每两个月间 feature 增长量的最大值。

```
1. def Mai(feature, mth):
2.     arr = np.array(data.loc[:,feature+'1': feature+str(mth)])
3.     auto_value = []
4.     for i in range(len(arr)):
5.         df_value = arr[i,:]
6.         value_lst = []
7.         for k in range(len(df_value)-1):
8.             minus = df_value[k] - df_value[k+1]
9.             value_lst.append(minus)
10.         auto_value.append(np.nanmax(value_lst))
11.     return feature + '_mai' + str(mth), auto_value
```

6）计算最近 mth 个月，所有月份 feature 的极差。

```
1. def Ran(feature, mth):
2.     df = data.loc[:,feature+'1': feature+str(mth)]
3.     auto_value = np.nanmax(df,axis=1) - np.nanmin(df,axis=1)
4.     return feature + '_ran' + str(mth), auto_value
```

2.3 离散处理

使用 XGBoost 算法只能接收连续变量的输入，因此需要对实际业务中的分类型变量进行映射，得到数值型变量。本节介绍两种常用的变量编码方法。

2.3.1 one-hot 编码

在风控领域有两种实现变量编码的常用方法，其一为离散表示方法——one-hot（独热）编码。one-hot 编码是最原始的用来表示字、词的方式。为了便于讲解，本节以字为例，词与此类似。假如词表中有“梅、老、师、真、帅”5 个字，one-hot 编码就是分别对这 5 个字进行 0-1 编码，用向量表示如下：

$$\begin{pmatrix} 梅 \\ 老 \\ 师 \\ 真 \\ 帅 \end{pmatrix} = \begin{pmatrix} 1 & 0 & 0 & 0 & 0 \\ 0 & 1 & 0 & 0 & 0 \\ 0 & 0 & 1 & 0 & 0 \\ 0 & 0 & 0 & 1 & 0 \\ 0 & 0 & 0 & 0 & 1 \end{pmatrix} \tag{2-1}$$

【例 2-1】one-hot 编码。

```
1. from sklearn.preprocessing import OneHotEncoder
2.
3. enc = OneHotEncoder()
4. enc.fit([[0, 0, 3], [1, 1, 0], [0, 2, 1], [1, 0, 2]])
5. enc.transform([[0, 0, 3], [1, 1, 0], [0, 2, 1], [1, 0, 2]]).toarray()
```

运行结果如图 2-2 所示。

```
array([[1., 0., 1., 0., 0., 0., 0., 0., 1.],
       [0., 1., 0., 1., 0., 1., 0., 0., 0.],
       [1., 0., 0., 0., 1., 0., 1., 0., 0.],
       [0., 1., 1., 0., 0., 0., 0., 1., 0.]])
```

图 2-2 one-hot 编码

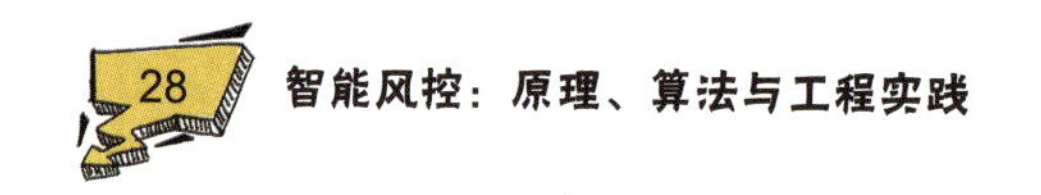

one-hot 编码方式很直观，但是有两个缺点：

1）矩阵的每一维长度都是字典的长度，例如字典包含 10 000 个单词，那么每个单词对应的 one-hot 向量就是 1×10 000 的向量，而这个向量只有一个位置为 1，其余都是 0，浪费空间。这种高维稀疏数据很多风控领域常用的模型都难以学习，在第 7 章中会介绍一种对稀疏数据不敏感的模型。

2）one-hot 矩阵相当于只简单地给每个单词编了个号，单词和单词之间的关系完全体现不出来。比如“老师”这两个字之间的关系虽然明显强于“梅老”，但无法从中体现。

2.3.2 WOE 编码

WOE（Weight of Evidence，证据权重）是一种对原始自变量进行编码的形式。它的定义为：

$$\text{woe}_i = \ln\left(\frac{p_{y_i}}{p_{n_i}}\right) \tag{2-2}$$

其中，p_{y_i} 是这个分组中响应客户占样本中所有响应客户的比例，p_{n_i} 是这个分组中未响应客户占样本中所有未响应客户的比例。

WOE 实际上表示的是“当前分组中响应客户占样本中所有响应客户的比例”和“当前分组中没有响应的客户占样本中所有没有响应的客户的比例”之间的差异。

WOE 也可以理解为，当前分组中响应客户和未响应客户的比值与所有样本中这一比值之间的差异。这个差异是用对这两个比值的比值取对数来表示的。WOE 越大，这种差异越大，这个分组里的样本响应的可能性就越大；WOE 越小，差异越小，这个分组里的样本响应的可能性就越小。

在对短文本类型的变量进行转换时，WOE 映射的效果相比于 one-hot 编码和词嵌入（Embedding）技术要更有效。其实在最早的评分卡中，无论是对字符型变量还是对数值型变量都要进行 WOE 映射。对数值型变量进行 WOE 映射主要是为了弱化极值影响、增加模型鲁棒性。但树模型对极值和变量分布波动并不敏感，因此在 XGBoost 评分卡中只对字符型变量进行 WOE 映射。

在实现 WOE 映射的过程中，最重要的一点是分箱的逻辑，显然分箱不同，得到的 WOE 映射值会有很大不同。这里使用基于负样本占比差异最大化的分箱原则。所期望得到的分箱结果应该是，箱的总数在 5 箱以内（可以适当调整，通常不超过 10 箱），并且每一箱之间的负样本占比差值尽可能大（箱合并原则），每一箱的样本量不能小于整体样本的 5%（可以自己根据分箱结果调整，原则是不要太小）。换言之，主要通过控制划分后的总箱数，来迭代进行箱的合并。

由于实际建模过程中通常使用 3 个数据集——训练集（Develop）、测试集（Valuation）、时间外样本集（Out of Time，OOT），所以在本章中默认使用 3 个数据集进行建模，并通过数据集之间的指标对比进行特征调整与模型调优。需要注意的是，在数据量足够大的情况下，百分比采样得到的测试集和训练集没有明显差异，实际建模中不一定需要保留。

【例 2-2】字符型变量自动化 WOE 编码。

```
1. import math
2.
3. # 字符型变量 WOE 编码
4. class charWoe(object):
5.     def __init__(self, datasets, dep, weight, vars):
6.         # 数据集字典，{'dev':训练集,'val':测试集,'off':时间外样本集}
7.         self.datasets = datasets
8.         self.devf = datasets.get("dev", "")          # 训练集
9.         self.valf = datasets.get("val", "")          # 测试集
10.        self.offf = datasets.get("off", "")          # 时间外样本集
11.        self.dep = dep                               # 标签
12.        self.weight = weight                         # 样本权重
13.        self.vars = vars                             # 参与建模的特征名
14.        self.nrows, self.ncols = self.devf.shape     # 样本数，特征数
15.
16.    def char_woe(self):
17.        # 得到每一类样本的个数，且加入平滑项使 bad 和 good 都不为 0
18.        dic = dict(self.devf.groupby([self.dep]).size())
19.        good = dic.get(0, 0) + 1e-10
20.        bad = dic.get(1, 0) + 1e-10
21.        # 对每一个特征进行遍历
22.        for col in self.vars:
23.            # 得到与每一个特征值对应的样本数
24.            data = dict(self.devf[[col, self.dep]].groupby(
25.                        [col, self.dep]).size())
26.            """
27.            当前特征取值超过 100 个的时候，跳过当前取值
28.            因为取值过多时，WOE 分箱的效率较低，建议对特征进行截断
29.            出现频率过低的特征值统一赋值，放入同一箱内
30.            """
```

```
31.             if len(data) > 100:
32.                 print(col, "contains too many different values...")
33.                 continue
34.             # 打印取值个数
35.             print(col, len(data))
36.             dic = dict()
37.             # k 是特征名和特征取值的组合，v 是样本数
38.             for (k, v) in data.items():
39.                 # value 为特征名，dp 为特征取值
40.                 value, dp = k
41.                 # 如果找不到 key，则设置为一个空字典
42.                 dic.setdefault(value, {})
43.                 # 字典中嵌套字典
44.                 dic[value][int(dp)] = v
45.             for (k, v) in dic.items():
46.                 dic[k] = {str(int(k1)):
47.                     v1 for (k1, v1) in v.items()}
48.                 dic[k]["cnt"] = sum(v.values())
49.                 bad_rate = round(dic[k].get("1", 0)/ dic[k]["cnt"], 5)
50.
51.                 dic[k]["bad_rate"] = bad_rate
52.             # 利用定义的函数进行合并
53.             dic = self.combine_box_char(dic)
54.             # 对每个特征计算 WOE 值和 IV 值
55.             for (k, v) in dic.items():
56.                 a = v.get("0", 1) / good + 1e-10
57.                 b = v.get("1", 1) / bad + 1e-10
58.                 dic[k]["Good"] = v.get("0", 0)
59.                 dic[k]["Bad"] = v.get("1", 0)
60.                 dic[k]["woe"] = round(math.log(a / b), 5)
61.             """
62.             按照分箱后的点进行分割
63.             计算得到每一个特征值的 WOE 值
64.             将原始特征名加上 '_woe' 后缀，并赋予 WOE 值
65.             """
66.             for (klis, v) in dic.items():
67.                 for k in klis.split(","):
68.                     # 训练集进行替换
69.                     self.devf.loc[self.devf[col]==k,
70.                                   "%s_woe" % col] = v["woe"]
71.                     # 测试集进行替换
72.                     if not isinstance(self.valf, str):
73.                         self.valf.loc[self.valf[col]==k,
74.                                       "%s_woe" % col] = v["woe"]
75.                     # 时间外样本集进行替换
76.                     if not isinstance(self.offf, str):
77.                         self.offf.loc[self.offf[col]==k,
```

```
78.                                         "%s_woe" % col] = v["woe"]
79.         # 返回新的字典，其中包含 3 个数据集
80.         return {"dev": self.devf, "val": self.valf, "off": self.offf}
81.
82.     def combine_box_char(self, dic):
83.         """
84.         实施两种分箱策略
85.         1. 不同箱之间负样本占比差异最大化
86.         2. 每一箱的样本量不能过少
87.         """
88.         # 首先合并至 10 箱以内。按照每一箱负样本占比差异最大化原则进行分箱
89.         while len(dic) >= 10:
90.             # k 是特征值，v["bad_rate"] 是与特征值对应的负样本占比
91.             bad_rate_dic = {k: v["bad_rate"] \
92.                             for (k, v) in dic.items()}
93.             # 按照负样本占比排序，因为离散型变量是无序的
94.             # 可以直接写成负样本占比递增的形式
95.             bad_rate_sorted = sorted(bad_rate_dic.items(),
96.                                      key=lambda x: x[1])
97.             # 计算每两箱之间的负样本占比差值
98.             # 准备将差值最小的两箱进行合并
99.             bad_rate = [bad_rate_sorted[i+1][1]-bad_rate_sorted[i][1] \
100.                        for i in range(len(bad_rate_sorted)-1)]
101.
102.            min_rate_index = bad_rate.index(min(bad_rate))
103.            # k1 和 k2 是差值最小的两箱的 key
104.            k1, k2 = bad_rate_sorted[min_rate_index][0],
105.                     bad_rate_sorted[min_rate_index+1][0]
106.            # 得到重新划分后的字典，箱数比之前少 1
107.            dic["%s,%s" % (k1, k2)] = dict()
108.            dic["%s,%s" % (k1, k2)]["0"] = dic[k1].get("0", 0) \
109.                                          + dic[k2].get("0", 0)
110.            dic["%s,%s" % (k1, k2)]["1"] = dic[k1].get("1", 0) \
111.                                          + dic[k2].get("1", 0)
112.            dic["%s,%s" % (k1, k2)]["cnt"] = dic[k1]["cnt"] \
113.                                            + dic[k2]["cnt"]
114.            dic["%s,%s" % (k1, k2)]["bad_rate"] = round(
115.                dic["%s,%s" % (k1, k2)]["1"] / \
116.                dic["%s,%s" % (k1, k2)]["cnt"],5)
117.            # 删除旧的 key
118.            del dic[k1], dic[k2]
119.        """
120.        结束循环后，箱数应该少于 10
121.        下面实施第二种分箱策略
122.        将样本数量少的箱合并至其他箱中，以保证每一箱的样本数量不要太少
123.        """
124.        # 记录当前样本最少的箱的个数
```

```
125.         min_cnt = min([v["cnt"] for v in dic.values()])
126.         # 当样本数量小于总样本的5%且箱的个数大于5的时候，对箱进行合并
127.         while min_cnt < self.nrows * 0.05 and len(dic) > 5:
128.             min_key = [k for (k, v) in dic.items() \
129.                        if v["cnt"] == min_cnt][0]
130.             bad_rate_dic = {k: v["bad rate"] \
131.                             for (k, v) in dic.items()}
132.             bad_rate_sorted = sorted(bad_rate_dic.items(),
133.                                      key=lambda x: x[1])
134.             keys = [k[0] for k in bad_rate_sorted]
135.             min_index = keys.index(min_key)
136.             """
137.             同样想保持合并后箱之间的负样本占比差异最大化
138.             由于箱的位置不同，按照三种不同情况进行分类讨论
139.             """
140.             # 如果是第一箱，则和第二项合并
141.             if min_index == 0:
142.                 k1, k2 = keys[:2]
143.             # 如果是最后一箱，则和倒数第二箱合并
144.             elif min_index == len(dic) - 1:
145.                 k1, k2 = keys[-2:]
146.             # 如果是中间箱，则和bad_rate值相差最小的箱合并
147.             else:
148.                 bef_bad_rate = dic[min_key]["bad_rate"] \
149.                                -dic[keys[min_index - 1]]["bad_rate"]
150.                 aft_bad_rate = dic[keys[min_index+1]]["bad_rate"] \
                                - dic[min_key]["bad_rate"]
151.                 if bef_bad_rate < aft_bad_rate:
152.                     k1, k2 = keys[min_index - 1], min_key
153.                 else:
154.                     k1, k2 = min_key, keys[min_index + 1]
155.             # 得到重新划分后的字典，箱的个数比之前少1
156.             dic["%s,%s" % (k1, k2)] = dict()
157.             dic["%s,%s" % (k1, k2)]["0"] = dic[k1].get("0", 0) \
158.                                            + dic[k2].get("0", 0)
159.             dic["%s,%s" % (k1, k2)]["1"] = dic[k1].get("1", 0) \
160.                                            + dic[k2].get("1", 0)
161.             dic["%s,%s" % (k1, k2)]["cnt"] = dic[k1]["cnt"] \
162.                                              + dic[k2]["cnt"]
163.             dic["%s,%s" % (k1, k2)]["bad_rate"] = round(
164.                 dic["%s,%s" % (k1, k2)]["1"] / \
165.                 dic["%s,%s" % (k1, k2)]["cnt"],5)
166.             # 删除旧的key
167.             del dic[k1], dic[k2]
168.             # 当前最小的箱的样本个数
169.             min_cnt = min([v["cnt"] for v in dic.values()])
170.         return dic
```

这种基于负样本占比的 WOE 自动化编码，是笔者对比多种编码逻辑后得到的最优方法，其中，分箱个数以及最小样本占比需要使用者根据实际情况进行微调。

将离散变量转化为数值编码后，就可以开始正式建模了。因为 XGBoost 等树模型只关心数值的排序，对变量的分布和取值范围并不敏感，所以不需要过多地进行归一化处理。为保证树模型的精度，本案例对数值型变量也未做分箱处理。

2.4 迭代特征筛选方案

接下来进入特征筛选阶段。第一步先使用集成模型中效果最好的 XGBoost 算法进行特征的初步筛选。需要注意的是，直接根据 XGBoost 算法的特征重要度少于某一阈值对特征进行筛选，有一定的不合理性：当某些低重要度特征被删除后，其余低重要度特征的重要度会有所上升。本节首先介绍两个用于评价模型表现的函数 solveKS 和 solvePSI，然后使用一种基于迭代思想的特征筛选方法来完成特征筛选的第一个环节。这样做的目的是削弱特征间的相互影响。

1. solveKS 函数

solveKS 函数用来计算当前模型在某数据集上的 KS。KS 值对模型的评价不受样本不均衡问题的干扰，但仅限于模型评价。如果想获得表现更好的模型，还需要针对不均衡问题进行优化。针对不均衡问题的优化在第 5 章进行介绍。

```
1. def solveKS(self, model, X, Y, Weight):
2.     Y_predict = [s[1] for s in model.predict_proba(X)]
3.     nrows = X.shape[0]
4.     # 还原权重
5.     lis = [(Y_predict[i], Y.values[i], Weight[i]) for i in range(nrows)]
6.     # 按照预测概率倒序排列
7.     ks_lis = sorted(lis, key=lambda x: x[0], reverse=True)
8.     KS = list()
9.     bad = sum([w for (p, y, w) in ks_lis if y > 0.5])
10.    good = sum([w for (p, y, w) in ks_lis if y <= 0.5])
11.    bad_cnt, good_cnt = 0, 0
12.    for (p, y, w) in ks_lis:
13.        if y > 0.5:
```

```
14.             # 1*w 加权样本个数
15.             bad_cnt += w
16.         else:
17.             # 1*w 加权样本个数
18.             good_cnt += w
19.         ks = math.fabs((bad_cnt/bad)-(good_cnt/good))
20.         KS.append(ks)
21.     return max(KS)
```

2. solvePSI 函数

solvePSI 函数在本例中用于计算模型在训练集与时间外样本集上的稳定度指标（Population Stability Index，PSI）。风控从业者经常使用 PSI 衡量模型或特征的稳定性。PSI 还是一种主要的模型监控指标。因为模型部署上线后，模型的拒绝率越高，其线上 KS 值越低，也就越无法体现模型的真实效果，所以通常使用 PSI 监控线上模型与线下模型的差异，从侧面展示模型真实效果与预期效果的偏差。

PSI 的计算中同样涉及分箱，实践证明，等频分箱的效果要好于等距分箱，因此本书中 PSI 的计算使用等频分箱，即首先在参照分布（训练集）上等频分箱，然后计算测试集与时间外样本集，相比于参照分布的 PSI。

```
1. def solvePSI(self, model, dev_x, val_x):
2.     dev_predict_y = [s[1] for s in model.predict_proba(dev_x)]
3.     dev_nrows = dev_x.shape[0]
4.     dev_predict_y.sort()
5.     # 通过等频分箱分成 10 份
6.     cutpoint = [-100] + [dev_predict_y[int(dev_nrows/10*i)] \
7.                          for i in range(1, 10)] + [100]
8.     cutpoint = list(set(cutpoint))
9.     cutpoint.sort()
10.    val_predict_y = [s[1] for s in list(model.predict_proba (val_x))]
11.    val_nrows = val_x.shape[0]
12.    PSI = 0
13.    # 每一箱之间分别计算 PSI
14.    for i in range(len(cutpoint)-1):
15.        start_point, end_point = cutpoint[i], cutpoint[i+1]
16.        dev_cnt = [p for p in dev_predict_y \
17.                   if start_point <= p < end_point]
18.        dev_ratio = len(dev_cnt) / dev_nrows + 1e-10
19.        val_cnt = [p for p in val_predict_y \
```

```
20.                      if start_point <= p < end_point]
21.             val_ratio = len(val_cnt) / val_nrows + 1e-10
22.             psi = (dev_ratio - val_ratio) * math.log(dev_ratio/val_ratio)
23.             PSI += psi
24.         return PSI
```

3. 迭代特征筛选

因为风控建模本身是一种极度不平衡的场景，需要使用一些方法对模型进行调优。这部分在后续章节中进行介绍。本方案中的样本权重 weight 与代价敏感学习中的权重作用并不相同。考虑到通常建模中会对样本进行抽样，为了反映真实场景下的 KS 值和 PSI，需要使用采样比例的倒数作为权重，进行样本量还原。因此本方案中权重只参与 KS 值和 PSI 的计算，不参与模型训练。

```
1. import xgboost as xgb
2. from xgboost import plot_importance
3.
4. class xgBoost(object):
5.     def __init__(self, datasets, uid, dep, weight,
6.                  var_names, params, max_del_var_nums=0):
7.         self.datasets = datasets
8.         # 样本唯一标识，不参与建模
9.         self.uid = uid
10.        # 二分类标签
11.        self.dep = dep
12.        # 样本权重
13.        self.weight = weight
14.        # 特征列表
15.        self.var_names = var_names
16.        # 参数字典，未指定字段使用默认值
17.        self.params = params
18.        # 单次迭代最多删除特征的个数
19.        self.max_del_var_nums = max_del_var_nums
20.        self.row_num = 0
21.        self.col_num = 0
22.
23.    def training(self, min_score=0.0001, modelfile="", output_scores=list()):
24.        lis = self.var_names[:]
25.        dev_data = self.datasets.get("dev", "")      # 训练集
26.        val_data = self.datasets.get("val", "")      # 测试集
```

```
27.         off_data = self.datasets.get("off", "")      # 时间外样本集
28.         # 从字典中查找参数值，没有则使用第二项作为默认值
29.         model = xgb.XGBClassifier(
30.             learning_rate=self.params.get("learning_rate", 0.1),
31.             n_estimators=self.params.get("n_estimators", 100),
32.             max_depth=self.params.get("max_depth", 3),
33.             min_child_weight=self.params.get("min_child_weight", 1),
34.             subsample=self.params.get("subsample", 1),
35.             objective=self.params.get("objective","binary:logistic"),
36.             nthread=self.params.get("nthread", 10),
37.             scale_pos_weight=self.params.get("scale_pos_weight", 1),
38.             random_state=0,
39.             n_jobs=self.params.get("n_jobs", 10),
40.             reg_lambda=self.params.get("reg_lambda", 1),
41.             missing=self.params.get("missing", None))
42.         while len(lis) > 0:
43.             # 模型训练
44.             model.fit(X=dev_data[self.var_names], y=dev_data[self.dep])
45.             # 得到特征重要性
46.             scores = model.feature_importances_
47.             # 清空字典
48.             lis.clear()
49.             """
50.             当特征重要性小于预设值时，将特征放入待删除列表
51.             当列表长度超过预设最大值时，跳出循环
52.             即一次只删除限定个数的特征
53.             """
54.             for (idx, var_name) in enumerate(self.var_names):
55.                 # 小于特征重要性预设值则放入列表
56.                 if scores[idx] < min_score:
57.                     lis.append(var_name)
58.                 # 达到预设单次最大特征删除个数则停止本次循环
59.                 if len(lis) >= self.max_del_var_nums:
60.                     break
61.             # 训练集 KS 值
62.             devks = self.solveKS(model, dev_data[self.var_names],
63.                                  dev_data[self.dep], dev_data[self.weight])
64.             # 初始化 KS 值和 PSI
65.             valks, offks, valpsi, offpsi = 0.0, 0.0, 0.0, 0.0
66.             # 测试集 KS 值和 PSI
67.             if not isinstance(val_data, str):
68.                 valks = self.solveKS(model,
69.                                      val_data[self.var_names],
70.                                      val_data[self.dep],
71.                                      val_data[self.weight])
72.                 valpsi = self.solvePSI(model,
```

```
73.                                             dev_data[self.var_names],
74.                                             val_data[self.var_names])
75.             # 时间外样本集 KS 值和 PSI
76.             if not isinstance(off_data, str):
77.                 offks = self.solveKS(model,
78.                                           off_data[self.var_names],
79.                                           off_data[self.dep],
80.                                           off_data[self.weight])
81.                 offpsi = self.solvePSI(model,
82.                                             dev_data[self.var_names],
83.                                             off_data[self.var_names])
84.             # 将三个数据集的 KS 值和 PSI 放入字典
85.             dic = {"devks": float(devks),
86.                    "valks": float(valks),
87.                    "offks": offks,
88.                    "valpsi": float(valpsi),
89.                    "offpsi": offpsi}
90.             print("del var: ", len(self.var_names),
91.                   "-->", len(self.var_names) - len(lis),
92.                   "ks: ", dic, ",".join(lis))
93.         self.var_name = [var_name for var_name in self.var_names
94.                          if var_name not in lis]
95.         plot_importance(model)
96.         # 重新训练，准备进入下一循环
97.         model = xgb.XGBClassifier(
98.             learning_rate=self.params.get("learning_rate", 0.1),
99.             n_estimators=self.params.get("n_estimators", 100),
100.            max_depth=self.params.get("max_depth", 3),
101.            min_child_weight=self.params.get("min_child_weight",1),
102.            subsample=self.params.get("subsample", 1),
103.            objective=self.params.get("objective",
104.                                      "binary:logistic"),
105.            nthread=self.params.get("nthread", 10),
106.            scale_pos_weight=self.params.get("scale_pos_weight",1),
107.            random_state=0,
108.            n_jobs=self.params.get("n_jobs", 10),
109.            reg_lambda=self.params.get("reg_lambda", 1),
110.            missing=self.params.get("missing", None))
```

本初步筛选方案的精华在于，使用 min_score 参数控制每一次删除的特征重要性，使用 max_del_var_nums 控制每一次循环删除特征的个数。这在一定程度上避免了特征之间的干扰。

除了基于模型贡献度的筛选方式外，业务同样需要模型具备一定的稳定性。因为

信用评分模型的稳定性很大程度上取决于模型中每个变量分布的稳定性，为保证模型上线后的稳定性，需要对模型中稳定性较差的变量进行筛选。在传统评分卡中，通常还会根据三个建模数据集上每一个特征的信息值（Information Value，IV）、最大信息系数（Maximal Information Coefficient，MIC）、PSI 等指标对特征进行筛选（前文提到，PSI 既可用于模型评价又可用于特征筛选）。XGBoost 模型中同样可以使用这些方法，本书对此不做过多介绍。

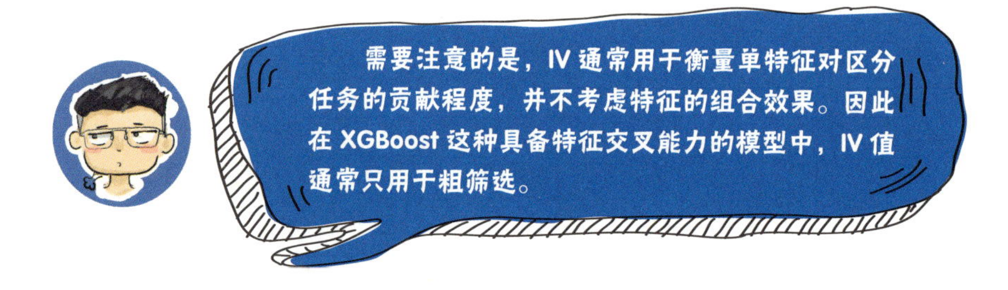

2.5 自动化调参

业内普遍使用的调参策略是基于随机搜索、遗传算法、贝叶斯优化等形式实现的，本节则介绍一种基于业务指标实现调参的思路，并通过代码实现自动化的参数搜索。

注意，本节中的函数均建立在 2.4 节的 XGBoost 类之下，代码中的 self 均指代由父类 XGBoost 定义的 self。

2.5.1 自动化调参策略

业务期望模型的训练集 KS 值和时间外样本集 KS 值足够接近，且时间外样本集的 KS 值足够大。前者用于保证模型的跨时间稳定性不会很差，而后者用于保证模型的精度足够高。因此给出调参目标为两者的组合。

```
1. def target_value(self,old_devks,old_offks,target,devks,offks,w=0.2):
2.     """
3.     如果参数设置为"best"，则使用最优调参策略
4.     否则使用时间外样本集 KS 值最大策略
5.     """
6.     if target == "best":
7.         return offks-abs(devks-offks)*w
8.     else:
9.         return offks
```

注意，KS 值的分配权重 w 可以根据实际情况进行调节。比如当业务稳定性较差时，应更多关注两者 KS 值的差值，因此需要将 w 从默认的 0.2 改为一个更大的值。

2.5.2 参数搜索方案

参数搜索方案使用的是一种针对目标 KS 值的贪心搜索方法。每一次只考虑单个参数，进行前向和后向搜索，当对目标 KS 值有提高时，继续搜索，否则停止该方向的搜索。

```
1. def check_params(self, dev_data, off_data, params, param, train_number, step,
                    target,targetks, old_devks, old_offks):
2.     """
3.     当前向搜索对调参策略有提升时，继续前向搜索
4.     否则进行后向搜索
5.     """
6.     while True:
7.         try:
8.             if params[param] + step > 0:
9.                 params[param] += step
10.                model = xgb.XGBClassifier(
11.                    max_depth=params.get("max_depth", 3),
12.                    learning_rate=params.get("learning_rate",0.05),
13.                    n_estimators=params.get("n_estimators",100),
14.                    min_child_weight=params.get("min_child_weight", 1),
15.                    subsample=params.get("subsample", 1),
16.                    scale_pos_weight=params.get("scale_pos_weight", 1),
17.                    nthread=10, n_jobs=10, random_state=0)
```

```
18.                     model.fit(dev_data[self.var_names],
19.                               dev_data[self.dep],
20.                               dev_data[self.weight])
21.                     devks = self.solveKS(model,
22.                                          dev_data[self.var_names],
23.                                          dev_data[self.dep],
24.                                          dev_data[self.weight])
25.                     offks = self.solveKS(model,
26.                                          off_data[self.var_names],
27.                                          off_data[self.dep],
28.                                          off_data[self.weight])
29.                     train_number += 1
30.                     targetks_n = self.target_value(old_devks=old_devks,
31.                                                    old_offks=old_offks,
32.                                                    target=target,
33.                                                    devks=devks,
34.                                                    offks=offks)
35.                     if targetks < targetks_n:
36.                         targetks = targetks_n
37.                         old_devks = devks
38.                         old_offks = offks
39.                     else:
40.                         break
41.                 else:
42.                     break
43.             except:
44.                 break
45.         params[param] -= step
46.         return params, targetks, train_number
```

2.5.3 调参框架搭建

本小节搭建一个自动化的调参框架，在内部调用 2.5.1 节设计的评价函数及 2.5.2 节中构造的参数搜索方法。

```
1. def auto_choose_params(self, target="offks"):
2.     """
3.     "mzh1": offks + (offks - devks) * 0.2 最大化
4.     "mzh2": (offks + (offks - devks) * 0.2)**2 最大化
5.     其余取值均使用时间外样本集 offks 最大化
6.     当业务稳定性较差时，应将 0.2 改为更大的值
```

```
7.      """
8.      dev_data = self.datasets.get("dev", "")
9.      off_data = self.datasets.get("off", "")
10.     # 设置参数初始位置
11.     params = {
12.         "max_depth": 5,
13.         "learning_rate": 0.09,
14.         "n_estimators": 120,
15.         "min_child_weight": 50,
16.         "subsample": 1,
17.         "scale_pos_weight": 1,
18.         "reg_lambda": 21
19.     }
20.     model = xgb.XGBClassifier(
21.         max_depth=params.get("max_depth", 3),
22.         learning_rate=params.get("learning_rate", 0.05),
23.         n_estimators=params.get("n_estimators", 100),
24.         min_child_weight=params.get("min_child_weight",1),
25.         subsample=params.get("subsample", 1),
26.         scale_pos_weight=params.get("scale_pos_weight",1),
27.         reg_lambda=params.get("reg_lambda", 1),
28.         nthread=8, n_jobs=8, random_state=7)
29.     model.fit(dev_data[self.var_names],
30.               dev_data[self.dep],
31.               dev_data[self.weight])
32.     devks = self.solveKS(model,
33.                          dev_data[self.var_names],
34.                          dev_data[self.dep],
35.                          dev_data[self.weight])
36.     offks = self.solveKS(model,
37.                          off_data[self.var_names],
38.                          off_data[self.dep],
39.                          off_data[self.weight])
40.     train_number = 0
41.     # 设置调参步长
42.     dic = {
43.         "learning_rate": [0.05, -0.05],
44.         "max_depth": [1, -1],
45.         "n_estimators": [20, 5, -5, -20],
46.         "min_child_weight": [20, 5, -5, -20],
47.         "subsample": [0.05, -0.05],
48.         "scale_pos_weight": [20, 5, -5, -20],
49.         "reg_lambda": [10, -10]
50.     }
51.     # 启用调参策略
52.     targetks = self.target_value(old_devks=devks,
```

```
53.                                         old_offks=offks, target=target,
54.                                         devks=devks, offks=offks)
55.     old_devks = devks
56.     old_offks = offks
57.     # 按照参数字典，双向搜索最优参数
58.     while True:
59.         targetks_lis = []
60.         for (key, values) in dic.items():
61.             for v in values:
62.                 if v + params[key] > 0:
63.                     params, targetks,
64.                     train_number = self.check_params(
65.                         dev_data,off_data, params,
66.                         key, train_number,
67.                         v, target, targetks,
68.                         old_devks, old_offks)
69.                     targetks_n = self.target_value(
70.                         old_devks=old_devks,
71.                         old_offks=old_offks,
72.                         target=target,
73.                         devks=devks, offks=offks)
74.                     if targetks < targetks_n:
75.                         old_devks = devks
76.                         old_offks = offks
77.                         targetks_lis.append(targetks)
78.         if not targetks_lis:
79.             break
80.     print("Best params: ", params)
81.     model = xgb.XGBClassifier(
82.         max_depth=params.get("max_depth", 3),
83.         learning_rate=params.get("learning_rate", 0.05),
84.         n_estimators=params.get("n_estimators", 100),
85.         min_child_weight=params.get("min_child_weight",1),
86.         subsample=params.get("subsample", 1),
87.         scale_pos_weight=params.get("scale_pos_weight",1),
88.         reg_lambda=params.get("reg_lambda", 1),
89.         nthread=10, n_jobs=10, random_state=0)
90.     model.fit(dev_data[self.var_names],
91.         dev_data[self.dep], dev_data[self.weight])
```

本节介绍的自动化调参策略，除了可以修改目标KS值分配的权重以外，还可以更改需要调整的参数名、参数初始值、调参步长，以适用于更多的场景。

2.6 递归特征删除方案

经过模型的筛选之后，并不能保证当前模型的入模变量已是最优变量组合，因此本节介绍一种对变量进行精细化调整的递归特征删除方案。最有可能得到最优解的方案为，遍历每一种变量组合，得到 KS 值最大的一组特征组合。但考虑到这种方案实现效率较低，使用逐个特征删除方案代替。

注意，本节中的递归删除函数仍然建立在 2.4 节的 XGBoost 类之下。代码中的 self 均指代由父类 XGBoost 定义的 self。

首先将一个特征从变量组合中去掉，观察模型 KS 值和 PSI 的变化：如果变量模型没有明显变化或者模型表现变好，则可以删除该特征；否则，保留该特征，继续去掉下一个特征并观察。

```
1. def auto_delete_vars(self):
2.     dev_data = self.datasets.get("dev", "")
3.     off_data = self.datasets.get("off", "")
4.     params = self.params
5.     model = xgb.XGBClassifier(
6.         max_depth=params.get("max_depth", 3),
7.         learning_rate=params.get("learning_rate", 0.05),
8.         n_estimators=params.get("n_estimators", 100),
9.         min_child_weight=params.get("min_child_weight",1),
10.        subsample=params.get("subsample", 1),
11.        scale_pos_weight=params.get("scale_pos_weight",1),
12.        reg_lambda=params.get("reg_lambda", 1),
13.        nthread=8, n_jobs=8, random_state=7)
14.    model.fit(dev_data[self.var_names],
15.              dev_data[self.dep], dev_data[self.weight])
16.    offks = self.solveKS(model, off_data[self.var_names],
17.                         off_data[self.dep], off_data[self.weight])
18.    train_number = 0
19.    print("train_number: %s, offks: %s" % (train_number, offks))
20.    del_list = list()
21.    oldks = offks
22.    while True:
23.        flag = True
24.        for var_name in self.var_names:
```

```
25.                 # 遍历每一个特征
26.                 model = xgb.XGBClassifier(
27.                     max_depth=params.get("max_depth", 3),
28.                     learning_rate=params.get("learning_rate", 0.05),
29.                     n_estimators=params.get("n_estimators", 100),
30.                     min_child_weight=params.get("min_child_weight", 1),
31.                     subsample=params.get("subsample", 1),
32.                     scale_pos_weight=params.get("scale_pos_weight", 1),
33.                     reg_lambda=params.get("reg_lambda", 1),
34.                     nthread=10, n_jobs=10, random_state=7)
35.                 # 将当前特征从模型中去掉
36.                 names = [var for var in self.var_names if var_name != var]
37.                 model.fit(dev_data[names], dev_data[self.dep],
38.                           dev_data[self.weight])
39.                 train_number += 1
40.                 offks = self.solveKS(model, off_data[names],
41.                                      off_data[self.dep],
42.                                      off_data[self.weight])
43.                 """
44.                 比较 KS 值是否有提升
45.                 如果有提升或者无明显变化，则可以将特征去掉
46.                 """
47.                 if offks >= oldks:
48.                     oldks = offks
49.                     flag = False
50.                     del_list.append(var_name)
51.                     self.var_names = names
52.                 else:
53.                     Continue
54.             if flag:
55.                 break
56.         print("(End) train_n: %s, offks: %s del_list_vars: %s"
57.               % (train_number, offks, del_list))
```

2.7 评分卡制作

信用评分工具作为一种度量工具，和砝码一样需要校准，即为每个单位赋予合适的刻度。因此在模型训练结束后通常要使用统一的评分映射将模型的输出归一化。为了更好地理解 XGBoost 模型的评分映射，首先来看一下传统逻辑回归评分映射的原理。

2.7.1 逻辑回归评分卡

通常贷款机构对评分工具有如下需求：

- 属性点数为正。
- 总分数为正。
- 分数某个值代表特定的信用质量。
- 分数差别代表统一的信用质量变化。

为了让每个模型都能满足以上四条，业内主要使用一种比率缩放的评分映射方法。

用一个例子来解释：首先期望一个用户的基础分为 650 分，当这个用户非逾期的概率是逾期的概率的 2 倍时，加 50 分；非逾期的概率是逾期的概率的 4 倍时，加 100 分；非逾期的概率是逾期的概率的 8 倍时，加 150 分；以此类推，就得到了业内标准的评分卡换算公式

$$\text{score}=650+50\log_2\left(\frac{P_{\text{正样本}}}{P_{\text{负样本}}}\right) \tag{2-3}$$

其中，score 是评分卡映射之后的输出，$P_{\text{正样本}}$是样本非逾期的概率，$P_{\text{负样本}}$是样本逾期的概率。接下来看一下逻辑回归评分卡是如何与式（2-3）对应起来的。

1. 逻辑回归的评分映射

逻辑回归方程为

$$\ln\left(\frac{P_{\text{正样本}}}{P_{\text{负样本}}}\right)=w_1x_1+w_2x_2+w_3x_3+\cdots \tag{2-4}$$

在信用评分模型建模时，逻辑回归的线性回归成分输出结果为 $\ln\left(\frac{P_{\text{正样本}}}{P_{\text{负样本}}}\right)$，即对数似然。

由对数换底公式可知

$$\log_2\left(\frac{P_{\text{正样本}}}{P_{\text{负样本}}}\right)=\frac{\ln\left(\frac{P_{\text{正样本}}}{P_{\text{负样本}}}\right)}{\ln 2}=\frac{w_1x_1+w_2x_2+w_3x_3+\cdots}{\ln 2} \tag{2-5}$$

将式（2-5）代入式（2-3），有

$$\text{score} = 650 + 50 \cdot \frac{w_1x_1 + w_2x_2 + w_3x_3 + \cdots}{\ln 2} \tag{2-6}$$

换言之，只需要解出逻辑回归中每个特征的系数，然后将样本的每个特征值加权求和即可得到客户当前的标准化信用评分。式（2-6）中的基础分（Base Score）为 650 分，步长（Point of Double Odds，PDO）为 50 分，这两个值需要根据业务需求进行调整。

此外，还有一种映射方式，就是不考虑评分转换的真正含义，直接使得

$$\text{score} = 650 + 50\log_2(\text{pred} - \text{lag}) \tag{2-7}$$

其中，pred 是模型输出的似然概率，lag 通常设置为期望模型等于基础分时对应的概率值。假设当前期望模型的 20% 分位点等于基础分，只需要将与模型在测试集上排在 20% 分位的样本对应的概率值作为 lag 即可。

如果预先设计好模型分数的区间，且限制每个区间人数的占比，比如设定 650～700 分为 C 区间，包含客群的 20%；700～750 分为 B 区间，包含客群的 60%；750 分以上为 A 区间，包含客群的 20%。这时候通过调整基础分和步长很难保证满足条件，可以使用两个组合函数进行划分。此外，还可以将步长，式（2-7）中的 50，更改为随着 pred 变化的动态步长，从而使得评分映射后的分布更加密集，这里不做更多介绍。

下面训练一个逻辑回归评分模型并进行评分转换。

2. 训练逻辑回归评分模型

加载所需要的包，然后读取数据。

```
1. import pandas as pd
2. from sklearn.metrics import roc_auc_score,roc_curve,auc
3. from sklearn import metrics
4. from sklearn.linear_model import LogisticRegression
5. import numpy as np
6.
7. data = pd.read_csv('Acard.txt')
8. data.head()
```

预览结果如图 2-3 所示。

	person_info	finance_info	credit_info	act_info	label	obs_mth
0	-0.322581	0.023810	0.00	0.217949	0.0	2018-10-31
1	-0.128677	0.023810	0.00	0.423077	0.0	2018-07-31
2	0.062660	0.023810	0.10	0.448718	0.0	2018-09-30
3	0.078853	0.071429	0.05	0.179487	0.0	2018-07-31
4	-0.261014	0.023810	0.00	0.423077	0.0	2018-07-31

图 2-3　数据预览

前 4 列分别为 4 个不同维度的特征，第 5 列 label 为样本标签，最后一列 obs_mth 为申请日期所在月份的月底切片。如下通过 unique() 函数查看申请月份的所有值：

```
data.obs_mth.unique()
```

运行结果为：

```
['2018-10-31', '2018-07-31', '2018-09-30', '2018-06-30', '2018-11-30']
```

数据集中的日期经过处理全部映射为当月的最后一天。可以看到，样本的月份分布为 2018 年 6 月到 2018 年 11 月。所以选取 2018 年 11 月的样本作为时间外样本集。本次建模不设等分测试集。

3. 建立逻辑回归评分卡

调用 sklearn 中的 LogisticRegression 模型对训练集进行拟合，再计算训练集和测试集上的 KS 值，并画出接收者操作特征曲线（Receiver Operating Characteristic Curve，ROC 曲线）。

通常使用 ROC 曲线衡量模型的整体区分度，以及通过 ROC 曲线的平稳度推断模型的泛化能力。由于在样本量较小时，模型过度拟合有可能导致只有部分位置的 KS 值较大。这时虽然 KS 值大，但模型整体的效果并不好，通过 ROC 曲线可以观察到相应的问题。

```
1. train = data[data.obs_mth != '2018-11-30'].reset_index().copy()
```

```
 2. val = data[data.obs_mth == '2018-11-30'].reset_index().copy()
 3.
 4. feature_lst = ['person_info','finance_info','credit_info','act_info']
 5. x = train[feature_lst]
 6. y = train['bad_ind']
 7.
 8. val_x = val[feature_lst]
 9. val_y = val['bad_ind']
10.
11. lr_model = LogisticRegression(C=0.1,class_weight='balanced')
12. lr_model.fit(x,y)
13.
14. y_pred = lr_model.predict_proba(x)[:,1]
15. fpr_lr_train,tpr_lr_train,_ = roc_curve(y,y_pred)
16. train_ks = abs(fpr_lr_train - tpr_lr_train).max()
17. print('train_ks : ',train_ks)
18.
19. y_pred = lr_model.predict_proba(val_x)[:,1]
20. fpr_lr,tpr_lr,_ = roc_curve(val_y,y_pred)
21. val_ks = abs(fpr_lr - tpr_lr).max()
22. print('val_ks : ',val_ks)
23.
24. from matplotlib import pyplot as plt
25. plt.plot(fpr_lr_train,tpr_lr_train,label='train LR')
26. plt.plot(fpr_lr,tpr_lr,label='evl LR')
27. plt.plot([0,1],[0,1],'k--')
28. plt.xlabel('False positive rate')
29. plt.ylabel('True positive rate')
30. plt.title('ROC Curve')
31. plt.legend(loc='best')
32. plt.show()
```

运行结果如下，其中 train_ks 为训练集 KS 值，val_ks 为时间外样本集 KS 值。

```
train_ks : 0.4482453222991063
val_ks : 0.4198642457760936
```

ROC 曲线如图 2-4 所示。

4. 生成模型报告

分别做出报告中所需要的字段：KS 值、负样本个数、正样本个数、负样本累计个数、正样本累计个数、捕获率、负样本占比。

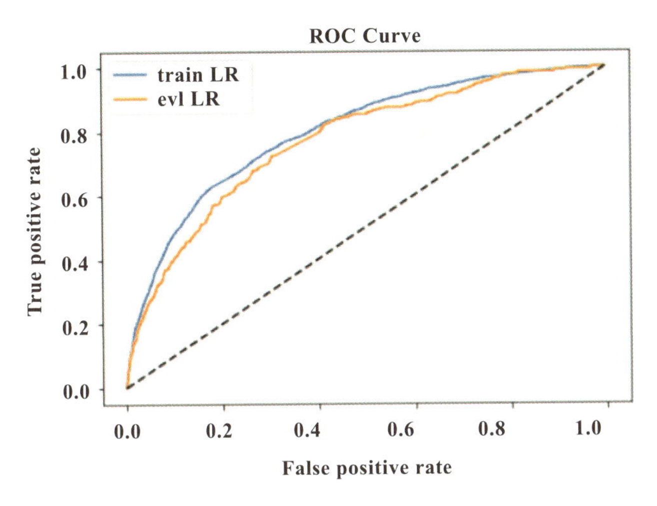

图 2-4　ROC 曲线

```
1. model = lr_model
2. row_num, col_num = 0, 0
3. bins = 20
4. Y_predict = [s[1] for s in model.predict_proba(val_x)]
5. Y = val_y
6. nrows = Y.shape[0]
7. lis = [(Y_predict[i], Y[i]) for i in range(nrows)]
8. ks_lis = sorted(lis, key=lambda x: x[0], reverse=True)
9. bin_num = int(nrows/bins+1)
10. bad = sum([1 for (p, y) in ks_lis if y > 0.5])
11. good = sum([1 for (p, y) in ks_lis if y <= 0.5])
12. bad_cnt, good_cnt = 0, 0
13. KS = []
14. BAD = []
15. GOOD = []
16. BAD_CNT = []
17. GOOD_CNT = []
18. BAD_PCTG = []
19. BADRATE = []
20. dct_report = {}
21. for j in range(bins):
22.     ds = ks_lis[j*bin_num: min((j+1)*bin_num, nrows)]
23.     bad1 = sum([1 for (p, y) in ds if y > 0.5])
24.     good1 = sum([1 for (p, y) in ds if y <= 0.5])
25.     bad_cnt += bad1
```

```
26.       good_cnt += good1
27.       bad_pctg = round(bad_cnt / sum(val_y), 3)
28.       badrate = round(bad1 / (bad1 + good1), 3)
29.       ks = round(math.fabs((bad_cnt / bad) - (good_cnt / good)), 3)
30.       KS.append(ks)
31.       BAD.append(bad1)
32.       GOOD.append(good1)
33.       BAD_CNT.append(bad_cnt)
34.       GOOD_CNT.append(good_cnt)
35.       BAD_PCTG.append(bad_pctg)
36.       BADRATE.append(badrate)
37.       dct_report['KS'] = KS
38.       dct_report['负样本个数'] = BAD
39.       dct_report['正样本个数'] = GOOD
40.       dct_report['负样本累计个数'] = BAD_CNT
41.       dct_report['正样本累计个数'] = GOOD_CNT
42.       dct_report['捕获率'] = BAD_PCTG
43.       dct_report['负样本占比'] = BADRATE
44. val_report = pd.DataFrame(dct_report)
45. print(val_report)
```

运行上述代码生成的报告如图 2-5 所示。可以看到，模型的 KS 最大值出现在第 7 箱（编号为 6）。如果将箱分得更细，KS 的值还会继续增大。上限为前面通过公式计算出的 KS 值。报告中，前 4 箱的样本占总人数的 20%，捕捉到的负样本占所有负样本的 57.3%，这就代表如果拒绝分数最低的 20% 的人，可以捕捉到 57.3% 的负样本。

5. 通过用 pyecharts 绘图来观察模型表现

这里根据两个指标（分组负样本占比和 KS 值）来绘图并展示。

```
1. from pyecharts.charts import *
2. from pyecharts import options as opts
3. from pylab import *
4. mpl.rcParams['font.sans-serif'] = ['SimHei']
5. np.set_printoptions(suppress=True)
6. pd.set_option('display.unicode.ambiguous_as_wide', True)
7. pd.set_option('display.unicode.east_asian_width', True)
8. line = (
9.     Line()
```

```
10.     .add_xaxis(list(val_repot.index))
11.     .add_yaxis(
12.         "分组负样本占比",
13.         list(val_repot.BADRATE),
14.         yaxis_index=0,
15.         color="red",
16.     )
17.     .set_global_opts(
18.         title_opts=opts.TitleOpts(title="行为评分卡模型表现"),
19.     )
20.     .extend_axis(
21.         yaxis=opts.AxisOpts(
22.             name="累计负样本占比",
23.             type_="value",
24.             min_=0,
25.             max_=0.5,
26.             position="right",
27.             axisline_opts=opts.AxisLineOpts(
28.                 linestyle_opts=opts.LineStyleOpts(color="red")
29.             ),
30.             axislabel_opts=opts.LabelOpts(formatter="{value}"),
31.         )
32.     )
33.     .add_xaxis(list(val_repot.index))
34.     .add_yaxis(
35.         "KS",
36.         list(val_repot['KS']),
37.         yaxis_index=1,
38.         color="blue",
39.         label_opts=opts.LabelOpts(is_show=False),
40.     )
41. )
42. line.render_notebook()
```

分组负样本占比曲线如图 2-6 所示。

其中绿色曲线为负样本占比曲线，黄色曲线为 KS 曲线。可以看到，模型在第 4 箱的位置出现了波动，即第 4 箱的负样本占比高于第 3 箱。虽然曲线图中有多处波动，但幅度不大，总体趋势较为平稳。因此模型的排序能力仍可被业务所接受。

到这里，模型的训练部分就结束了。接下来保存本次模型学习到的系数和截距项，后面会用其来做评分映射。

	KS	负样本个数	正样本个数	负样本累计个数	正样本累计个数	捕获率	负样本占比
0	0.217	86	713	86	713	0.262	0.108
1	0.299	43	756	129	1469	0.393	0.054
2	0.339	29	770	158	2239	0.482	0.036
3	0.381	30	769	188	3008	0.573	0.038
4	0.398	22	777	210	3785	0.640	0.028
5	0.403	18	781	228	4566	0.695	0.023
6	0.408	18	781	246	5347	0.750	0.023
7	0.398	13	786	259	6133	0.790	0.016
8	0.396	16	783	275	6916	0.838	0.020
9	0.361	5	794	280	7710	0.854	0.006
10	0.332	7	792	287	8502	0.875	0.009
11	0.287	2	797	289	9299	0.881	0.003
12	0.258	7	792	296	10091	0.902	0.009
13	0.225	6	793	302	10884	0.921	0.008
14	0.208	11	788	313	11672	0.954	0.014
15	0.182	8	791	321	12463	0.979	0.010
16	0.137	2	797	323	13260	0.985	0.003
17	0.092	2	797	325	14057	0.991	0.003
18	0.045	1	798	326	14855	0.994	0.001
19	0.000	2	792	328	15647	1.000	0.003

图 2-5　模型报告

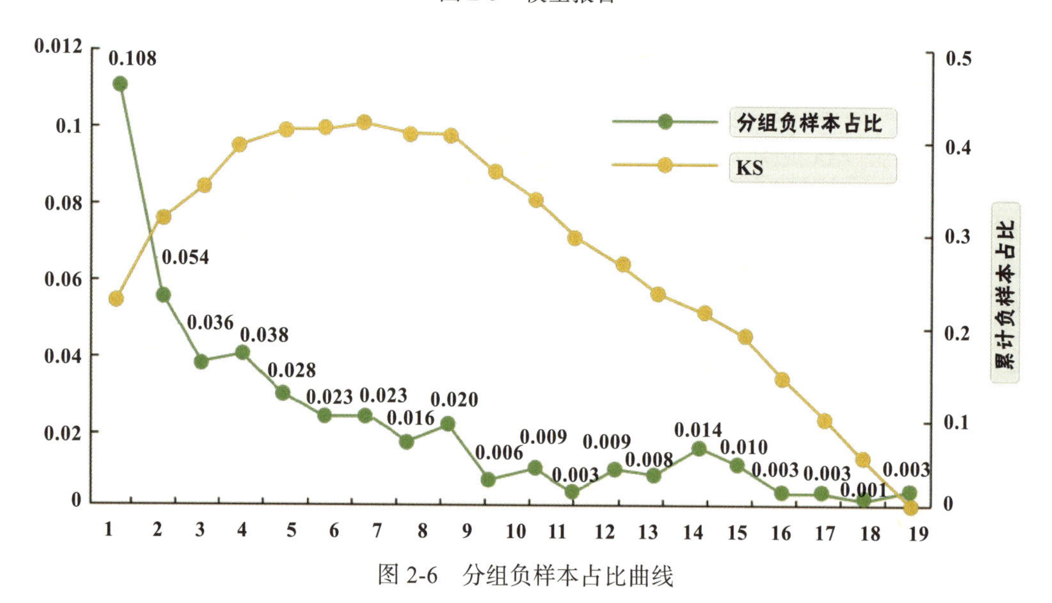

图 2-6　分组负样本占比曲线

```
1. print(' 变量名单：',feature_lst)
2. print(' 系数：',lr_model.coef_)
3. print(' 截距：',lr_model.intercept_)
```

运行结果为：

```
变量名单：['person_info', 'finance_info', 'credit_info', 'act_info']
系数：[[ 3.49460978 11.40051582  2.45541981 -1.68676079]]
截距：[-0.34484897]
```

6. 重新计算得分

对照式（2-6），对模型进行评分映射，然后用映射后的分数计算时间外样本集的 KS 值。

如果映射的函数是正确的，那么应该不会影响模型的排序能力。通过这种方法可以检验映射函数的逻辑是否正确。

```
1. # 算分数onekey
2. def score(person_info,finance_info,credit_info,act_info):
3.     xbeta = person_info * (3.49460978) \
4.             + finance_info * (11.40051582) \
5.             + credit_info * (2.45541981) \
6.             + act_info * (-1.68676079) \
7.             - 0.34484897
8.     score = 650 - 34 * (xbeta) / math.log(2)
9.     return score
10. val['score'] = val.apply(
11.     lambda x : score(x.person_info,x.finance_info,
12                   x.credit_info,x.act_info),axis=1)
13. fpr_lr,tpr_lr,_ = roc_curve(val_y,val['score'])
14. val_ks = abs(fpr_lr - tpr_lr).max()
15. print('val_ks : ',val_ks)
```

运行结果为：

```
val_ks : 0.4198642457760936
```

可以看到，映射后的KS值和前面模型直接输出的KS值是一致的。

7. 划分评级

接下来还可以通过分数段对客群进行划分，得到每一个级别用户的逾期率。

```
1. # 定义评级区间
2. def level(score):
3.     level = 0
4.     if score <= 600:
5.         level = "D"
6.     elif score <= 640 and score > 600:
7.         level = "C"
8.     elif score <= 680 and score > 640:
9.         level = "B"
10.    elif score > 680:
11.        level = "A"
12.    return level
13. val['level'] = val.score.map(lambda x : level(x))
14. print(val.level.groupby(val.level).count()/len(val))
```

运行结果为：

```
level
A     0.002168
B     0.008079
C     0.014878
D     0.055571
```

这是按照上一版本模型分数阈值划分后的结果。如果希望某个区间的逾期率更大或者更小，可以调整评分映射函数中的基础分和分值系数（当前基础分是650分，分值系数是34）。

2.7.2 集成模型的评分映射

由于树模型输出的概率值是负样本的概率，即分值越接近 1，等于 1 的概率越大，所以 XGBoost 应当具有如下分数映射公式：

$$\text{Score} = 600 + 50 \times \log_2\left(\frac{1-\text{pred}}{\text{pred}} - \text{lag}\right) \tag{2-8}$$

其中，pred 为集成模型的输出，lag 为基础分似然概率阈值。

1）为了更好地和逻辑回归评分卡进行对应，按照逻辑回归评分卡的思路训练一个 XGBoost 模型。

由于本案例的数据集以月末切片表示整个月的数据，使用最后一个月 2018 年 11 月的数据集作为时间外样本集，不区分训练集和测试集。以下代码为数据加载、模型训练的全过程。

```
1. import XGBoost as xgb
2. data = pd.read_csv('Acard.txt')
3. df_train = data[data.obs_mth != '2018-11-30'].reset_index().copy()
4. val = data[data.obs_mth == '2018-11-30'].reset_index().copy()
5. lst = ['person_info','finance_info','credit_info','act_info']
6.
7. train = data[data.obs_mth != '2018-11-30'].reset_index().copy()
8. evl = data[data.obs_mth == '2018-11-30'].reset_index().copy()
9.
10. x = train[lst]
11. y = train['bad_ind']
12.
13. evl_x =  evl[lst]
14. evl_y = evl['bad_ind']
15.
16. # 定义 XGB 函数
17. def XGB_test(train_x,train_y,test_x,test_y):
18.     from multiprocessing import cpu_count
19.     clf = xgb.XGBClassifier(
20.         boosting_type='gbdt', num_leaves=31,
21.         reg_alpha=0.0, reg_lambda=1,
22.         max_depth=2, n_estimators=800,
23.         max_features = 140, objective='binary',
```

```
24.             subsample=0.7, colsample_bytree=0.7, subsample_freq=1,
25.             learning_rate=0.05, min_child_weight=50,
26.             random_state=None, n_jobs=cpu_count()-1,
27.             num_iterations = 800 # 迭代次数
28.         )
29.         clf.fit(train_x,train_y,eval_set=[(train_x,train_y),(test_x,test_y)],
30.                 eval_metric='auc',early_stopping_rounds=100)
31.         print(clf.n_features_)
32.         return clf, clf.best_score_['valid_1']['auc']
33.
34. # 模型训练
35. model,auc = XGB_test(x,y,evl_x,evl_y)
36. # 训练集预测
37. y_pred = model.predict_proba(x)[:,1]
38. fpr_xgb_train,tpr_xgb_train,_ = roc_curve(y,y_pred)
39. train_ks = abs(fpr_xgb_train - tpr_xgb_train).max()
40. print('train_ks : ',train_ks)
41. # 时间外样本集预测
42. y_pred = model.predict_proba(evl_x)[:,1]
43. fpr_xgb,tpr_xgb,_ = roc_curve(evl_y,y_pred)
44. evl_ks = abs(fpr_xgb - tpr_xgb).max()
45. print('evl_ks : ',evl_ks)
46.
47. # 画出 ROC 曲线并计算 KS 值
48. from matplotlib import pyplot as plt
49. plt.plot(fpr_xgb_train,tpr_xgb_train,label='train LR')
50. plt.plot(fpr_xgb,tpr_xgb,label='evl LR')
51. plt.plot([0,1],[0,1],'k--')
52. plt.xlabel('False positive rate')
53. plt.ylabel('True positive rate')
54. plt.title('ROC Curve')
55. plt.legend(loc = 'best')
56. plt.show()
```

运行结果为：

```
train_ks : 0.4801091876625077
evl_ks : 0.4416674980164514
```

模型的 ROC 曲线如图 2-7 所示。

最终效果比逻辑回归会好一些。当然，逻辑回归所使用的方法是完全没有优化过的，理论上还可以通过引入其他算法大幅提升效果。后面的章节会详细介绍。

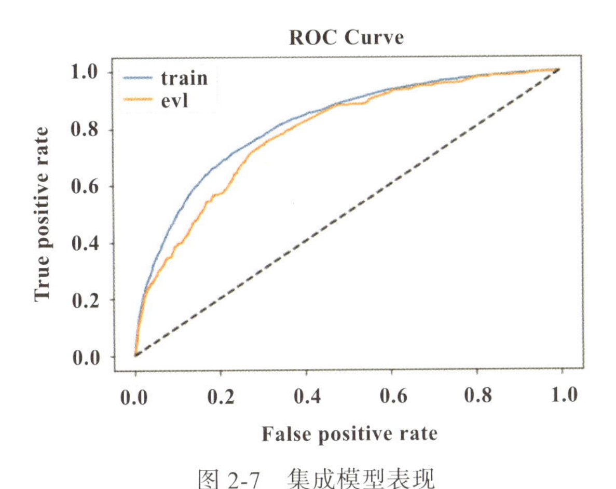

图 2-7　集成模型表现

2）生成模型报告，依旧使用 2.7.1 节中生成模型报告的代码：

```
1. row_num, col_num = 0, 0
2. bins = 20
3. Y_predict = evl['score']
4. Y = evl_y
5. nrows = Y.shape[0]
6. lis = [(Y_predict[i], Y[i]) for i in range(nrows)]
7. ks_lis = sorted(lis, key=lambda x: x[0], reverse=True)
8. bin_num = int(nrows/bins+1)
9. bad = sum([1 for (p, y) in ks_lis if y > 0.5])
10. good = sum([1 for (p, y) in ks_lis if y <= 0.5])
11. bad_cnt, good_cnt = 0, 0
12. KS = []
13. BAD = []
14. GOOD = []
15. BAD_CNT = []
16. GOOD_CNT = []
17. BAD_PCTG = []
18. BADRATE = []
19. dct_report = {}
20. for j in range(bins):
21.     ds = ks_lis[j*bin_num: min((j+1)*bin_num, nrows)]
22.     bad1 = sum([1 for (p, y) in ds if y > 0.5])
23.     good1 = sum([1 for (p, y) in ds if y <= 0.5])
24.     bad_cnt += bad1
25.     good_cnt += good1
26.     bad_pctg = round(bad_cnt/sum(evl_y),3)
27.     badrate = round(bad1/(bad1+good1),3)
28.     ks = round(math.fabs((bad_cnt / bad) - (good_cnt / good)),3)
29.     KS.append(ks)
```

```
30.        BAD.append(bad1)
31.        GOOD.append(good1)
32.        BAD_CNT.append(bad_cnt)
33.        GOOD_CNT.append(good_cnt)
34.        BAD_PCTG.append(bad_pctg)
35.        BADRATE.append(badrate)
36.        dct_report['KS'] = KS
37.        dct_report['BAD'] = BAD
38.        dct_report['GOOD'] = GOOD
39.        dct_report['BAD_CNT'] = BAD_CNT
40.        dct_report['GOOD_CNT'] = GOOD_CNT
41.        dct_report['BAD_PCTG'] = BAD_PCTG
42.        dct_report['BADRATE'] = BADRATE
43. val_report = pd.DataFrame(dct_report)
44. print(val_report)
```

运行结果为：

```
train_ks : 0.4801091876625077
evl_ks : 0.4416674980164514
```

生成报告如图 2-8 所示。可以看到，在之前提到的几个关键指标（KS 值、捕获率、起跳点等）上，XGBoost 模型的表现均要略好一些。

	KS	BAD	GOOD	BAD_CNT	GOOD_CNT	BAD_PCTG	BADRATE
0	0.235	92	707	92	707	0.280	0.115
1	0.268	27	772	119	1479	0.363	0.034
2	0.348	42	757	161	2236	0.491	0.053
3	0.387	29	770	190	3006	0.579	0.036
4	0.405	22	777	212	3783	0.646	0.028
5	0.422	22	777	234	4560	0.713	0.028
6	0.427	18	781	252	5341	0.768	0.023
7	0.407	10	789	262	6130	0.799	0.013
8	0.381	8	791	270	6921	0.823	0.010
9	0.373	14	785	284	7706	0.866	0.018
10	0.357	11	788	295	8494	0.899	0.014
11	0.337	10	789	305	9283	0.930	0.013
12	0.301	5	794	310	10077	0.945	0.006
13	0.259	3	796	313	10873	0.954	0.004
14	0.218	3	796	316	11669	0.963	0.004
15	0.179	4	795	320	12464	0.976	0.005
16	0.140	4	795	324	13259	0.988	0.005
17	0.089	0	799	324	14058	0.988	0.000
18	0.045	2	797	326	14855	0.994	0.003
19	0.000	2	792	328	15647	1.000	0.003

图 2-8　集成模型报告

3）定义评分映射函数。基础分为 600 分，步长为 50 分，构建评分映射函数。

```
1. def score(pred):
2.     score = 600+50*(math.log2((1- pred)/ pred))
3.     return score
4. evl['xbeta'] = model.predict_proba(evl_x)[:,1]
5. evl['score'] = evl.apply(lambda x : score(x.xbeta),axis=1)
6. fpr_lr,tpr_lr,_ = roc_curve(evl_y,evl['score'])
7. evl_ks = abs(fpr_lr - tpr_lr).max()
8. print('val_ks : ',evl_ks)
```

运行结果为：

```
val_ks : 0.4416674980164514
```

按照前文提到的公式进行转换得到最终评分，并根据评分计算 KS 值，与直接通过概率来进行计算时的 KS 值相同。

2.7.3　针对业务改写评价函数

XGBoost 模型支持自定义评价函数和损失函数。只要保证损失函数二阶可导，通过评价函数的最大化即可对模型参数进行求解。可以考虑根据业务目标对二者进行调整。

举个例子，假设现在有一个提额模型，用处是给与分数最高的 20% 客户更高的额度，也就是使期望分数最高的 20% 的客群正样本捕获率最大化，同时保证模型对整体正负样本有一定的区分能力。可以改写一个优化正样本捕获率的评价函数。

【例 2-3】通过修改评价函数使得前 20% 的客群正样本占比最大化，同时保证模型的识别能力。

```
1. # 自定义损失函数，需要提供损失函数的一阶导和二阶导
2. def loglikelood(preds, dtrain):
3.     labels = dtrain.get_label()
4.     preds = 1.0 / (1.0 + np.exp(-preds))
5.     grad = preds - labels
6.     hess = preds * (1.0-preds)
```

```
7.      return grad, hess
8.
9. # 自定义前20%正样本占比最大化评价函数
10. def binary_error(preds, train_data):
11.     labels = train_data.get_label()
12.     dct = pd.DataFrame({'pred':preds,'percent':preds,'labels':labels})
13.     # 取百分位点对应的阈值
14.     key = dct['percent'].quantile(0.2)
15.     # 按照阈值处理成二分类任务
16.     dct['percent']= dct['percent'].map(lambda x: 1 if x <= key else 0)
17.     # 计算评价函数，权重默认0.5，可以根据情况调整
18.     result = np.mean(dct[dct.percent==1]['labels']==1)*0.5 \
19.               + np.mean((dct.labels - dct.pred)**2)*0.5
20.     return 'error', result
21.
22. watchlist  = [(dtest, 'eval'), (dtrain, 'train')]
23. param = {'max_depth': 3, 'eta': 0.1, 'silent': 1}
24. num_round = 100
25. # 自定义损失函数训练
26. bst = xgb.train(param, dtrain, num_round, watchlist, loglikelood, binary_error)
```

可以看到，评价函数由两部分组成，第一部分权重默认为0.5，目的是使得前20%样本中的正样本占比最大。因为正样本的标签为0，因此pandas.quantile()函数分位点参数0.2，表示预估为正样本概率最大的前20%百分位点。第二部分权重同样默认设置为0.5，目的是让模型对正负样本的识别能力得到保障。实际使用中，读者可以根据对模型表现的侧重点进行权重选择。比如当希望模型更关注捕获率时，可以将第一部分权重调整为0.8，将第二部分权重调整为0.2。本书给出的是一种启发性的思路，读者还可以根据实际情况改写更贴合业务的损失函数。

2.8 本章小结

本章主要介绍了基于XGBoost算法的建模框架，通过对比传统逻辑回归评分卡的评分映射方法，引出XGBoost评分卡的评分转换公式。希望读者通过学习本章的内容，可以理解集成学习评分卡的构造方法。

第 3 章　迁移学习与冷启动

冷启动是指在没有或只有很少量数据的情况下，从 0 到 1 建立业务模型的过程。由于建立模型必须有一定的数据积累，在冷启动业务中，缺乏数据建立模型困扰着很多从业者。本书介绍几种基于迁移学习对冷启动任务进行优化的模型。第 6 章中的异常检测技术也可以处理部分冷启动。需要注意的是，部分模型的主要作用为样本筛选与特征适配，因此即使业务需求是在线上部署策略，迁移模型对其线下分析也有很大帮助。

3.1　迁移学习基础

在介绍迁移学习之前，首先要回答一个问题：为什么要进行迁移学习？

使用很多算法进行学习的时候，对数据量要求较大。尤其在近几年最火的深度学习中，因为有大量参数需要学习，所以对数据量要求格外大。在面对某一领域的具体问题时，没有办法获得所需数据。利用一些迁移学习算法，可以让不同领域的知识互相借鉴。

3.1.1 应用场景

风控领域中会用到迁移学习的常见场景有：

- 新开了某个消费分期的场景，由于只有少量样本，需要用其他场景的数据来建模。此时其他场景数据为源域，新消费分期场景为目标域。
- 业务被迫停止3个月后项目重启，大部分训练样本比较老旧，新的训练样本又不够。此时大部分旧样本为源域，新的少量训练样本为目标域。
- 在某个国家新开展了类似国内的业务，因为国情不同，部分特征分布也是不同的。此时有数据积累的国内数据为源域，新国家场景为目标域。

类似的场景还有很多，都可以通过迁移学习将其他场景的存量数据带入模型进行训练，通过功能不同的模型，对特征进行映射或挑选更符合目标场景的旧样本。

一句话概括：源域样本和目标域样本分布有区别，目标域样本量又不够。

3.1.2 概念介绍

迁移学习是一种通过调用不同场景中的数据来建立模型的方法。在该领域中有一些独有的概念，下面是其中几个非常重要的概念。

- 域（Domain）：包括两部分——特征空间（Feature Space）和概率（Probability）。当域不同的时候，分两种情况，可能是特征空间不同，也可能是特征空间一样但概率不同。
- 任务（Task）：包括两部分——标记空间（Label Space）和目标预测函数（Objective Predictive Function）。当任务不同的时候，也分两种情况，可能是标记空间不同，也可能是标记空间一样但目标预测函数不同。
- 源域（Source Domain）：称用于迁移任务训练的数据来自源域。
- 目标域（Target Domain）：称迁移任务期望进行预测的数据集来自目标域。

通常迁移学习就是指将知识从源域迁移到目标域的过程。

下面通过一个计算机视觉领域的例子来帮助大家简单理解迁移学习的意义。假如有大量英短银渐层的图片（见图3-1）和少量英短高地的照片（见图3-2），现在期望训练一个判别当前的猫是不是英短高地的学习器。如果用英短银渐层图片来作为样本，显然训练的模型是不能用来判别英短高地的，会为模型引入大量的偏差。用英短高地的样本来训练，样本量又太小，会为模型引入大量的方差，很难保证模型的稳定性。

图 3-1　英短银渐层示例

图 3-2　英短高地示例

这时候可以使用英短银渐层图片来训练一个卷积神经网络，并将这个网络的中间结构取出来作为目标模型的前半部分，然后在少量的英短高地的样本上再继续学习后面的几层网络。

熟悉卷积神经网络的读者可能知道，卷积神经网络的前几层主要学习的是轮廓和局部形状等猫的共性特征。这样通过前面网络的学习，模型掌握了猫的共性，再通过后续网络对英短高地图片的学习，便会得到不同种类的猫在细节上的差异。

3.2　迁移学习方法论

3.2.1　三类常见算法

近年来，研究者们提出了多种实现域自适应的模型和算法，本书介绍其中比较常用的三大类算法。

第一类算法：赋予源域中的样本某种权重，使其分布靠近目标域。3.3 节将介绍一种典型的样本迁移算法——TrAdaBoost（Transfer AdaBoost）。

第二类算法：寻找一个低维子空间，使得源域和目标域的数据样本在映射到该子空间后服从相同或相近的分布。3.4 节将介绍一种实践效果较好的域映射算法——联合分布适配方法（Joint Distribution Adaptation，JDA）。

第三类算法：利用低秩矩阵重构数据点，实现域之间的鲁棒自适应。3.5 节将介绍一种名为迁移极限学习机（Domain Transfer Extreme Learning Machine，DTELM）的域自适应算法。

第一类算法因为不在特征空间上做任何扭曲变换，可以很好地保留模型的解释性，在风控领域有着较为广泛的应用。第二、三类算法虽然在解释性上有一定不足，但不需要在目标场景中有真实的样本标签，对于处于初期的业务支持度更好。且后两类算法各有所长，通常会被组合使用。

3.2.2 迁移的实现方法

为便于读者理解，首先介绍三个概念：边缘概率、条件概率和联合概率。

对于一个随机变量 X，$x \in X$ 是它的元素，对于每一个元素，都对应一个类别 $y \in Y$。那么，它的边缘概率为 $P(X)$，表示在该样本空间中，变量取值为 x 的概率；条件概率为 $P(y|X)$，表示变量取值在 X 中时，类别取值为 y 的概率；联合概率为 $P(X, y)$，表示两者同时取得当前值的概率。图 3-3 形象地表示了几种数据分布的情况。简单来说，数据的边缘分布不同，就是数据整体不相似。数据的条件分布不同，就是数据整体相似，但是具体到每个类里，都不太相似。

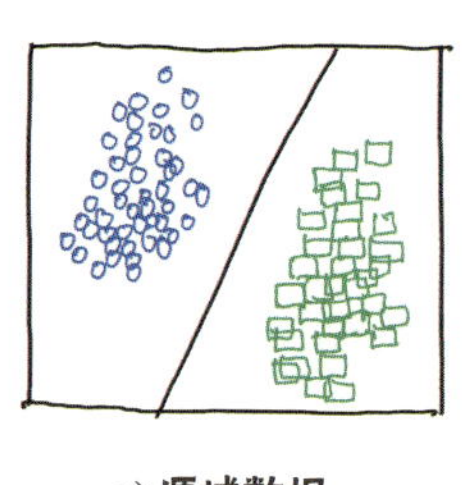

a) 源域数据

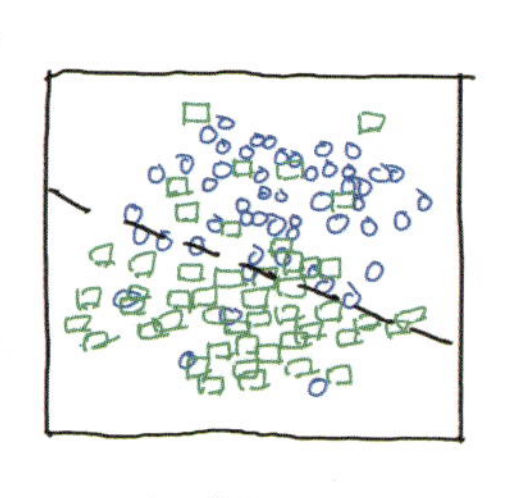

b) 目标域数据：类型 I

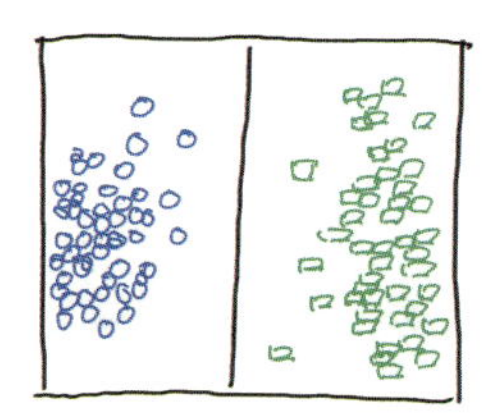

c) 目标域数据：类型 II

图 3-3　数据分布示意

图 3-3 中，图 a 对应为源域数据，图 b 对应为数据边缘分布不同，图 c 对应为数据条件分布不同。

3.3 少量有标签样本的迁移方案

TrAdaBoost 算法用来解决训练集和测试集分布不同的问题。在迁移学习的某些情况下，一个训练集中会包含大量的源域训练样本和少量的目标域训练样本。通常建模人员会将两个不同分布的训练集放在一起训练，这种方法也被称为基于实例的迁移学习方法。

3.3.1 TrAdaBoost 模型

TrAdaBoost 是由 AdaBoost（Adaptive Boosting）算法演变而来的。AdaBoost 算法的基本思想是：当一个训练样本被错误分类时，算法就会认为这个样本是难分类的，就会适当地增加其样本权重，下次训练时这个样本被分错的概率就会降低。

在一个包含源域训练数据和目标域样本的训练集中，TrAdaBoost 算法会对训练样本进行权重调整。对于目标域样本，如果被错误分类，根据目标域样本的分类错误率进行调整，增加其权重，使得下次训练时更关注这些被错分的目标域样本。对于源域样本，当其被误分类后，TrAdaBoost 算法则认为它们是与目标数据不同分布的，因此会降低其权重。

原始的 TrAdaBoost 通过提升多个弱分类器，使用后一半的弱分类器进行综合投票，得出最后的决策。本书中的 TrAdaBoost 算法采用逻辑回归作为基模型，并使用单模型进行最终的预测，使得最终的模型可以保留线性模型的解释性，以适应于更多实际的业务。

TrAdaBoost 算法的描述如下。

（1）输入

源域训练数据集 T_a 和目标域训练数据集 T_b，合并后的训练数据集 $T = T_a \cup T_b$，一个未标注的测试数据集 S，一个基础的分类算法 Learner（回归算法也可以，但需要指定阈值并对概率进行切分），以及迭代次数 N。

（2）初始化

1）初始权重向量为

$$\boldsymbol{w}^1 = (w_1^1, \cdots, w_{n+m}^1) \tag{3-1}$$

其中，

$$w_i^1 = \begin{cases} 1/n, & i = 1, \cdots, n \\ 1/m, & i = n+1, \cdots, n+m \end{cases} \tag{3-2}$$

2）设置

$$\beta = 1/(1 + \sqrt{2\ln n / N}) \tag{3-3}$$

在以下计算中，$t = 1, \cdots, N$。

3）设置 $\boldsymbol{P}^t$ 满足

$$\boldsymbol{P}^t = \frac{\boldsymbol{w}^t}{\sum_{i=1}^{n+m} w_i^t} \tag{3-4}$$

4）调用 Learner，根据合并后的训练数据 T，T 上的权重分布 $\boldsymbol{P}^t$ 和未标注数据 S，得到一个在 S 上的分类器 $h_t : X \mapsto Y$。

5）计算 h_t 在目标域训练数据集 T_b 上的错误率：

$$\acute{U}_t = \sum_{i=n+1}^{n+m} \frac{w_i^t \left| h_t(x_i) - c(x_i) \right|}{\sum_{i=n+1}^{n+m} w_i^t} \tag{3-5}$$

6）设置

$$\beta_t = \acute{U}_t / (1 - \acute{U}_t) \tag{3-6}$$

7）设置新的权重向量如下：

$$w_i^{t+1} = \begin{cases} w_i^t \beta^{|h_t(x_i) - c(x_i)|}, & i = 1, \cdots, n \\ w_i^t \beta_t^{-|h_t(x_i) - c(x_i)|}, & i = n+1, \cdots, n+m \end{cases} \tag{3-7}$$

输出最终的分类器：

$$h_f(x)=\begin{cases}1, & \sum_{t=[N/2]}^{N}\ln(1/\beta_t)h_t(x)\geqslant\frac{1}{2}\sum_{t=[N/2]}^{N}\ln(1/\beta_t)\\0, & \text{其他}\end{cases} \tag{3-8}$$

而在本节中使用的 TrAdaBoost 算法只有第 5 步不同，并不使用后一半的基学习器共同进行预测，而是使用目标域训练集上表现最好的一次进行预测，并直接输出概率值，即分类器为

$$h_f(x)=h_t(x) \tag{3-9}$$

其中，t 为基分类器在目标域训练集上表现最好的迭代次数。因此避免了使用多模型投票导致模型解释性较低。为防止过度训练使得源域上的样本权重过小，通常需要控制迭代次数 N 不要太大。

样本的初始权重设置和基分类器选取比较关键。初始权重设置是较强的先验信息，如果设置不当，会影响计算稳定性。可以根据不同领域的样本比例或不同类别样本对应的比例，或者综合考虑前两者来设置初始权重。另外，基分类器的选取也会影响迭代轮数、计算稳定性和模型最终效果。

3.3.2 跨场景迁移模型

首先介绍一下项目背景。假设某金融公司在新场景下展开小额现金贷产品，积累了少量有标签样本（约 1200 条）。显然直接用于建模的样本量不够。考虑到虽然场景不同，但借款用户的本质大体相似，于是尝试对原有大额产品的存量客户进行迁移。首先制作 4 个在旧业务上表现较好的特征，同时要保证原有场景的存量客户与目标场景都有这个特征，并且特征的含义一致。

于是当前的问题就变成，将知识从原有场景的样本（源域）迁移至只有少量样本的新场景客群（目标域）。

1）加载数据，代码如下。

```
1. import pandas as pd
2. from sklearn.metrics import roc_auc_score,roc_curve,auc
```

```
3. from sklearn.model_selection import train_test_split
4. from sklearn import metrics
5. from sklearn.linear_model import LogisticRegression
6. from sklearn.svm import LinearSVC
7. import numpy as np
8. import random
9. import math
10. from sklearn.calibration import CalibratedClassifierCV
11. data = pd.read_excel('./data/tra_sample.xlsx')
12. data.head()
```

数据预览如图 3-4 所示。

	zx_score	msg_cnt	phone_num_cnt	register_days	bad_ind	type
0	-0.322581	0.023810	0.00	0.217949	0	target
1	0.078853	0.023810	0.02	0.461538	0	target
2	0.078853	0.071429	0.00	0.217949	0	target
3	-0.128677	0.023810	0.00	0.217949	0	target
4	-0.261014	0.071429	0.05	0.217949	0	target

图 3-4　数据预览

从图 3-4 可见，特征共有 4 个，分别为 zx_score、msg_cnt、phone_num_cnt 和 register_days。该样本集的标签为 bad_ind。type 字段标识着具体每一条样本属于源域还是目标域，有 3 种标签——'target'、'origin'、'offtime'，分别代表目标域、源域、时间外样本集（图中只展示了 'target' 标签）。

2）划分目标域、源域、时间外样本集。

数据集中已有相应的 type 代表着数据的域标签，因此可以直接划分，代码如下。

```
1. feature_lst = ['zx_score','msg_cnt','phone_num_cnt','register_days']
2. train = data[data.type == 'target'].reset_index().copy()
3. diff = data[data.type == 'origin'].reset_index().copy()
4. val = data[data.type == 'offtime'].reset_index().copy()
5.
6. """
7. TrainS 目标域样本
8. TrainA 源域样本
9. LabelS 目标域标签
```

```
10. LabelA 源域标签
11. """
12.
13. train = train.loc[:1200]
14.
15. trans_S = train[feature_lst].copy()
16. label_S = train['bad_ind'].copy()
17.
18. trans_A = diff[feature_lst].copy()
19. label_A = diff['bad_ind'].copy()
20.
21. val_x =  val[feature_lst].copy()
22. val_y = val['bad_ind'].copy()
23.
24. test = val_x.copy()
```

3）通过逻辑回归对目标域少量样本进行拟合，代码如下。

```
1. lr_model = LogisticRegression(C=0.1,class_weight = 'balanced',solver = 'liblinear')
2. lr_model.fit(trans_S,label_S)
3.
4. y_pred = lr_model.predict_proba(trans_S)[:,1]
5. fpr_lr_train,tpr_lr_train,_ = roc_curve(label_S,y_pred)
6. train_ks = abs(fpr_lr_train - tpr_lr_train).max()
7. print('train_ks : ',train_ks)
8.
9. y_pred = lr_model.predict_proba(test)[:,1]
10. fpr_lr,tpr_lr,_ = roc_curve(val_y,y_pred)
11. val_ks = abs(fpr_lr - tpr_lr).max()
12. print('val_ks : ',val_ks)
13.
14. from matplotlib import pyplot as plt
15. plt.plot(fpr_lr_train,tpr_lr_train,label = 'train LR')
16. plt.plot(fpr_lr,tpr_lr,label = 'evl LR')
17. plt.plot([0,1],[0,1],'k--')
18. plt.xlabel('False positive rate')
19. plt.ylabel('True positive rate')
20. plt.title('ROC Curve')
21. plt.legend(loc = 'best')
22. plt.show()
```

运行结果为：

```
train_ks : 0.48500238435860754
val_ks : 0.3887057754389137
```

ROC 曲线如图 3-5 所示。

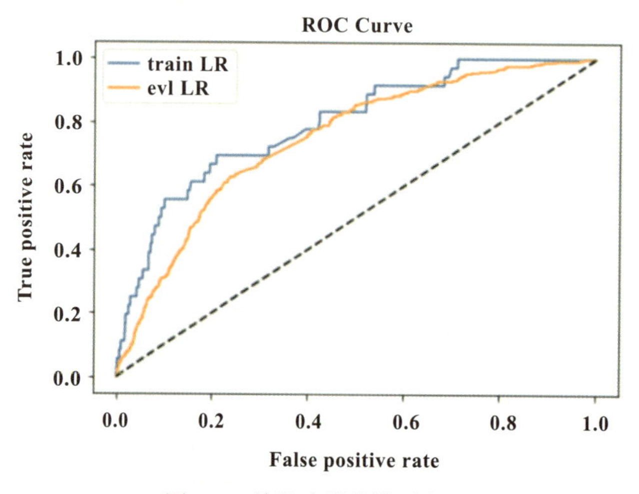

图 3-5　单独建模的模型表现

训练集与时间外样本集 KS 相差超过 10%，远高于行业要求的 5%。且图 3-5 中的 ROC 曲线非常不稳定，意味着模型的泛化能力较差。

4）接下来将源域数据和目标域数据整合到一起，使用逻辑回归进行拟合，代码如下。

```
1. trans_data = np.concatenate((trans_A, trans_S), axis=0)
2. trans_label = np.concatenate((label_A, label_S), axis=0)
3.
4. lr_model = LogisticRegression(C=0.3,class_weight='balanced',solver='liblinear')
5. lr_model.fit(trans_data,trans_label)
6.
7. y_pred = lr_model.predict_proba(trans_data)[:,1]
8. fpr_lr_train,tpr_lr_train,_ = roc_curve(trans_label,y_pred)
9. train_ks = abs(fpr_lr_train - tpr_lr_train).max()
10. print('train_ks : ',train_ks)
11.
12. y_pred = lr_model.predict_proba(test)[:,1]
13. fpr_lr,tpr_lr,_ = roc_curve(val_y,y_pred)
14. val_ks = abs(fpr_lr - tpr_lr).max()
15. print('val_ks : ',val_ks)
```

```
16.
17. from matplotlib import pyplot as plt
18. plt.plot(fpr_lr_train,tpr_lr_train,label='train LR')
19. plt.plot(fpr_lr,tpr_lr,label='evl LR')
20. plt.plot([0,1],[0,1],'k--')
21. plt.xlabel('False positive rate')
22. plt.ylabel('True positive rate')
23. plt.title('ROC Curve')
24. plt.legend(loc='best')
25. plt.show()
```

运行结果为：

```
train_ks : 0.4910909493184976
val_ks : 0.33077621830414
```

ROC 曲线如图 3-6 所示。

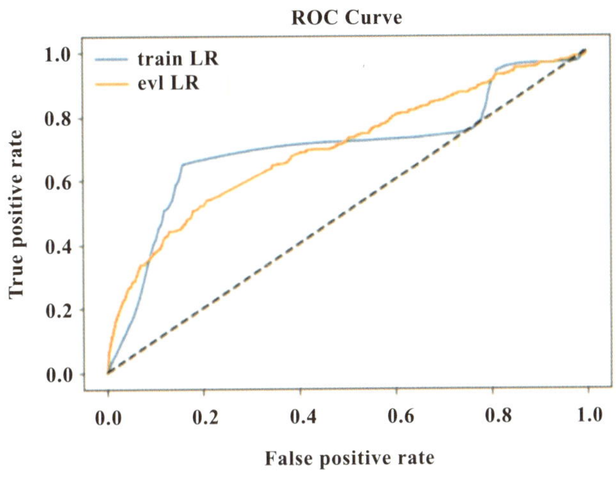

图 3-6　整体建模模型表现

从模型的输出可以观察到，训练集与时间外样本集 KS 同样相差超过 10%。图 3-6 中的时间外样本集 ROC 曲线曲率较低，且训练集 ROC 曲线波动非常剧烈，由此可知模型的区分能力和泛化能力都很差。

因此，本节使用 3.3.1 节中的 TrAdaBoost 算法，将源域数据中与目标域分布差别较大的数据的权重设置为一个很小的值，由此来弱化两个数据集的分布差异，从而使模型的效果更好且具备更好的鲁棒性。

5）构造新的TrAdaBoost算法，并对数据集训练，得到最优模型，代码如下。

```
1. import numpy as np
2. import pandas as pd
3. from sklearn.linear_model import LogisticRegression
4. from sklearn.metrics import roc_curve
5.
6. def Tr_lr_boost(trans_A,trans_S,label_A,label_S,test,label_test,
7.                 N=500,early_stopping_rounds=100):
8.     """
9.     逻辑回归的学习率、权重的大小，影响整体收敛的快慢
10.    H 测试样本分类结果
11.    TrainS 目标域样本
12.    TrainA 源域样本
13.    LabelS 目标域标签
14.    LabelA 源域标签
15.    Test 测试样本
16.    N 迭代次数
17.    early_stopping_rounds 提前停止轮次
18.    """
19.    # 计算 weight
20.    def calculate_P(weights, label):
21.        total = np.sum(weights)
22.        return np.asarray(weights / total, order='C')
23.
24.    # 用逻辑回归作为基分类器，输出概率
25.    def train_classify(trans_data, trans_label, test_data, P):
26.        clf = LogisticRegression(C=0.3,class_weight = 'balanced',
                                    solver='liblinear')
27.        clf.fit(trans_data, trans_label, sample_weight=P[:, 0])
28.        return clf.predict_proba(test_data)[:,1],clf
29.
30.    # 计算在目标域上面的错误率
31.    def calculate_error_rate(label_R, label_H, weight):
32.        total = np.sum(weight)
33.        return np.sum(weight[:, 0] / total * np.abs(label_R - label_H))
34.
35.    # 根据逻辑回归输出的 score 得到标签，注意这里不能用 predict 直接输出标签
36.    def put_label(score_H,thred):
37.        new_label_H = []
38.        for i in score_H:
39.            if i <= thred:
40.                new_label_H.append(0)
41.            else:
42.                new_label_H.append(1)
```

```
43.         return new_label_H
44.
45.     # 拼接数据集
46.     trans_data = np.concatenate((trans_A, trans_S), axis=0)
47.     trans_label = np.concatenate((label_A, label_S), axis=0)
48.
49.     # 3 个数据集样本数
50.     row_A = trans_A.shape[0]
51.     row_S = trans_S.shape[0]
52.     row_T = test.shape[0]
53.
54.     # 3 个数据集合并为打分数据集
55.     test_data = np.concatenate((trans_data, test), axis=0)
56.
57.     # 初始化权重
58.     weights_A = np.ones([row_A, 1])/row_A
59.     weights_S = np.ones([row_S, 1])/row_S*2
60.     weights = np.concatenate((weights_A, weights_S), axis=0)
61.
62.     # 按照公式初始化 beta 值
63.     beta = 1 / (1 + np.sqrt(2 * np.log(row_A / N)))
64.
65.
66.     # 存储每次迭代的 beta 值：error_rate / (1 - error_rate)
67.     beta_T = np.zeros([1, N])
68.     # 存储每次迭代的标签
69.     result_label = np.ones([row_A + row_S + row_T, N])
70.
71.     trans_data = np.asarray(trans_data, order='C')
72.     trans_label = np.asarray(trans_label, order='C')
73.     test_data = np.asarray(test_data, order='C')
74.
75.     # 最优 KS
76.     best_ks = -1
77.     # 最优基模型数量
78.     best_round = -1
79.     # 最优模型
80.     best_model = -1
81.
82.     """
83.     初始化结束
84.     正式开始训练
85.     """
86.
87.     for i in range(N):
88.         P = calculate_P(weights, trans_label)
89.
```

```
90.         result_label[:, i],model = train_classify(trans_data, trans_label,
                                                      test_data, P)
91.         score_H = result_label[row_A:row_A + row_S, i]
92.         pctg = np.sum(trans_label)/len(trans_label)
93.         thred = pd.DataFrame(score_H).quantile(1-pctg)[0]
94. 
95.         label_H = put_label(score_H,thred)
96. 
97.         # 计算在目标域上的错误率
98.         error_rate = calculate_error_rate(
99.             label_S, label_H, weights[row_A:row_A + row_S, :])
100.        # 防止过拟合
101.        if error_rate > 0.5:
102.            error_rate = 0.5
103.        if error_rate == 0:
104.            N = i
105.            break
106. 
107.        beta_T[0, i] = error_rate / (1 - error_rate)
108. 
109.        # 调整目标域样本权重
110.        for j in range(row_S):
111.            weights[row_A + j] = weights[row_A + j] * np.power(
112.                beta_T[0, i], (-np.abs(result_label[row_A + j, i] \
                    - label_S[j])))
113. 
114.        # 调整源域样本权重
115.        for j in range(row_A):
116.            weights[j] = weights[j] * np.power(
117.                beta, np.abs(result_label[j, i] - label_A[j]))
118.        y_pred = result_label[(row_A + row_S):,i]
119.        fpr_lr_train,tpr_lr_train,_ = roc_curve(label_test,y_pred)
120.        train_ks = abs(fpr_lr_train - tpr_lr_train).max()
121.        print('test_ks : ',train_ks,'当前第',i+1,'轮')
122. 
123.        # 不再使用后一半学习器投票，而是只保留效果最好的逻辑回归模型
124.        if train_ks > best_ks :
125.            best_ks = train_ks
126.            best_round = i
127.            best_model = model
128.        # 当超过eadrly_stopping_rounds轮KS不再提升时，停止训练
129.        if best_round < i - early_stopping_rounds:
130.            break
131.    return best_ks,best_round,best_model
132. 
133. # 训练并得到最优模型best_model
134. best_ks,best_round,best_model = Tr_lr_boost(trans_A,trans_S,label_A,label_S,
```

```
135.                                        test,label_test=val_y,N=300,
136.                                        early_stopping_rounds=20)
```

6）训练结束后，使用最优的逻辑回归模型对样本进行测试，代码如下。

```
1. y_pred = best_model.predict_proba(trans_S)[:,1]
2. fpr_lr_train,tpr_lr_train,_ = roc_curve(label_S,y_pred)
3. train_ks = abs(fpr_lr_train - tpr_lr_train).max()
4. print('train_ks : ',train_ks)
5.
6. y_pred = best_model.predict_proba(test)[:,1]
7. fpr_lr,tpr_lr,_ = roc_curve(val_y,y_pred)
8. val_ks = abs(fpr_lr - tpr_lr).max()
9. print('val_ks : ',val_ks)
10.
11. from matplotlib import pyplot as plt
12. plt.plot(fpr_lr_train,tpr_lr_train,label = 'train LR')
13. plt.plot(fpr_lr,tpr_lr,label = 'evl LR')
14. plt.plot([0,1],[0,1],'k--')
15. plt.xlabel('False positive rate')
16. plt.ylabel('True positive rate')
17. plt.title('ROC Curve')
18. plt.legend(loc = 'best')
19. plt.show()
```

运行结果为：

```
train_ks : 0.4509947533210634
val_ks : 0.40846160021324123
```

模型表现如图 3-7 所示。

至此，模型的表现有明显改善：时间外样本集的 KS 值有所提高；训练集和验证集 KS 值的差也小于 5%，符合基本的模型上线标准；ROC 曲线的趋势较为平稳，说明模型的泛化能力更强。

该解决方案只使用在训练过程中表现最好的学习器进行决策，因此保留了单个逻辑回归模型的超强解释性，相当于整个迁移学习过程只发生在模型训练过程中，对于模型的上线部署完全没有影响，大大降低了开发难度。不过这也带来了过拟合的风险，因此在实际使用中需要权衡迭代次数。

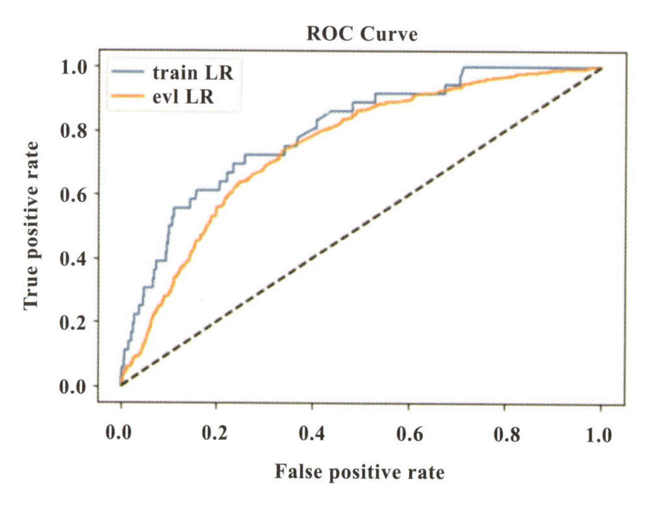

图 3-7　TrAdaBoost 模型 ROC 曲线

3.4　无标签样本迁移之 JDA

TrAdaBoost 算法有一个缺点：目标域上必须有一定的有标签样本，否则无法进行权重转移。在完全没有标签的冷启动项目中，需要使用前文提到的第二类算法——联合分布适配。

3.4.1　JDA 模型

联合分布适配（Joint Distribution Adaptation，JDA）是一个概率分布适配的方法，而且适配的是联合概率。它要在一个有原则的降维过程中同时适配源域和目标域的边缘分布和条件分布。

JDA 模型有两点假设：源域和目标域边缘分布不同，源域和目标域条件分布不同。其目标是，寻找一个变换 $\boldsymbol{A}$，使得经过变换后的 $P(\boldsymbol{A}^{\mathrm{T}}\boldsymbol{x}_s)$ 和 $P(\boldsymbol{A}^{\mathrm{T}}\boldsymbol{x}_t)$ 的距离尽可能接近，同时，$P(y_s|\boldsymbol{A}^{\mathrm{T}}\boldsymbol{x}_s)$ 和 $P(y_t|\boldsymbol{A}^{\mathrm{T}}\boldsymbol{x}_t)$ 的距离也要尽可能接近。很自然地，这个方法也就分

成了两个步骤：边缘分布适配和条件分布适配。

1. 边缘分布适配

JDA 算法首先需要适配边缘分布，也就是使得 $P(\boldsymbol{A}^{\mathrm{T}}\boldsymbol{x}_s)$ 和 $P(\boldsymbol{A}^{\mathrm{T}}\boldsymbol{x}_t)$ 的距离尽可能接近。其实这个操作就是迁移成分分析（Transfer Component Analysis，TCA）。使用最大均值距离（Maximum Mean Discrepancy，MMD）来最小化源域和目标域的最大均值差异。MMD 距离如下：

$$\mathrm{MMD}^2(X,Y)=\left\|\frac{1}{n}\sum_{i=1}^{n}\boldsymbol{A}^{\mathrm{T}}\boldsymbol{x}_{s_i}-\frac{1}{m}\sum_{i=1}^{m}\boldsymbol{A}^{\mathrm{T}}\boldsymbol{x}_{t_i}\right\|_{\mathcal{H}}^2 \tag{3-10}$$

由于不好求解，引入核方法（kernel method），化简为：

$$D(\mathcal{D}_s,\mathcal{D}_t)=\mathrm{Tr}(\boldsymbol{A}^{\mathrm{T}}\boldsymbol{X}\boldsymbol{M}_0\boldsymbol{X}^{\mathrm{T}}\boldsymbol{A}) \tag{3-11}$$

其中，$\boldsymbol{A}$ 就是变换矩阵，X 是源域和目标域合并起来的数据。$\boldsymbol{M}_0$ 是一个 MMD 矩阵：

$$(\boldsymbol{M}_0)_{ij}=\begin{cases}\dfrac{1}{n^2}, & \boldsymbol{x}_i,\boldsymbol{x}_j\in\mathcal{D}_s\\ \dfrac{1}{m^2}, & \boldsymbol{x}_i,\boldsymbol{x}_j\in\mathcal{D}_t\\ -\dfrac{1}{mn}, & \text{其他}\end{cases} \tag{3-12}$$

其中，n, m 分别是源域和目标域样本的个数。

2. 条件分布适配

条件分布适配是 JDA 算法的第二个目标，需要适配源域和目标域的条件概率分布。也就是说，要找一个变换 $\boldsymbol{A}$，使得 $P(y_s\,|\,\boldsymbol{A}^{\mathrm{T}}\boldsymbol{x}_s)$ 和 $P(y_t\,|\,\boldsymbol{A}^{\mathrm{T}}\boldsymbol{x}_t)$ 的距离也要尽可能接近。理论上只需要再用一遍 MMD 公式即可求解，但是在目标域里没有 y_t，所以没法求解目标域的条件分布。

本书采用的方法是，用 $(\boldsymbol{x}_s,y_s)$ 来训练一个简单的分类器（比如 k- 近邻分类、逻辑回归），到 $\boldsymbol{x}_t$ 上直接进行预测。这样总能够得到一些伪标签 $\hat{\boldsymbol{y}}_t$，根据伪标签来计算，那么这个问题就可解了。类与类之间的 MMD 距离表示为

$$\mathrm{MMD}^2(X,Y)=\sum_{c=1}^{C}\left\|\frac{1}{n_c}\sum_{\boldsymbol{x}_{s_i}\in D_s^{(c)}}\boldsymbol{A}^{\mathrm{T}}\boldsymbol{x}_{s_i}-\frac{1}{m_c}\sum_{\boldsymbol{x}_i\in D_t^{(c)}}\boldsymbol{A}^{\mathrm{T}}\boldsymbol{x}_{t_i}\right\|_{\mathcal{H}}^2 \tag{3-13}$$

其中，n_c, m_c 分别标识源域和目标域中来自第 c 类的样本个数。同样使用核方法，得到

$$\sum_{c=1}^{C}\mathrm{Tr}(\boldsymbol{A}^{\mathrm{T}}\boldsymbol{X}\boldsymbol{M}_c\boldsymbol{X}^{\mathrm{T}}\boldsymbol{A}) \tag{3-14}$$

其中，

$$(\boldsymbol{M}_c)_{ij}=\begin{cases}\dfrac{1}{n_i^2}, & \boldsymbol{x}_i,\boldsymbol{x}_j\in\mathcal{D}_s^{(c)}\\ \dfrac{1}{m_c^2}, & \boldsymbol{x}_i,\boldsymbol{x}_j\in\mathcal{D}_t^{(c)}\\ -\dfrac{1}{m_c n_c}, & \begin{cases}\boldsymbol{x}_i\in\mathcal{D}_s^{(c)},\boldsymbol{x}_j\in\mathcal{D}_t^{(c)}\\ \boldsymbol{x}_i\in\mathcal{D}_t^{(c)},\boldsymbol{x}_j\in\mathcal{D}_s^{(c)}\end{cases}\\ 0, & \text{其他}\end{cases} \tag{3-15}$$

3. 学习策略

将两个距离结合起来，就得到了一个总的优化目标：

$$\min\sum_{c=0}^{C}\mathrm{Tr}(\boldsymbol{A}^{\mathrm{T}}\boldsymbol{X}\boldsymbol{M}_c\boldsymbol{X}^{\mathrm{T}}\boldsymbol{A})+\lambda\|\boldsymbol{A}\|_F^2 \tag{3-16}$$

通过 $c=0,\cdots,C$，就把两个距离统一起来了。其中的 $\lambda\|\boldsymbol{A}\|_F^2$ 是正则项。引入一个限制条件：变换前后数据的方差要维持不变。方差定义为：

$$\boldsymbol{A}^{\mathrm{T}}\boldsymbol{X}\boldsymbol{H}\boldsymbol{X}^{\mathrm{T}}\boldsymbol{A}=\boldsymbol{I} \tag{3-17}$$

其中的 $\boldsymbol{H}$ 也是中心矩阵，$\boldsymbol{I}$ 是单位矩阵。也就是说，又添加了一个优化目标是 $\max\boldsymbol{A}^{\mathrm{T}}\boldsymbol{X}\boldsymbol{H}\boldsymbol{X}^{\mathrm{T}}\boldsymbol{A}$。和原来的优化目标合并，统一的优化目标如式（3-18）所示。

$$\min\frac{\sum_{c=0}^{C}\mathrm{Tr}(\boldsymbol{A}^{\mathrm{T}}\boldsymbol{X}\boldsymbol{M}_c\boldsymbol{X}^{\mathrm{T}}\boldsymbol{A})+\lambda\|\boldsymbol{A}\|_F^2}{\boldsymbol{A}^{\mathrm{T}}\boldsymbol{X}\boldsymbol{H}\boldsymbol{X}^{\mathrm{T}}\boldsymbol{A}} \tag{3-18}$$

因为 $\boldsymbol{A}$ 是可以进行缩放而不改变最终结果的，而如果分母为 0 的话，整个式子就无法求解，所以直接让分母不变，只求解分子。最终的优化问题形式就变成

$$\min\sum_{c=0}^{C}\mathrm{Tr}(\boldsymbol{A}^{\mathrm{T}}\boldsymbol{X}\boldsymbol{M}_c\boldsymbol{X}^{\mathrm{T}}\boldsymbol{A})+\lambda\|\boldsymbol{A}\|_F^2 \tag{3-19}$$

约束条件为 $A^{\mathrm{T}}XHX^{\mathrm{T}}A=I$，其中 I 为单位矩阵。

使用拉格朗日法可以求解为：

$$\left(X\sum_{c=0}^{C}M_cX^{\mathrm{T}}+\lambda I\right)A=XHX^{\mathrm{T}}A\Phi \tag{3-20}$$

其中的 Φ 是拉格朗日乘子。这个式子的形式虽然复杂，但是在 Python 中可以用 eigs 函数求解。这样就得到了变换 A。

接下来还需要通过迭代，每一轮迭代时都使用上一轮得到的标签作伪标签。这样往返多次，结果自然会提高许多。

3.4.2　模型应用

本节使用 JDA 模型对样本域进行映射，从而提高模型在目标域的表现。

按照 3.4.1 节的算法描述，构建 JDA 模型。

```
1. import numpy as np
2. from scipy.linalg.misc import norm
3. from scipy.sparse.linalg import eigs
4.
5. def JDA(Xs,Xt,Ys,Yt0,k=100,lamda=0.1,ker='primal',gamma=1.0,
       data='default'):
6.
7.     X = np.hstack((Xs, Xt))
8.     X = np.diag(1/np.sqrt(np.sum(X**2)))
9.     (m,n) = X.shape
10.    # 源域样本量
11.    ns = Xs.shape[1]
12.    # 目标域样本量
13.    nt = Xt.shape[1]
14.    # 分类个数
15.    C = len(np.unique(Ys))
16.    # 生成 MMD 矩阵
17.    e1 = 1/ns*np.ones((ns,1))
18.    e2 = 1/nt*np.ones((nt,1))
19.    e = np.vstack((e1,e2))
20.    M = np.dot(e,e.T)*C
21.
```

```
22.     # 除了 0、空、False 以外都可以运行
23.     if any(Yt0) and len(Yt0) == nt:
24.         for c in np.reshape(np.unique(Ys), -1, 1):
25.             e1 = np.zeros((ns,1))
26.             e1[Ys == c] = 1/len(Ys[Ys == c])
27.             c2 = np.zeros((nt,1))
28.             e2[Yt0 == c] = -1/len(Yt0[Yt0 == c])
29.             e = np.hstack((e1, e2))
30.             e = e[np.isinf(e) == 0]
31.             M = M + np.dot(e,e.T)
32.
33.     # 矩阵的迹求平方根
34.     M = M/norm(M, ord = 'fro')
35.
36.     # 计算中心矩阵
37.     H = np.eye(n) - 1/(n)*np.ones((n,n))
38.
39.     # JDA
40.     if ker == 'primal':
41.         # 特征值特征向量
42.         A = eigs(np.dot(np.dot(X,M),X.T)+lamda*np.eye(m),
43.                  k=k, M=np.dot(np.dot(X,H),X.T), which='SM')
44.         Z = np.dot(A.T,X)
45.     else:
46.         pass
47.     return A,Z
```

JDA 模型的训练全程没有使用目标域的样本标签，其效果自然无法比拟监督学习的结果，在实际使用中，其效果也并不能有效保障，但在无目标域标签的冷启动初期，它是一种很实用的建模方法。3.5 节会介绍另一种不需要目标域样本标签的方法，可以与 JDA 模型组合使用，取长补短。具体的模型融合方法将在第 7 章中介绍。

3.5 无标签样本迁移之 DTELM

DTELM 是一种在极限学习机（Extreme Learning Machine，ELM）上改进得到的迁移学习方法。DTELM 模型的迁移原理与 JDA 模型类似，同样使用 MMD 距离衡量分布

的差异，并尝试在模型迭代的过程中逐渐缩小这一差异。本节首先介绍 ELM 模型，然后通过引入迁移成分得到改进后的 DTELM 模型。

3.5.1 ELM 模型

ELM 模型是一种特殊的单隐层神经网络。假设有训练集 $\{\boldsymbol{X},\boldsymbol{T}\}=\{\boldsymbol{x}_i,\boldsymbol{t}_i\}_{i=1}^{N}$，其中有 N 个样本，$\boldsymbol{x}_i$ 是 m 维样本数据点向量。$\boldsymbol{t}_i$ 是 d 维期望输出向量。在 ELM 网络中，输入层到隐层之间的输入权重 $\boldsymbol{w}$ 和偏移量 b 随机产生。将 ELM 网络的第 k 个隐层节点输出记为 $\boldsymbol{h}_k(\boldsymbol{x})$，则有

$$\boldsymbol{h}_k(\boldsymbol{x})=g(\boldsymbol{x};\boldsymbol{w}_k,b_k) \tag{3-21}$$

式中 $g(\cdot)$ 是隐层激活函数，通常取 sigmoid 函数或 tanh 函数等非线性函数。

ELM 的输出记为 $f(x)=\boldsymbol{h}(x)\boldsymbol{\beta}$，$\boldsymbol{h}(\boldsymbol{x})$ 是 L 个隐含层节点组成的隐含层输出向量，$\boldsymbol{\beta}$ 是输出权重。通过最小二乘法可解：

$$\min_{\beta}\frac{1}{2}\|\boldsymbol{\beta}\|^2+\frac{C}{2}\sum_{i=1}^{n}\|\xi_i\|^2\text{，满足 } \boldsymbol{h}(\boldsymbol{x}_i)\boldsymbol{\beta}=\boldsymbol{t}_i^{\mathrm{T}}-\xi_i^{\mathrm{T}}, i=1,2,\cdots,N \tag{3-22}$$

式中 $\frac{1}{2}\|\boldsymbol{\beta}\|^2$ 是正则项，用来增强网络的泛化能力。$\frac{C}{2}\sum_{i=1}^{n}\|\xi_i\|^2$ 是预测误差之和，C 是系数。将该问题转化为无约束问题，有

$$\boldsymbol{\beta}^{\hat{A}}-C\boldsymbol{H}^{\mathrm{T}}(\boldsymbol{T}-\boldsymbol{H}\boldsymbol{\beta}^{\hat{A}})=\boldsymbol{0} \tag{3-23}$$

当训练样本数小于隐含层节点数，即 $N<L$ 时，解为：

$$\boldsymbol{\beta}^{\hat{A}}=\boldsymbol{H}^{\mathrm{T}}\left(\boldsymbol{H}\boldsymbol{H}^{\mathrm{T}}+\frac{\boldsymbol{I}_N}{C}\right)^{-1}\boldsymbol{T} \tag{3-24}$$

当训练样本数不小于隐含层节点数，即 $N\geqslant L$ 时，解为：

$$\boldsymbol{\beta}^{\hat{A}}=\left(\boldsymbol{H}^{\mathrm{T}}\boldsymbol{H}+\frac{\boldsymbol{I}_L}{C}\right)^{-1}\boldsymbol{H}^{\mathrm{T}}\boldsymbol{T} \tag{3-25}$$

式中 $\boldsymbol{I}$ 表示单位矩阵，下标 L 为矩阵维度。

由于隐层节点数足够多时，ELM 网络可以逼近任意连续函数。并且隐层参数为随

机生成，训练速度远快于一般的神经网络算法。但是ELM网络的精度有限，一般不用于做过于复杂的分类任务，但风控领域的任务逻辑大都较为简单，因此ELM网络在风控领域有一定的应用。

3.5.2 DTELM模型

前文提到，DTELM模型是一种基于ELM模型改进的迁移学习模型。DTELM分为针对目标域数据的自编码映射和针对源域数据的域对齐映射两个部分。

1. 目标域数据重构

对目标域数据，DTELM类似一个自编码器，其输出结果与输入数据基本相等。在ELM网络中，只需令 $\boldsymbol{T}=\boldsymbol{X}$，即期望输出与输入相等，该ELM网络就可作为一个ELM自编码器，此时的优化问题为

$$\min_{\beta}\frac{1}{2}\|\boldsymbol{\beta}\|^2+\frac{C}{2}\sum_{j=1}^{n_T}\left\|\xi_{T_j}\right\|^2 \text{，满足 } \boldsymbol{h}(\boldsymbol{x}_{T_i})\boldsymbol{\beta}=\boldsymbol{x}_{T_i}^{\mathrm{T}}-\xi_{T_i}^{\mathrm{T}},\ j=1,2,\cdots,n_T \tag{3-26}$$

式中下标 T 表示目标域。类似地，将该优化问题转化为无约束形式，即

$$\min_{\beta}\frac{1}{2}\|\boldsymbol{\beta}\|^2+\frac{C}{2}\left\|\boldsymbol{X}_T-\boldsymbol{H}_T\boldsymbol{\beta}\right\|^2 \tag{3-27}$$

将该目标函数用矩阵形式写为

$$\min_{\beta}\frac{1}{2}\|\boldsymbol{\beta}\|^2+\frac{1}{2}\mathrm{Tr}[(\boldsymbol{X}_T-\boldsymbol{H}_T\boldsymbol{\beta})^{\mathrm{T}}\boldsymbol{\varLambda}_C(\boldsymbol{X}_{\mathrm{T}}-\boldsymbol{H}_{\mathrm{T}}\boldsymbol{\beta})] \tag{3-28}$$

式中，Tr表示矩阵的迹，即对角线元素和；$\boldsymbol{\varLambda}_C$ 为对角元素全为 C 的对角矩阵。

2. 源域数据重构

DTELM模型对源域数据进行等维度映射，使其分布靠近目标域。这里依旧使用MMD距离作为分布差异的度量。因为MMD距离的计算不需要额外的参数，根据MMD的定义，等维度映射可以表示为

$$\mathrm{MMD}^2(S,T)=\left\|\frac{1}{n_S}\sum_{i=1}^{n_S}\boldsymbol{h}(\boldsymbol{x}_{S_i})\boldsymbol{\beta}-\frac{1}{n_T}\sum_{j=1}^{n_T}\boldsymbol{h}(\boldsymbol{x}_{T_j})\boldsymbol{\beta}\right\|^2=\mathrm{Tr}[\boldsymbol{\beta}^{\mathrm{T}}\boldsymbol{H}^{\mathrm{T}}\boldsymbol{M}\boldsymbol{H}\boldsymbol{\beta}] \tag{3-29}$$

式中 $\boldsymbol{M}$ 被称为 MMD 矩阵，定义为

$$\boldsymbol{M}=\begin{bmatrix}\frac{1}{n_S^2}\boldsymbol{I}_{n_S\times n_S} & -\frac{1}{n_S n_T}\boldsymbol{I}_{n_S\times n_T}\\ -\frac{1}{n_T n_S}\boldsymbol{I}_{n_T\times n_S} & \frac{1}{n_T^2}\boldsymbol{I}_{n_T\times n_T}\end{bmatrix} \tag{3-30}$$

式中 $\boldsymbol{I}_{m\times n}$ 表示元素全为 1 的 $m\times n$ 阶矩阵。

3. 整体模型

为达到同时重构源域与目标域的效果，将式（3-28）和式（3-29）结合，得到 DTELM 模型的目标函数为

$$\min_{\beta}\frac{1}{2}\|\boldsymbol{\beta}\|^2+\frac{1}{2}\mathrm{Tr}[(\boldsymbol{X}_T-\boldsymbol{H}_T\boldsymbol{\beta})^{\mathrm{T}}\varDelta_C(\boldsymbol{X}_T-\boldsymbol{H}_T\boldsymbol{\beta})]+\frac{\lambda}{2}\mathrm{Tr}[\boldsymbol{\beta}^{\mathrm{T}}\boldsymbol{H}^{\mathrm{T}}\boldsymbol{M}\boldsymbol{H}\boldsymbol{\beta}] \tag{3-31}$$

为了统一矩阵维度，便于求解，定义 $\boldsymbol{X}=\begin{bmatrix}\boldsymbol{0}_{n_s\times m}\\ \boldsymbol{X}_T\end{bmatrix}$，$\varDelta=\mathrm{diag}(\boldsymbol{0}_{n_s\times n_s},\varDelta_c)$，式（3-31）可转化为

$$\min_{\beta}\frac{1}{2}\|\boldsymbol{\beta}\|^2+\frac{1}{2}\mathrm{Tr}[(\boldsymbol{X}-\boldsymbol{H}\boldsymbol{\beta})^{\mathrm{T}}\varDelta(\boldsymbol{X}-\boldsymbol{H}\boldsymbol{\beta})]+\frac{\lambda}{2}\mathrm{Tr}[\boldsymbol{\beta}^{\mathrm{T}}\boldsymbol{H}^{\mathrm{T}}\boldsymbol{M}\boldsymbol{H}\boldsymbol{\beta}] \tag{3-32}$$

式（3-32）是一个二次规划问题，最优解满足

$$\boldsymbol{\beta}^{\hat{A}}+\boldsymbol{H}^{\mathrm{T}}\varDelta\boldsymbol{H}\boldsymbol{\beta}^{\hat{A}}-\boldsymbol{H}\varDelta\boldsymbol{X}+\lambda\mathbf{HMH}^{\mathrm{T}}\boldsymbol{\beta}^{\hat{A}}=\mathbf{0} \tag{3-33}$$

式（3-33）存在解析解。当样本数小于隐层节点数时，解析解为

$$\boldsymbol{\beta}^{\hat{A}}=\boldsymbol{H}^{\mathrm{T}}(\boldsymbol{I}_{n_S+n_T}+(\varDelta+\lambda\boldsymbol{M})\boldsymbol{H}\boldsymbol{H}^{\mathrm{T}})^{-1}\varDelta\boldsymbol{X} \tag{3-34}$$

当样本数多于隐层节点数时，有

$$\boldsymbol{\beta}^{\hat{A}}=\boldsymbol{H}^{\mathrm{T}}(\boldsymbol{I}_L+\boldsymbol{H}^{\mathrm{T}}(\varDelta+\lambda\boldsymbol{M})\boldsymbol{H})^{-1}\boldsymbol{H}^{\mathrm{T}}\varDelta\boldsymbol{X} \tag{3-35}$$

将数据点 $\boldsymbol{X}$ 输入 DTELM 网络中，得到输出结果是重构后的数据，即

$$\boldsymbol{\varPhi}(x)=g(x;w,b)\boldsymbol{\beta}^{*} \tag{3-36}$$

利用重构后的数据训练一个标准分类器，如逻辑回归或者 ELM 即可实现域自适应的分类任务。为了在衡量分布距离时，考虑到类内数据分布情况，在模型中加入条件 MMD 项：

$$\mathrm{MMD}_{\mathrm{con}}^{2}(S,T)=\sum_{k=1}^{K}\left\|\frac{1}{n_S^{(k)}}\sum_{y_{S_i}=k}\boldsymbol{h}(\boldsymbol{x}_{S_i})\boldsymbol{\beta}-\frac{1}{n_T^{(k)}}\sum_{\hat{y}_{T_j}=k}\boldsymbol{h}(\boldsymbol{x}_{T_j})\boldsymbol{\beta}\right\|^2 \tag{3-37}$$

式中标号 k 表示样本所属类别，$\hat{Y}_{T_j}$ 表示目标域数据，$\boldsymbol{X}_{T_j}$ 表示所属类别的伪标签。由于目标域数据是无标签的，所以首先利用简单分类器为数据赋予伪标签，并用于条件 MMD 的计算。在利用 DTELM 模型进行预测后，新的预测结果被用于更新伪标签。隐层考虑条件分布的 DTELM 模型可以迭代更新，提高预测准确度。

将式（3-37）改写为矩阵形式：

$$\mathrm{MMD}_{\mathrm{con}}^{2}(S,T)=\mathrm{Tr}\left[\boldsymbol{\beta}^{\mathrm{T}}\boldsymbol{H}^{\mathrm{T}}\left(\sum_{k=1}^{K}\boldsymbol{M}_k\right)\boldsymbol{H}\boldsymbol{\beta}\right] \tag{3-38}$$

式中 $\boldsymbol{M}_k$ 是每类数据的 MMD 矩阵，定义与 $\boldsymbol{M}$ 相同，但不属于类别 k 的数据点对应元素为 0。

将条件 MMD 加入 DTELM 框架得到：

$$\min_{\beta}\frac{1}{2}\|\boldsymbol{\beta}\|^2+\frac{1}{2}\mathrm{Tr}[(\boldsymbol{X}-\boldsymbol{H}\boldsymbol{\beta})^{\mathrm{T}}\Delta(\boldsymbol{X}-\boldsymbol{H}\boldsymbol{\beta})]+\frac{\lambda}{2}\mathrm{Tr}\left[\boldsymbol{\beta}^{\mathrm{T}}\boldsymbol{H}^{\mathrm{T}}\left(\sum_{k=1}^{K}\boldsymbol{M}_k\right)\boldsymbol{H}\boldsymbol{\beta}\right] \tag{3-39}$$

式（3-39）的解析解与原解类似，只需将 $\boldsymbol{M}$ 替换为 $\boldsymbol{M}+\sum_{k}\boldsymbol{M}_k$。

3.5.3 模型应用

DTELM 模型使用方法与 JDA 模型相似，其实现和结果如下。

```
1. import numpy as np
2. from scipy import sparse as sp
3.
4. def DTELM(Train_s,Train_t,Test_t,NL,Type="CLASSIFIER",
       Num_hid=100,Active_Function="sig"):
5.     """
6.     Train_s：源域训练集
7.     Train_t：目标域训练集
8.     Test_t：目标域测试集
```

```
9.      Type：模型类型（分类："CLASSIFIER"，回归："REGRESSION"）
10.     Num_hid：隐层神经元个数，默认 100 个
11.     Active_Function：映射函数（" sigmoid ":sigmoid 函数，"sin"：正弦函数）
12.     NL：模型选择
13.     """
14.
15.     Cs = 0.01
16.     Ct = 0.01
17.
18.     # 回归或分类
19.     REGRESSION = 0
20.     CLASSIFIER = 1
21.
22.     # 训练数据
23.     train_data = Train_s
24.     T = train_data[:,0].T
25.     P = train_data[:,1:train_data.shape[1]].T
26.     del train_data
27.
28.     # 目标域数据
29.     train_target_dt = Train_t
30.     Tt = train_target_dt[:,0].T
31.     Pt = train_target_dt[:,1:train_target_dt.shape[1]].T
32.
33.     # 测试集数据
34.     test_data = Test_t
35.     TVT = test_data[:,0].T
36.     TE0 = test_data[:,0].T
37.     TVP = test_data[:,2:test_data.shape[1]].T
38.     del test_data
39.
40.     Num_train = P.shape[1]
41.     Num_train_Target = Pt.shape[1]
42.     Num_test = TVP.shape[1]
43.     Num_input = P.shape[0]
44.
45.     if Type is not "REGRESSION":
46.         sorted_target = np.sort(np.hstack((T, TVT)))
47.         label = np.zeros((1,1))
48.         label[0,0] = sorted_target[0,0]
49.         j = 0
50.         for i in range(2,(Num_train+Num_test+1)):
51.             if sorted_target[0,i-1] != label[0,j-1]:
52.                 j = j+1
53.                 label[0,j-1] = sorted_target[0,i-1]
54.
```

```
55.         number_class = j+1
56.         Num_output = number_class
57.
58.         temp_T = np.zeros(Num_output, Num_train)
59.
60.         for i in range(1,Num_train+1):
61.             for j in range(1,number_class+1):
62.                 if label(0,j-1) == T(0,i-1):
63.                     break
64.             temp_T[j-1, i-1] = 1
65.         T = temp_T*2-1
66.         Tt_m = np.zeros(Num_output, Num_train_Target)
67.
68.         for i in range(1,Num_train_Target+1):
69.             for j in range(1, number_class+1):
70.                 if label[0,j-1] == Tt[0,i-1]:
71.                     break
72.             Tt_m[j-1, i-1] = 1
73.         Tt = Tt_m*2-1
74.
75.         temp_TV_T = np.zeros(Num_output,Num_test)
76.
77.         for i in range(1,Num_test):
78.             for j in range(1,number_class+1):
79.                 if label(0,j-1) == TVT(0,i-1):
80.                     break
81.             temp_TV_T[j-1, i-1] = 1
82.         TVT = temp_TV_T*2-1
83.
84.     InputWeight = np.random.rand(Num_hid,Num_input)*2-1
85.     Bis_hid = np.random.rand(Num_hid,1)
86.     H_m = InputWeight*P
87.     Ht_m = InputWeight*Pt
88.     del P
89.     del Pt
90.
91.     ind = np.ones(1,Num_train)
92.     indt = np.ones(1,Num_train_Target)
93.     BiasMatrix = Bis_hid[:,ind-1]
94.     BiasMatrixT = Bis_hid[:,indt-1]
95.     H_m = H_m + BiasMatrix
96.     Ht_m = Ht_m + BiasMatrixT
97.
98.     if Active_Function == "sigmoid":
99.         H = 1/(1+np.exp(-H_m))
100.        Ht = 1/(1+np.exp(-Ht_m))
```

```
101.        if Active_Function == "sin":
102.            H = np.sin(H_m)
103.            Ht = np.sin(Ht_m)
104.        if Active_Function != "sigmoid" and Active_Function != "sin":
105.            pass
106.
107.        del H_m
108.        del Ht_m
109.
110.        n = Num_hid
111.
112.        # DTELM 模型
113.        H = H.T
114.        Ht = Ht.T
115.        T = T.T
116.        Tt = Tt.T
117.
118.        if NL == 0:
119.            A = Ht*H.T
120.            B = Ht*Ht.T+np.eye(Num_train_Target)/Ct
121.            C = H*Ht.T
122.            D = H*H.T+np.eye(Num_train)/Cs
123.            ApT = np.linalg.inv(B)*Tt-np.linalg.inv(B)*A \
124.                  *np.linalg.inv(C*np.linalg.inv(B)*A-D) \
125.                  *(C*np.linalg.inv(B)*Tt-T)
126.            ApS = inv(C*np.linalg.inv(B)*A-D)*(C*np.linalg.inv(B)*Tt-T)
127.            OutputWeight = H.T*ApS+Ht.T*ApT
128.        else:
129.            OutputWeight = np.linalg.inv(np.eye(n) \
130.                           +Cs*H.t*H+Ct*Ht.T*Ht)*(Cs*H.T*T+Ct*Ht.T*Tt)
131.
132.        # 计算准确率
133.        Y = (H * OutputWeight).T
134.
135.        H_m_test = InputWeight*TVP
136.        ind = np.ones(1,Num_hid)
137.        BiasMatrix=Bis_hid[:,ind-1]
138.        H_m_test = H_m_test+BiasMatrix
139.        if Active_Function == "sig":
140.            H_test = 1/(1+np.exp(-H_m_test))
141.        if Active_Function == "sin":
142.            H_test = np.sin(H_m_test)
143.
144.        TY = (H_test.T*OutputWeight).T
145.
146.        # 返回测试集结果
```

```
147.        if Type == "CLASSIFIER":
148.            return TY
149.        else:
150.            pass
```

在实践中，DTELM 模型的效果通常并没有 JDA 的好。建议读者组合使用多个迁移模型，以达到更好的效果。迁移学习为模型带来了样本上的扩充，然而同时也带来了精度的下降以及模型的不稳定性。3.6 节将介绍一种模型组合的方法。希望通过多模型的组合来平衡迁移学习的不稳定。理论上，多模型加权输出最终结果，可以为模型引入更稳健的决策因子。

3.6 迁移样本筛选方案

由于模型对样本量的要求较多，部分平台为了快速分析和决策，往往会选择部署策略而非模型。为此可以使用本章中介绍的迁移学习模型对样本进行筛选，而后将迁移样本与现有样本结合到一起进行分析。但是由于单模型筛选的方差较大，本节使用一种基于多模型融合的样本筛选方案。

3.6.1 背景介绍

当前数据集中有历史小额贷款产品的数据 40 万条，现期望转型为大额分期产品，只有目标域的数据 5000 条。考虑到源域与目标域的差异性，过分依赖于源域将导致高偏差，过分依赖于目标域数据将导致高方差，为此使用一种多模型融合的方案降低模型方差，并通过基于 TrAdaBoost 算法改进的筛选方法对源域样本进行筛选。

3.6.2 算法框架概览

将整体模型架构拆分为如下三部分：

- 在目标域数据上训练多个模型，使用 MIC 筛选 3 个差异化最大且效果较好的模型。

- 在源域上，使用训练好的 3 个模型，通过 TrAdaBoost 权重更新方法进行样本选择，不断迭代直至到达预设训练上限。
- 将筛选后的样本集与目标域现有样本合并，得到最终样本。之后可以和第一步中的模型融合进行训练，也可以直接通过数据分析手段构造策略。

算法的流程如图 3-8 所示。

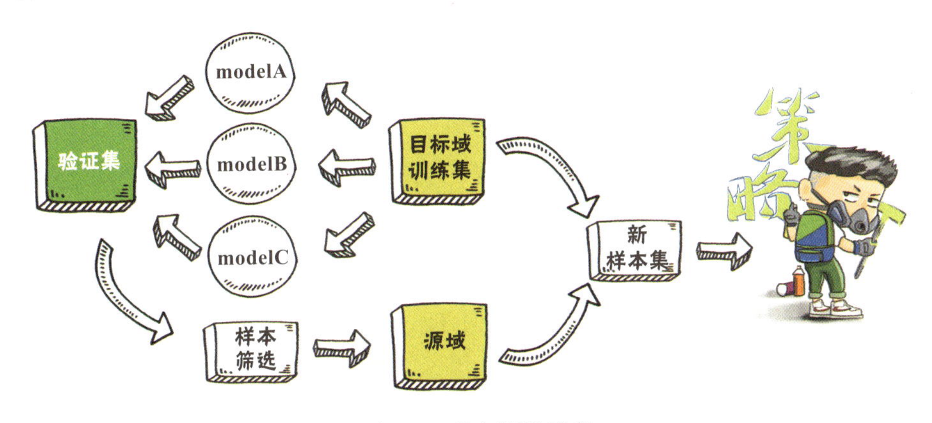

图 3-8　融合框架示意

该框架中的 3 个模型读者可以自行选取，推荐使用 3 组不同参数的 TrAdaBoost 模型进行筛选。除了本节介绍的模型融合方案外，更多方案将在 7.5 节中介绍。

3.6.3 搭建融合框架

本节将给出一种基于 3 种模型融合的迁移框架，通过该框架可以迅速筛选出更适合迁移的样本，并有效降低单模型筛选带来的高方差问题。

```
1. from sklearn.metrics import roc_auc_score as AUC
2. import pandas as pd
3. import numpy as np
4.
5. class Tra_learn3ft (object):
6.     """
7.     一种多模型融合的 TrAdaBoost 变体
```

```
8.      使用 3 个模型同时进行样本筛选，目的是减小方差
9.      clfA 模型 A
10.     clfB 模型 B
11.     clfC 模型 C
12.     step 预计去掉的样本比例
13.     max_turns 最大迭代次数
14.     """
15.     def __init__(self,clfA,clfB,clfC,step,max_turns=5):
16.         self.clfA = clfA
17.         self.clfB = clfB
18.         self.clfC = clfC
19.         self.step = step
20.         self.max_turns = max_turns
21.         self.scoreA = 0
22.         self.scoreB = 0
23.         self.scoreC = 0
24.
25.     def tlearn(self,dev,test,val,bad_ind,featureA,featureB,featureC,drop_rate):
26.         """
27.         dev 训练集 源域
28.         test 测试集 目标域
29.         val 验证集
30.         bad_ind 标签
31.         featureA 特征组 A
32.         featureB 特征组 B
33.         featureC 特征组 C
34.         """
35.         print(len(featureA),len(featureB),len(featureC))
36.         result = pd.DataFrame()
37.         temp_test = test
38.         features = list(set(featureA+featureB+featureC))
39.         turn = 1
40.         while(turn <= self.max_turns):
41.             new = pd.DataFrame()
42.
43.             """
44.             模型 A 对特征组 featureA 训练
45.             并预测得到 dev、test 与 val 的概率
46.             以及 test 上的分类结果（分数分布在 0.8*(min+max) 两侧）
47.             """
48.             self.clfA.fit(dev[featureA],dev[bad_ind])
49.             predA = self.clfA.predict_proba(dev[featureA])[:,1]
50.             probA = self.clfA.predict_proba(test[featureA])[:,1]
51.             preA = (probA > (np.max(probA)+np.min(probA))*0.8)
52.             valid_a = self.clfA.predict_proba(val[featureA])[:,1]
53.             """
54.             模型 B 对特征组 featureB 训练
```

```
55.                 并预测得到 dev、test 与 val 的概率
56.                 以及 test 上的分类结果（分数分布在 0.8*(min+max) 两侧）
57.                 """
58.                 self.clfB.fit(dev[featureB],dev[bad_ind])
59.                 predB = self.clfB.predict_proba(dev[featureB])[:,1]
60.                 probB = self.clfB.predict_proba(test[featureB])[:,1]
61.                 preB = (probA > (np.max(probB)+np.min(probB))*0.8)
62.                 valid_b = self.clfB.predict_proba(val[featureB])[:,1]
63.                 """
64.                 模型 C 对特征组 featureC 训练
65.                 并预测得到 dev、test 与 val 的概率
66.                 以及 test 上的分类结果（分数分布在 0.8*(min+max) 两侧）
67.                 """
68.                 self.clfC.fit(dev[featureC],dev[bad_ind])
69.                 predC = self.clfC.predict_proba(dev[featureC])[:,1]
70.                 probC = self.clfC.predict_proba(test[featureC])[:,1]
71.                 preC = (probC > (np.max(probC)+np.min(probC))*0.8)
72.                 valid_c = self.clfC.predict_proba(val[featureC])[:,1]
73.                 """
74.                 分别计算 3 个模型在 val 上的 AUC
75.                 模型加权融合的策略：以单模型的 AUC 作为权重
76.                 """
77.                 valid_scoreA = AUC(val[bad_ind],valid_a)
78.                 valid_scoreB = AUC(val[bad_ind],valid_b)
79.                 valid_scoreC = AUC(val[bad_ind],valid_c)
80.                 valid_score = AUC(val[bad_ind], valid_a*valid_scoreA \
81.                                     + valid_b*valid_scoreB + valid_c*valid_scoreC)
82.
83.                 """
84.                 index1 3 个模型在 test 上的预测概率相同的样本
85.                 sum_va 3 个模型 AUC 之和为分母进行归一化
86.                 prob 测试集分类结果融合
87.                 index1（分类结果）*AUC（权重）/sum_va（归一化分母）
88.                 index2 分类结果升序排列，取出两端的 test 样本
89.                 new 筛选后样本集
90.                 """
91.                 index1 = (preA==preB) & (preA==preC)
92.                 sum_va = valid_scoreA+valid_scoreB+valid_scoreC
93.                 prob = (probC[index1]*valid_scoreC+probA[index1]*valid_scoreA+ \
94.                         probB[index1]*valid_scoreB)/sum_va
95.                 Ap_low = np.sort(prob)[int(len(prob)*turn/2.0/self.max_turns)] \
                           -0.01
96.                 Ap_high= np.sort(prob)[int(len(prob)* \
97.                                         (1-turn/2.0/self.max_turns))]+0.01
98.                 index2 = ((prob>Ap_high) | (prob<Ap_low))
99.                 new['no'] = test['no'][index1][index2]
100.                new['pred'] = prob[index2]
```

```
101.            result = result.append(new)
102.            """
103.            rightSamples 同时满足 index1 和 index2 条件的预测概率
104.            score_sim 3 个模型在 test 上的预测结果差异和
105.            """
106.            rightSamples = test[index1][index2]
107.            rightSamples[bad_ind] = preA[index1][index2]
108.
109.            score_sim = np.sum(abs(probA-probB)+ abs(probA-probC) \
                            + abs(probB-probC)+0.1)/len(probA)
110.            """
111.            从数据集 dev 中取出 step 之后的部分样本并计算 AUC
112.            valid_score 前文三模型加权融合的 AUC
113.            得到 drop
114.            """
115.            true_y = dev.iloc[self.step:][bad_ind]
116.            dev_prob = predA[self.step:]*valid_scoreA \
117.                    + predB[self.step:]*valid_scoreB \
118.                    + predC[self.step:]*valid_scoreC
119.
120.            dev_score = AUC(true_y,dev_prob)
121.
122.            drop = self.max_turns/(1 + drop_rate*np.exp(-self.max_turns)* \
                    valid_score)
123.            """
124.            使用与 TrAdaBoost 相同的权重调整方法
125.            挑选权重大于阈值的样本
126.            """
127.            loss_bias = 0
128.            if(self.step>0):
129.                true_y = dev.iloc[0:self.step][bad_ind]
130.                temp = predA[0:self.step]*valid_scoreA \
131.                        + predB[0:self.step]*valid_scoreB \
132.                        + predC[0:self.step]*valid_scoreC
133.                temp = (temp+0.1)/(max(temp)+0.2)  # 归一化
134.                temp = (true_y-1)*np.log(1-temp)
                         - true_y*np.log(temp)       # 样本权重
135.                loc = int(min(self.step,len(rightSamples)*drop+2) \
                            * np.random.rand())      # 去除样本的比例
136.                loss_bias =  np.sort(temp)[-loc]
137.                temp = np.append(temp,np.zeros(len(dev)-self.step)-99)
138.                remain_index = (temp <= loss_bias)
139.                self.step = self.step-sum(1-remain_index)
140.            else:
141.                remain_index = []
142.
143.            """
```

```
144.                得到新的 test
145.                """
146.                dev = dev[remain_index].append(rightSamples[features \
                                                +[bad_ind,'no']])
147.                test = test[~test.index.isin(rightSamples.index)]
148.                turn += 1
149.            """
150.            计算原始 test 上的 AUC
151.            """
152.            probA = self.clfA.predict_proba(test[featureA])[:,1]
153.            valid_a = self.clfA.predict_proba(val[featureA])[:,1]
154.            pA = self.clfA.predict_proba(temp_test[featureA])[:,1]
155.
156.            probB = self.clfB.predict_proba(test[featureB])[:,1]
157.            valid_b = self.clfB.predict_proba(val[featureB])[:,1]
158.            pB = self.clfB.predict_proba(temp_test[featureB])[:,1]
159.
160.            probC = self.clfC.predict_proba(test[features])[:,1]
161.            valid_c = self.clfC.predict_proba(val[features])[:,1]
162.            pC = self.clfC.predict_proba(temp_test[features])[:,1]
163.
164.            self.scoreA = AUC(val[bad_ind],valid_a)
165.            self.scoreB = AUC(val[bad_ind],valid_b)
166.            self.scoreC = AUC(val[bad_ind],valid_c)
167.
168.            return pA,pB,pC
```

可以看到，在模型融合的过程中，使用了每个单模型在目标域上的 AUC 值作为该模型融合时的权重。切记，模型加权平均时，一定要对每个单模型的输出进行归一化，否则融合的效果很难得到保证。更多关于模型融合的细节将在第 7 章中介绍。

在该方案的后半部分，使用原 TrAdaBoost 模型的权重更新公式，对源域上的错分样本权重进行削弱，并将低于阈值的样本从源域中删除。待模型迭代结束后，就可以将最新的样本集作为训练样本，进行模型训练或规则挖掘，得到新业务下的策略规则。

3.7 本章小结

本章介绍了三类基于迁移学习的冷启动解决方案。TrAdaBoost 模型需要目标域上

有少量标记样本，而 JDA 模型和 DTELM 模型则不需要目标域上有标签，精度相比于 TrAdaBoost 模型有所下降，但使用范围更广。通常在冷启动中后期有少量标记样本后，会选择从 JDA 模型和 DTELM 模型转为 TrAdaBoost 模型进行建模。

除了上述三类算法外，本章还介绍了一种基于多模型融合的样本迁移方案，并使用 TrAdaBoost 模型的权重更新策略作为样本的筛选策略。在实际应用中，可以有效地平衡单模型的不稳定因素。

第 4 章　幸存者偏差

幸存者偏差（Survivorship Bias）与样本不均衡（Data Imbalance）问题都是由于风控模型的拒绝属性导致的，但表现形式略有不同。本章主要介绍几种用于解决幸存者偏差问题的机器学习方法。迁移学习和半监督学习同样可用于解决幸存者偏差问题。迁移学习已经在第 3 章介绍过，而半监督学习将在第 5 章介绍。

4.1 幸存者偏差的含义

拥有拒绝属性的模型（如风控中的申请评分卡，会拒绝一部分低分客户）在迭代时，普遍具有一个非常严重的问题——幸存者偏差。

幸存者偏差是指，每次模型迭代时，使用的样本都是被前一个模型筛选过的，从而导致样本空间不完备。也就是说，只有高于前一版模型分数阈值的样本，才可以进入当前模型进行训练。这些样本就是幸存者，它们不携带或者很少携带被拒绝的样本的信息，导致样本逐渐偏离真实分布。如图 4-1 所示，只有绿色样本出现在样本集中，这些绿色的点即为幸存者；而灰色样本由于被模型拒绝，导致未被模型观察到。

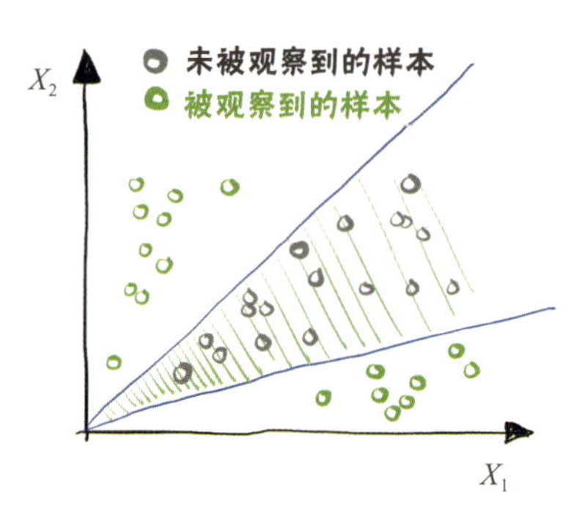

图 4-1　样本空间不完备

根据有偏差的样本集学习得到的模型，在应对没能被表征的样本时，很难给出准确的结果。久而久之，随着模型迭代，区分能力强的特征被弱化，甚至对模型起到完全相反的作用（如某个特征的权重系数由正数变为负数）。

本质上，想要修正有偏差的信息，只需要使用无偏差的数据重新训练模型即可。因此，如何获取无偏差数据，就成为该场景下需要解决的核心问题。传统的解决方法是使用拒绝推断为拒绝样本添加伪标记和权重。

有必要使用拒绝推断的场景有：总体的风险异质、拒绝率较高、历史数据与当前数据有显著不同。第 4 章和第 5 章介绍的两种问题都是拒绝推断的使用场景。但从业者的共识是，拒绝推断的效果有限。拒绝推断的效果取决于总体负样本占比，但得到总体负样本占比很难。因此为了避免使用拒绝推断，这里为读者介绍几种实践效果更好的机器学习方法。

4.2 增量学习

在尝试获取无偏差数据之前，首先介绍一种可以保存历史样本信息的学习方法——增量学习。增量学习主要解决的问题是灾难性遗忘（Catastrophic Forgetting），即平衡新知识与旧知识之间的关系。

在第 2 章介绍的 XGBoost 算法中可以直接实现增量学习。先用历史样本训练前几

棵树，然后用新的样本学习后面的树，从而平衡新样本与旧样本之间的关系。

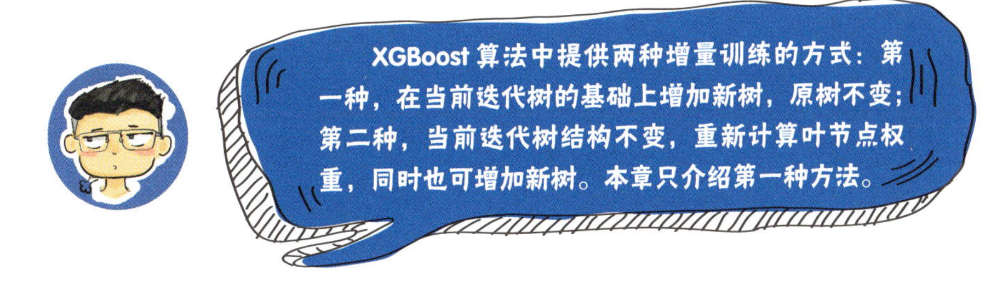

【例 4-1】XGBoost 增量训练。

首先用历史数据训练 XGBoost 模型的前三棵树，然后使用新数据从 XGBoost 模型的第四棵树开始继续训练。

```
1. import xgboost as xgb
2. from sklearn.datasets import load_digits      # 训练数据
3.
4. xgb_params_01 = {}
5. digits_2class = load_digits(2)
6. X_2class = digits_2class['data']
7. y_2class = digits_2class['target']
8. dtrain_2class = xgb.DMatrix(X_2class, label=y_2class)
9. # 训练三棵树的模型
10. gbdt_03 = xgb.train(xgb_params_01, dtrain_2class, num_boost_round=3)
11. # 以前面三棵树的模型为基础，从第四棵树开始训练
12. gbdt_03a = xgb.train(xgb_params_01, dtrain_2class, num_boost_round=7,
                         xgb_model=gbdt_03)
```

如此就可以在旧的模型上继续训练。因为前面的几棵树仍是通过旧样本学习得到的，所以可以保留一定的历史信息，后续的树由新样本学习得到，以保证对当前样本也具有一定的区分能力。当拥有多个时间切片数据时，可以将数据按照期望的区分重要性进行排序，将期望着重区分的数据用于训练靠前的树，使得模型对不同时期的数据有不同的关注度。

4.3 生成对抗网络

增量学习在中短期模型迭代过程中可以有效平衡新旧知识。但是随着时间的推移，

XGBoost 模型中树的深度会越来越大。为保证模型的复杂度不至于过高，仍然需要指定保留部分树结构。具体抛弃 XGBoost 模型中的哪些树，在实际应用中很难给出最优解。其实，增量学习和将历史数据丢入模型并没有本质区别，只是将不同时期的样本，人为地指定放入 XGBoost 模型的某些树中。由于样本的时间跨度较大，如此训练的模型方差也会相应增大。

为了获得更好的泛化能力，在获取样本的时候，应当针对分布来进行衍生，而不只是获取具体的某些样本实例。基于这种思想，通常使用生成对抗网络（Generative Adversarial Network，GAN）对分布进行对齐处理。

4.3.1 GAN 模型介绍

GAN 的主要结构包括一个生成器 G（Generator）和一个判别器 D（Discriminator）。通过判别器和生成器互相对抗，最终使得两者都有较高的精度。目前 GAN 在虚拟图像生成方面有很多进展。在风控领域的使用方法也类似，主要是希望通过 GAN 生成更多的负样本。GAN 的模型结构如图 4-2 所示。

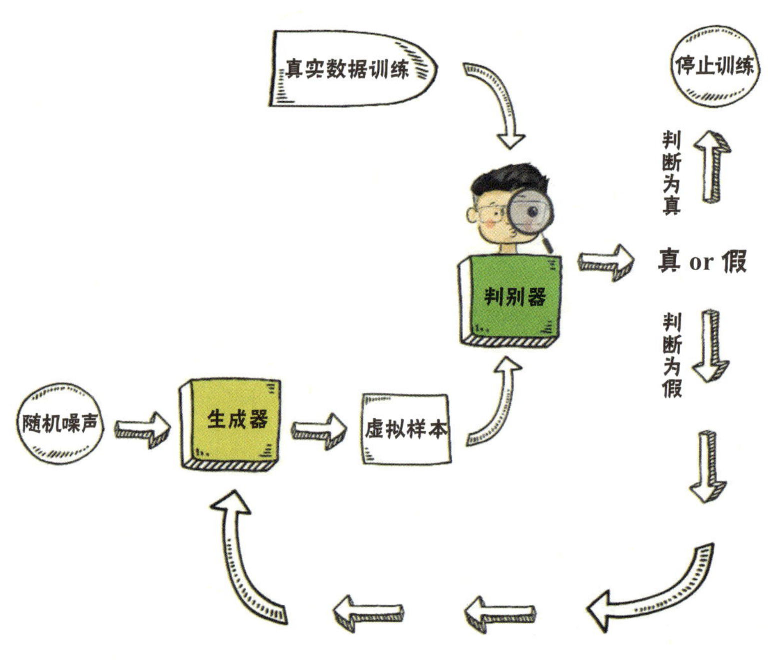

图 4-2 GAN 模型结构

G 和 D 的功能分别是：

- G 是一个生成样本的网络，它接收一个随机的噪声 z，通过这个噪声生成新样本，记作 $G(z)$。
- D 是一个判别网络，判别一个样本是不是“真实的”。它的输入参数是 x，x 代表一个样本。它的输出 $D(x)$ 代表 x 为真实样本的概率：如果为 1，就代表 x 一定是真实的样本；而如果为 0，就代表 x 不可能是真实的样本。

在训练过程中，生成网络 G 的目标就是尽量生成接近真实的样本去欺骗判别网络 D。而 D 的目标就是尽量把 G 生成的样本和真实的样本区分开。如此，G 和 D 就构成了一个动态的“博弈过程”。在最理想的状态下，G 可以生成足够逼真的样本 $G(z)$。对于 D 来说，它难以判定 G 生成的图片究竟是不是真实的，因此 $D(z) = 0.5$。且在此过程中，判别网络 D 由于不断训练，也得到了精度上的提升。

GAN 的核心公式为：

$$\min_G \max_D V(D,G) = \mathbb{E}_{x\sim p_{\text{data}}(x)}[\log D(x)] + \mathbb{E}_{z\sim p_z(z)}[\log(1-D(G(z)))] \tag{4-1}$$

式（4-1）由两项构成，分别对应生成网络 G 和判别网络 D。x 表示真实样本，z 表示输入 G 的先验噪声，而 $G(z)$ 表示 G 网络生成的样本。$D(x)$ 表示网络 D 判断真实样本为真的概率。由于 x 是真实样本，$D(x)$ 越接近 1，代表 D 的效果越好。$D(G(z))$ 是 D 网络判断 G 生成的样本为真实样本的概率。

在式（4-1）中，G 应该希望自己生成的样本足够逼真，即 $D(G(z))$ 尽可能大，这时 $V(D,G)$ 会变小，因此式（4-1）中对 G 求最小值 $\min_G$。而 D 的效果越好，$D(x)$ 应该越大，$D(G(x))$ 相应越小，这时 $V(D,G)$ 会变大，因此式（4-1）中对 D 求最大值 $\max_D$。

由于在信用评分模型和欺诈检测模型中，负样本的占比都远远小于正样本额度占比，因此 GAN 通常用于负样本的衍生。其基本思想与拒绝推断类似，期望通过一些手段获取更多的负样本。区别是，GAN 模型是基于某分布下的样本集进行模拟，生成相似的新数据集，而拒绝推断是从无标签样本集中召回负样本。从新样本的标签准确度来看，GAN 模型生成的样本标签更准确。

4.3.2 GAN 与幸存者偏差

在应用 GAN 解决幸存者偏差问题时，GAN 的判别器所需的目标分布必须是一个无偏的分布。实现的过程中，无偏分布有多种选择。一种方案是，使用参与前几个版本模型训练的数据中被新模型拒绝的样本，作为当前有偏差样本集的补充。通过 GAN 模型将现有样本与两版模型中间的差异样本的分布对齐，即通过生成器得到一系列基于差异数据的新样本，与新样本组合后共同训练。如此训练的生成器，最终生成的分布也服从之前建模样本的分布，可以保证本次训练的模型并未偏离上一版本的模型。将多次迭代的模型之间的差异样本叠加，即可得到无偏的新模型。

但直接针对无偏分布拟合的结果并不适用于新模型的训练。因为信贷场景的数据分布通常随着国家政策、经济形势、家庭环境的变动而在一定幅度内波动，因此时间差异较大的同一个样本，其数据表现会有较大差异。因此在训练过程中仍需要通过基于特征的迁移学习方法进行特征迁移，才能保证原始无偏数据不会成为新模型的噪声。使用 GAN 模型对样本进行拟合，其本质就是一种增强样本鲁棒性方法。因此，解决幸存者偏差问题的根本方法依旧是迁移学习。迁移学习相关的方法已经在第 3 章介绍过，这里不再赘述。

从式（4-1）可以看出，GAN 算法试图在两个相悖的项中寻找平衡，这就导致 GAN 算法不收敛。过度训练后生成的样本与旧样本过于相似，甚至完全重叠，很难界定具体场景下的训练程度。此外，GAN 应用于结构化数据的样本生成也缺乏适当的理论依据。故需要一种更具备泛化能力的样本衍生工具。

4.4 高斯混合模型

本节介绍一种无监督的样本衍生方法——高斯混合模型（Gaussian Mixture Model，GMM）。在实际应用中，GMM 有效保证了新样本的泛化能力。本节将介绍 GMM 的原理以及 GMM 生成样本的方法。与 GAN 相似，其通过学习参考样本集的分布来生成新的样本。需要注意的是，GMM 的应用同样需要在特征迁移的基础上进行，否则其新生成的样本难免为现有偏差分布引入噪声。

此外，GMM 还是一种常用于用户分层和欺诈检测的方法。在欺诈检测模型训练前，由于大部分样本没有欺诈标签，通常使用聚类方法将用户聚成不同的簇，而后根据簇中有标签的用户性质定义该簇的整体性质。而用户分层中，同样将样本集按照特征属性划分为不同的子类，之后在每个子类中分别建模，以获取更好的整体表现。本书以 GMM

的样本生成机制为例来介绍模型，而对于 GMM 在用户分层和欺诈检测中的应用不进行展开。

4.4.1 GMM 算法原理

GMM 是在工业界使用最多的一种聚类算法。它是一种概率式的聚类方法，假定所有的数据样本 $\boldsymbol{x}$ 由 K 个混合多元高斯分布组合成的混合分布生成。

1. 单高斯模型

当样本数据 X 是一维数据时，高斯分布遵从下方概率密度函数：

$$P(x|\theta)=\frac{1}{\sqrt{2\pi\sigma^2}}\exp\left(-\frac{(x-\mu)^2}{2\sigma^2}\right) \tag{4-2}$$

其中，μ 为数据均值（期望），σ 为数据标准差。

当样本数据 X 是多维数据时，高斯分布遵从下方概率密度函数：

$$P(x|\theta)=\frac{1}{(2\pi)^{\frac{D}{2}}|\Sigma|^{\frac{1}{2}}}\exp\left(-\frac{(x-\mu)^{\mathrm{T}}\Sigma^{-1}(x-\mu)}{2}\right) \tag{4-3}$$

其中，μ 为数据均值（期望），Σ 为协方差矩阵，D 为数据维度。

2. GMM

GMM 可以看作是由 K 个单高斯模型组合而成的模型，这 K 个子模型是混合模型的隐变量（hidden variable）。一般来说，一个混合模型可以使用任何概率分布，这里使用 GMM 是因为高斯分布具备很好的数学性质以及良好的计算性能。

首先定义如下信息：

1）x_j 表示第 j 个观测数据，$j=1,2,\cdots,N$。

2）K 是混合模型中的子高斯模型数量，$k=1,2,\cdots,K$。

3）α_k 是观测数据属于第 k 个子模型的概率，$\alpha_k \geqslant 0$，$\sum_{k=1}^{K}\alpha_k=1$。

4）$\phi(x|\theta_k)$ 是第 k 个子模型的高斯分布密度函数，$\theta_k=(\mu_k,\sigma_k^2)$。其展开形式与上面介绍的单高斯模型相同。

5）γ_{jk} 表示第 j 个观测数据属于第 k 个子模型的概率。

GMM 的概率分布为：

$$P(x\mid\theta)=\sum_{k=1}^{K}\alpha_k\phi(x\mid\theta_k) \tag{4-4}$$

对于这个模型而言，参数 $\theta=(\tilde{\mu}_k,\tilde{\sigma}_k,\tilde{\alpha}_k)$，也就是每个子模型的期望、方差（或协方差）以及在混合模型中发生的概率。

3. 模型的参数学习

对于单高斯模型，可以用最大似然法估算参数 θ 的值。

$$\theta=\arg\max_{\theta}L(\theta) \tag{4-5}$$

由于每个点发生的概率都很小，乘积会变得极其小，不利于计算和观察，因此通常用最大似然估计（Maximum Log-Likelihood）来计算（因为对数函数具备单调性，不会改变极值的位置，同时在 0～1 之间输入值很小的变化可以引起输出值相对较大的变动）：

$$\log L(\theta)=\sum_{j=1}^{N}\log P(x_j\mid\theta) \tag{4-6}$$

对于 GMM，对数似然函数是：

$$\log L(\theta)=\sum_{j=1}^{N}\log P(x_j\mid\theta)=\sum_{j=1}^{N}\log\left(\sum_{k=1}^{K}\alpha_k\phi(x\mid\theta_k)\right) \tag{4-7}$$

无法像单高斯模型那样使用最大似然法来求导，从而求得使似然最大的参数，这是因为对于每个观测数据点来说，事先并不知道它是属于哪个子分布的，因此对数里面还有求和，K 个高斯模型的和不是一个高斯模型，对于每个子模型都有未知的 α_k、μ_k、σ_k，直接求导无法计算，需要通过迭代的方法求解。

4. EM 算法

EM 算法是一种迭代算法，用于求含有隐变量的概率模型参数的最大似然估计。

每次迭代包含两个步骤：

1）E 步：求期望 $E(\gamma_{jk}\mid X,\theta)$，其中 $j=1,2,\cdots,N$。

2）M 步：求极大，计算新一轮迭代的模型参数。

这里不具体介绍一般性的 EM 算法，只介绍如何在 GMM 里应用从而推算出模型参数。

通过 EM 迭代更新 GMM 参数的方法（我们有样本数据 $x_1,x_2,\cdots,x_N$ 和一个有 K 个子模型的 GMM，想要推算出这个 GMM 的最佳参数）：

1）首先初始化参数。

2）E 步：依据当前参数，计算每个数据 j 来自子模型 k 的可能性。

$$\gamma_{jk}=\frac{\alpha_k\phi(x_j\mid\theta_k)}{\sum_{k=1}^{K}\alpha_k\phi(x_j\mid\theta_k)},\ j=1,2,\cdots,N,\ k=1,2,\cdots,K \tag{4-8}$$

3）M 步：计算新一轮迭代的模型参数。

$$\mu_k=\frac{\sum_{j}^{N}(\gamma_{jk}x_j)}{\sum_{j}^{N}\gamma_{jk}},\ k=1,2,\cdots,K \tag{4-9}$$

$$\Sigma_k=\frac{\sum_{j}^{N}\gamma_{jk}(x_j-\mu_k)(x_j-\mu_k)^{\mathrm{T}}}{\sum_{j}^{N}\gamma_{jk}},\ k=1,2,\cdots,K \tag{4-10}$$

$$\alpha_k=\frac{\sum_{j=1}^{N}\gamma_{jk}}{N},\ k=1,2,\cdots,K \tag{4-11}$$

4）重复计算 E 步和 M 步直至收敛。（$\|\theta_{i+1}-\theta_i\|<\varepsilon$，$\varepsilon$ 是一个很小的正数，表示经过一次迭代之后参数变化非常小。）

至此，就找到了 GMM 的参数。需要注意的是，EM 算法具备收敛性，但并不能保证找到全局最大值，只是有可能找到局部最大值。解决方法是初始化几次不同的参数进行迭代，取结果最好的那次。

4.4.2　GMM 简单应用

在最简单的场景中，GMM 可以直接进行聚类。首先生成一个包含 700 个样本的数据集，然后使用 GMM 进行聚类，得到样本分布。

```
1. import matplotlib.pyplot as plt
2. import seaborn as sns
3. import numpy as np
```

```
4.
5. # 产生实验数据
6. from sklearn.datasets.samples_generator import make_blobs
7.
8. X, y_true = make_blobs(n_samples=700, centers=4,
9.                        cluster_std=0.5, random_state=2019)
10. X = X[:, ::-1]  # 方便画图
11.
12. from sklearn.mixture import GaussianMixture as GMM
13.
14. gmm = GMM(n_components=4).fit(X)  # 指定聚类中心个数为 4
15. labels = gmm.predict(X)
16. plt.scatter(X[:, 0], X[:, 1], c=labels, s=5, cmap='viridis')
```

聚类结果如图 4-3 所示，从图中可以看到样本点被聚类成 4 个圆形的分布簇。

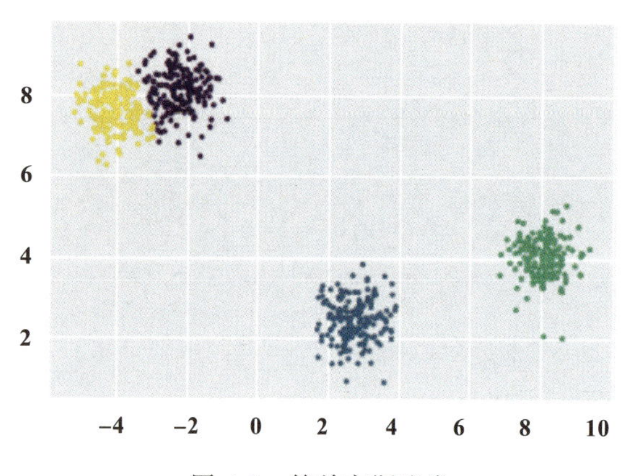

图 4-3 简单高斯聚类

4.4.3 GMM 中的概率模型

事实上，在 GMM 算法中有一个隐含的概率模型，可以通过其得到簇分配结果的概率。

1）打印前 10 个点分别属于 4 个类的概率。

```
1. probs = gmm.predict_proba(X)
2. print(probs[:10].round(2))
```

概率矩阵如图 4-4 所示。

```
[[1.   0.   0.   0.  ]
 [0.   0.96 0.   0.04]
 [0.   1.   0.   0.  ]
 [0.   1.   0.   0.  ]
 [1.   0.   0.   0.  ]
 [0.   0.   1.   0.  ]
 [0.   1.   0.   0.  ]
 [0.   1.   0.   0.  ]
 [0.   0.   0.   1.  ]
 [0.   0.   1.   0.  ]]
```

图 4-4　概率矩阵

因为 GMM 并不是通过硬截断进行类别分割，而是通过高斯平滑模型进行估计，所以将每个点的概率进行可视化时，散点图并不是严格呈椭圆形状的。

2）进行 GMM 概率可视化，代码如下。

```
1. size = probs.max(1)
2. plt.scatter(X[:, 0], X[:, 1], c=labels, cmap='viridis', s=size)
```

可视化的结果如图 4-5 所示。

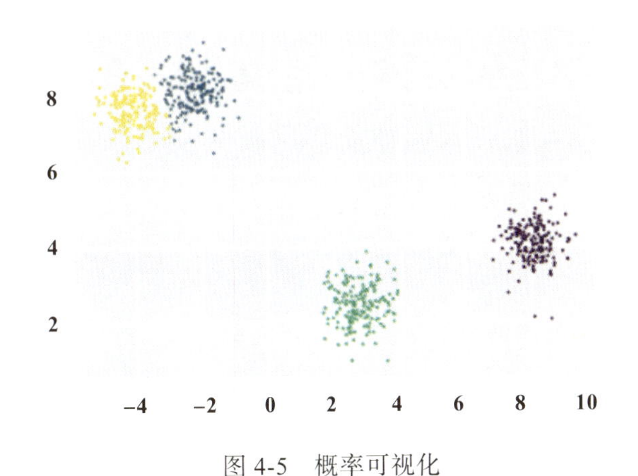

图 4-5　概率可视化

如果允许使用全部的协方差类型，则可以拟合任意形状的分布。为了更好地展示 GMM 的拟合结果，下面生成一个椭圆形的数据集，并使用 GMM 进行聚类。

3）构造一个画椭圆的函数，从而更好地展示 GMM 的聚类结果。

```
1. from matplotlib.patches import Ellipse
2.
3. # 根据给定的位置和协方差画一个椭圆
4. def draw (position, covariance, ax=None, **kwargs):
5.     ax = axis or plt.gca()
6.     # 将协方差转换为主轴
7.     if covariance.shape == (2, 2):
8.         U, s, Vt = np.linalg.svd(covariance)
9.         angle = np.degrees(np.arctan2(U[1, 0], U[0, 0]))
10.        width, height = 2 * np.sqrt(s)
11.    else:
12.        angle = 0
13.        width, height = 2 * np.sqrt(covariance)
14.
15.    # 画出椭圆
16.    for nsig in range(1, 4):
17.        ax.add_patch(Ellipse(position, nsig * width,
18.                             nsig * height, angle, **kwargs))
19. # 画图
20. def plot_gmm(gmm, X, label=True, ax=None):
21.    ax = ax or plt.gca()
22.    labels = gmm.fit(X).predict(X)
23.    if label:
24.        ax.scatter(X[:, 0], X[:, 1], c=labels, s=4, cmap='viridis', zorder=2)
25.    else:
26.        ax.scatter(X[:, 0], X[:, 1], s=4, zorder=2)
27.    ax.axis('equal')
28.    w_factor = 0.2 / gmm.weights_.max()
29.    for pos, covar, w in zip(gmm.means_,gmm.covariances_,gmm.weights_):
30.        draw (pos, covar, alpha=w * w_factor)
```

4）使用椭圆形来拟合数据。

```
1. rng = np.random.RandomState(13)
2. X_st = np.dot(X, rng.randn(2, 2))
3. gmm = GMM(n_components=4, covariance_type='full', random_state=42)
4. plot_gmm(gmm, X_st)
```

椭圆拟合的结果如图 4-6 所示。

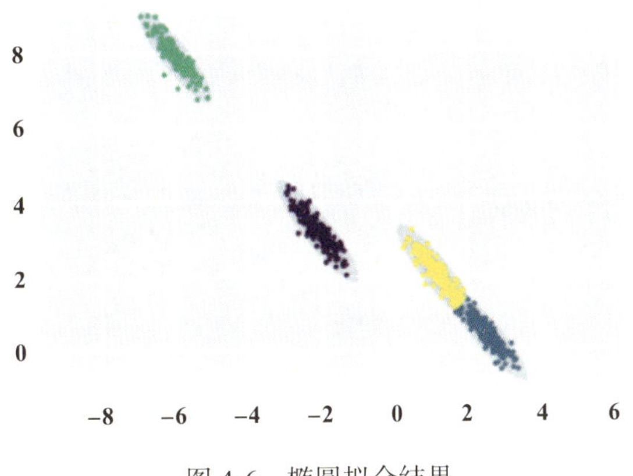

图 4-6 椭圆拟合结果

通过图 4-6 可以看到，GMM 的聚类效果非常好，可以拟合任意形状的分布。接下来看看 GMM 是如何生成样本的。

4.4.4 GMM 样本生成

由于 GMM 本身是一个生成式模型。当拟合出一个 GMM 后，可以从该模型的每一个分布成分中生成服从该分布的新样本。为了展示 GMM 强大的样本生成能力，本节将首先构造一个非常规的分布，然后通过 GMM 对该分布进行拟合，最后再从中生成服从整体分布的新样本。

1）生成一个特殊的分布形式。

```
1. from sklearn.datasets import make_moons
2. Xmoon, ymoon = make_moons(100, noise=.04, random_state=0)
3. plt.scatter(Xmoon[:, 0], Xmoon[:, 1])
```

该分布如图 4-7 所示。

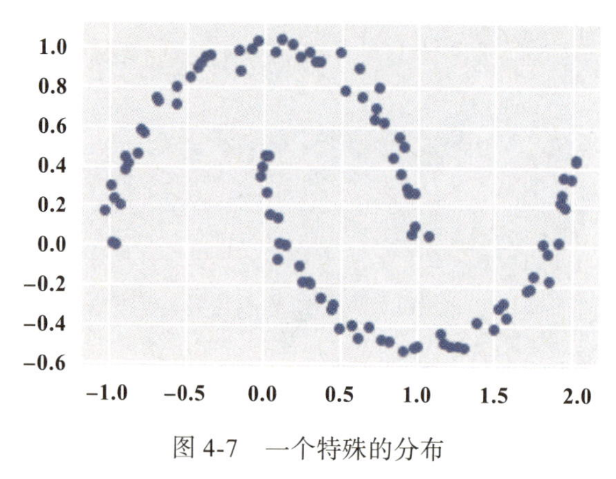

图 4-7　一个特殊的分布

2）使用两个高斯分布进行聚类。

```
1. gmm2 = GMM(n_components=2, covariance_type='full', random_state=0)
2. plot_gmm(gmm2, Xmoon)
```

拟合结果如图 4-8 所示。

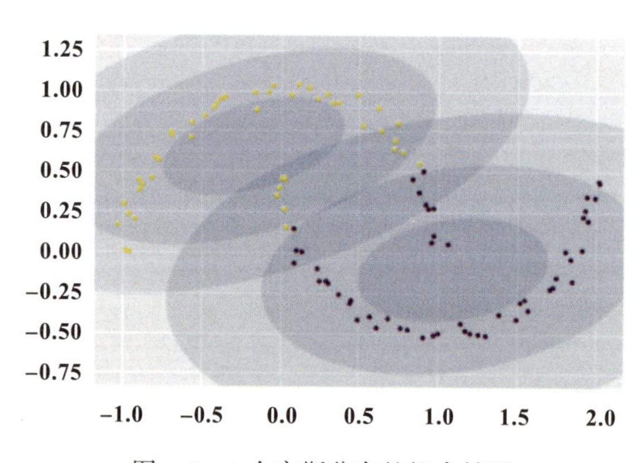

图 4-8　2 个高斯分布的拟合结果

从图 4-8 可以看出，即使 GMM 算法可以聚类成椭圆形，但仍有一部分点被错误归类为另一个分布。这时，如果使用更多的高斯分布进行归纳，则可以得到更好的效果。由于在实际应用中，样本大多不满足正态分布假设，通过多高斯混合成分进行描述，可以更准确地描述数据分布。

3）使用 10 个高斯混合成分进行聚类。

```
1. gmm10 = GMM(n_components=10, covariance_type='full', random_state=0)
2. plot_gmm(gmm10, Xmoon, label=False)
```

拟合结果如图 4-9 所示。

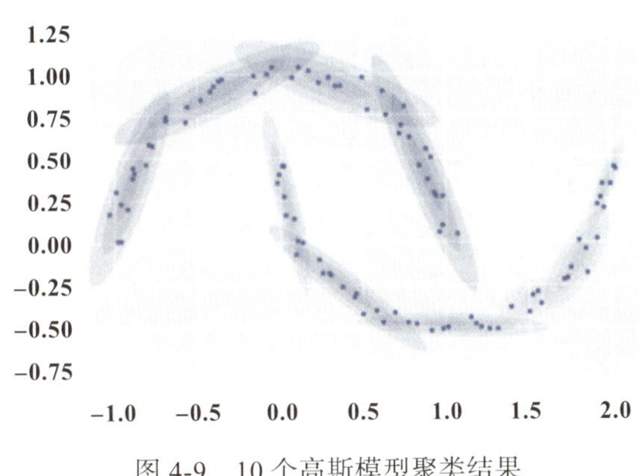

图 4-9　10 个高斯模型聚类结果

这里使用了 10 个高斯分布，但是并不是为了得到 10 个聚类结果，而是通过 10 个分布进行集成得到最终的归纳结果。也就是说，GMM 的本质并不是聚类，而是得到一个能够生成当前样本形式的分布。

因此可以使用前面 10 个高斯分布集成的生成模型，来生成服从当前分布形式的新样本。

4）生成服从现有分布的 200 个新样本。

```
1. Xnew = gmm10.sample(200)[0]
2. plt.scatter(Xnew[:, 0], Xnew[:, 1])
```

生成样本的散点图如图 4-10 所示。

从图 4-10 中可以看出，新生成的样本服从之前的分布，但是与之前的样本点并不重合。因此可以使用这种方法将新样本与历史样本进行结合。只需要根据历史样本进行聚类，得到生成模型，再利用生成模型生成新的样本点，并带入现有样本集进行协同训练。因为新生成的样本点与旧样本点服从相同分布，但不完全重合，所以训练的模型有更强的泛化能力。

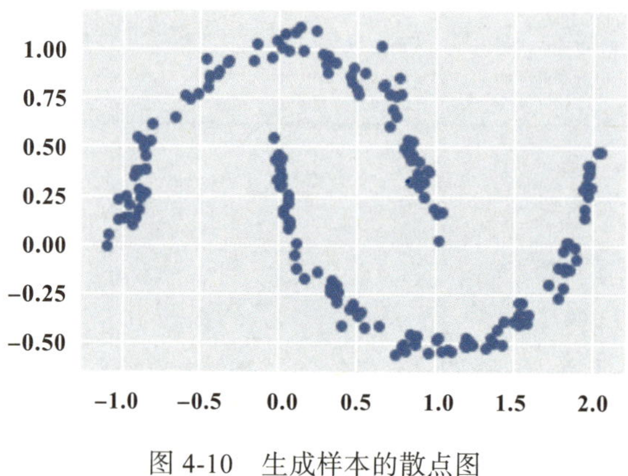

图 4-10 生成样本的散点图

4.5 信息准则

通过 GMM 生成的新样本对于解决幸存者偏差问题非常有效，但实际使用中有一个难点在于，每次建模究竟使用多少个高斯分布来进行聚类才能有最好的聚类效果。本节介绍两种确定最优组件个数的方法——赤池信息准则（Akaike Information Criterion，AIC）和贝叶斯信息准则（Bayesian Information Criterion，BIC）。

很多参数估计问题均采用似然函数作为目标函数，当训练数据足够多时，可以不断提高模型精度，但这是以提高模型复杂度为代价的，同时带来一个机器学习中非常普遍的问题——过拟合。因此需要一种方法在模型复杂度与模型对数据集描述能力之间寻求最佳平衡。

为此提出一种概念叫作信息准则，通过加入模型复杂度的惩罚项来避免过拟合问题。下面介绍两个常用的模型选择方法。

4.5.1 赤池信息准则

AIC 是衡量统计模型拟合优良性的一种标准，由日本统计学家赤池弘次在 1974 年提出，它建立在熵的概念上，提供了权衡估计模型复杂度和拟合数据优良性的标准。

通常情况下，AIC 定义为：

$$AIC = 2k - 2\ln L \tag{4-12}$$

其中，k 是模型参数个数，L 是似然函数。从一组可供选择的模型中选择最佳模型时，通常选择 AIC 最小的模型。

当两个模型之间存在较大差异时，差异主要体现在似然函数项，当似然函数差异不显著时，式（4-12）中第一项，即模型复杂度会起作用，从而表明参数个数少的模型是较好的选择。

一般而言，当模型复杂度提高（k 增大）时，似然函数 L 也会增大，从而使 AIC 变小，但是 k 过大时，似然函数增速减缓，导致 AIC 增大。模型过于复杂容易造成过拟合现象。

所以目标就是选取 AIC 最小的模型，AIC 不仅要提高模型拟合度（极大似然），而且要引入惩罚项，使模型参数尽可能少，从而降低过拟合的可能性。

4.5.2 贝叶斯信息准则

BIC 与 AIC 相似，更多地用于模型选择。训练模型时，增加参数数量，也就是增加模型复杂度，会增大似然函数，但是也会导致过拟合现象，针对该问题，AIC 和 BIC 均引入了与模型参数个数相关的惩罚项，BIC 的惩罚项比 AIC 的大。同时要考虑样本数量，样本数量过多时，可有效防止模型精度过高造成的模型复杂度过高。

$$BIC = k\ln n - 2\ln L \tag{4-13}$$

其中，k 为模型参数个数，n 为样本数量，L 为似然函数。$k\ln n$ 惩罚项在维数过大且训练样本数据相对较少的情况下，可以有效避免出现维度灾难现象。

4.5.3 AIC 与 BIC 比较

【例 4-2】使用 AIC 和 BIC 分别确定 4.3 节中特殊分类的最优组件个数。

```
1. n_components = np.arange(1, 21)
2. models = [GMM(n, covariance_type='full', random_state=0)
```

```
3.      .fit(Xmoon) for n in n_components]
4. plt.plot(n_components, [m.bic(Xmoon) for m in models], label='BIC')
5. plt.plot(n_components, [m.aic(Xmoon) for m in models], label='AIC')
6. plt.legend(loc='best')
7. plt.xlabel('n_components')
```

两种信息准则的描述曲线如图 4-11 所示。

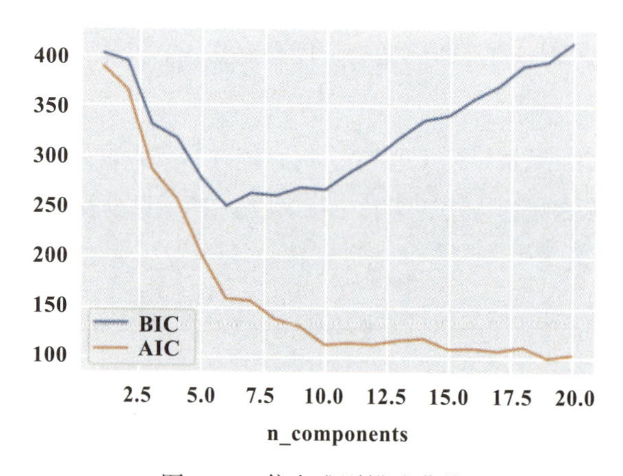

图 4-11　信息准则描述曲线

最佳的组件个数即是使得 AIC 或 BIC 最小化的值。在图 4-11 中，AIC 显示，选择 10 个高斯分布就很接近最优解了。而 BIC 则倾向于使用更简单的模型，在 6 个高斯分布时即达到最优解。在实际使用中，通常不会使用太少的高斯分布组件进行聚类，否则难以生成有针对性的特征。但是，为防止生成模型的泛化能力较差，组件的个数通常不会超过 20 个。

4.6 本章小结

本章介绍了三种解决幸存者偏差问题的方法，其中 GMM 的实践效果较好，并且容易实现，也是本章主要推荐的一种做法。感兴趣的读者也可以尝试其余方法。

本章还介绍了两个确定 GMM 高斯混合成分个数的方法——AIC 和 BIC。通常来说，BIC 准则期望使用更少的高斯分布个数，在实际应用中可以增强模型的鲁棒性。

第 5 章　不均衡学习

第 4 章介绍了幸存者偏差场景下传统拒绝演绎的替代方案。本章则会继续介绍几种替代方案，用于解决风控领域中的样本不均衡问题。需要注意的是，5.4 节中的几种方法同样可以用来解决第 4 章中的幸存者偏差问题。

5.1　样本不均衡

通常二分类机器学习任务期望两种类别的样本是均衡的，即两类样本的总量接近相同。因为在梯度下降过程中，不同类别的样本量有较大差异时，很难收敛到最优解。但在很多真实场景下，数据集往往是不平衡的。也就是说，在数据集中，有一类含有的数据要远远多于其他类的数据。尤其是在风控场景下，负样本的占比要远远小于正样本的占比。

均衡数据集与非均衡数据集如图 5-1 所示。其中黄色点为正样本（0），绿色点为负样本（1）。

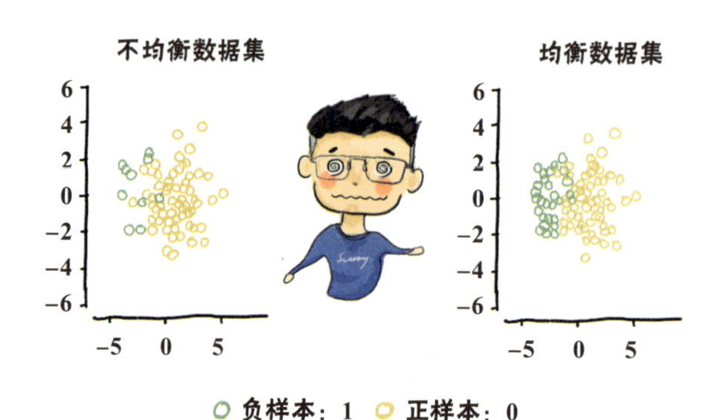

图 5-1 均衡与非均衡数据集

考虑一个简单的例子，假设有 10 万个正样本（正常客户，标签为 0）与 1000 个负样本（欺诈客户，标签为 1），正负样本比例为 100：1。如果直接带入模型中去学习，每一次梯度下降都使用全量样本，其中负样本所贡献的信息只有模型接收到的总信息的 1/100，不能保证模型能很好地学习负样本。所以，需要一个分类器，既能有效地学习正样本的信息，同时又不会影响到负样本的学习。

5.2 代价敏感加权方案

面对不均衡问题，下探是最直接的解决方法。下探是指在拒绝域中随机接收一些样本，即通过牺牲一部分收益，积累负样本，供后续模型学习。下探同样可以解决幸存者偏差问题。不过下探的代价很明显：风险越高，成本越高。它会造成信用质量的恶化，不是每个平台都愿意承担这部分坏账，并且往往很难对每次下探的量给出一个较合适的参考值。

因此，通常对少数类样本进行加权处理，使得模型进行均衡训练。代价敏感加权在传统风控领域又叫作展开法，依赖于已知表现样本的权重变化。它假设拒绝样本的表现可以通过接收样本直接推断得到。虽然代价敏感加权增大了负样本在模型中的贡献，但没有为模型引入新的信息，既没有解决选择偏误的问题，也没有带来负面影响。

在 2.7.1 节中，逻辑回归通过参数 class_weight="balanced" 调整正负样本的权重，使得正负样本总权重相同。类权重计算方法如下：

$$\text{weight} = \frac{\text{n\_samples}}{\text{n\_classes} \times \text{np.bincount}(y)} \tag{5-1}$$

其中，n_samples 为样本数，n_classes 为类别数量，np.bincount(y) 会输出每个类的样本数，例如 y = [1,0,0,1,1]，则 np.bincount(y) = [2,3]。

大多数情况下样本加权可以增强模型的表现。感兴趣的读者可以将 class_weight 参数去掉，你会发现模型的表现将略有下降。

5.3 插值过采样方案

代价敏感加权对不均衡问题有一定帮助，但如果想达到更好的效果，仍需为模型引入更多的负样本。由于使用朴素随机过采样方法将现有样本复制，训练得到的模型泛化能力通常较差，因此本节介绍一种基于插值生成更多负样本的方法——少数类别过采样技术（Synthetic Minority Oversampling Technique，SMOTE）。

5.3.1 SMOTE 算法

SMOTE 算法是一种用于合成少数类样本的过采样技术，其基本思想是对少数类样本进行分析，然后在现有少数类样本之间进行插值，人工合成新样本，并将新样本添加到数据集中进行训练。算法逻辑如图 5-2 所示。

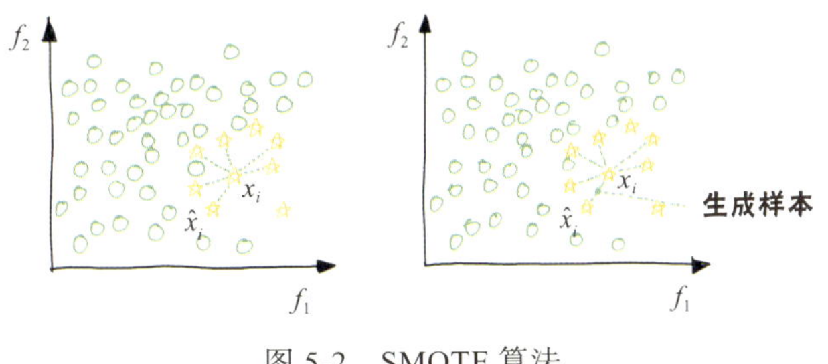

图 5-2　SMOTE 算法

图 5-2 左图表示对于这个不平衡数据，找出了样本点 x_i 的 k 近邻（k = 6），根据某个

特定的公式，可以将需要创造的数据定位下来，图 5-2 右图中的小方形即表示添加的数据。

设训练集的一个少数类的样本数为 T，那么 SMOTE 算法将为这个少数类合成 NT 个新样本。这里要求 N 必须是正整数，如果给定的 $N<1$，那么 SMOTE 算法将认为少数类的样本数 $T=NT$，并将强制 $N=1$。

考虑该少数类的一个样本 i，其特征向量为 $\boldsymbol{x}_i$，$i\in\{1,\cdots,T\}$，算法步骤为：

1）从该少数类的全部 T 个样本中找到样本 x_i 的 k 个近邻（例如用欧氏距离），记为 $\boldsymbol{x}_{i(\text{near})}$，near $\in\{1,\cdots,k\}$。

2）从这 k 个近邻中随机选择一个样本 $\boldsymbol{x}_{i(nn)}$，再生成一个 0～1 之间的随机数 ζ_1，从而合成一个新样本 $\boldsymbol{x}_{i1}$：

$$\boldsymbol{x}_{i1}=\boldsymbol{x}_i+\zeta_1\cdot(\boldsymbol{x}_{i(nn)}-\boldsymbol{x}_i) \tag{5-2}$$

3）将步骤 2 重复 N 次，合成 N 个新样本 $\boldsymbol{x}_{i(\text{new})}$，new $\in 1,\cdots,N$。

那么，对全部 T 个少数类样本进行上述操作，便可为该少数类合成 NT 个新样本。

如果样本的特征维数是二，那么每个样本都可以用二维平面上的一个点来表示。SMOTE 算法所合成的新样本 $\boldsymbol{x}_{i1}$ 相当于表示样本 $\boldsymbol{x}_i$ 的点和表示样本 $\boldsymbol{x}_{i(nn)}$ 的点之间所连线段上的一个点。所以说该算法是基于插值来合成新样本的。

5.3.2 过采样算法实践

回顾一下 2.7.1 节逻辑回归评分卡的案例。当时训练的模型表现如下：

```
训练集 KS 值 (train_ks): 0.4482453222991063
时间外样本集 KS 值 (val_ks): 0.4198642457760936
```

ROC 曲线如图 5-3 所示。

接下来通过引入 SMOTE 算法使该模型得到更好的模型效果。由于 SMOTE 算法是基于样本空间进行插值的，会放大数据集中的噪声和异常，因此要对训练样本进行清洗。这里使用轻量梯度提升机（Light Gradient Boosting Machine，LightGBM）算法对数据进行拟合，将预测结果较差的样本权重降低，并且不参与 SMOTE 算法的插值过程。

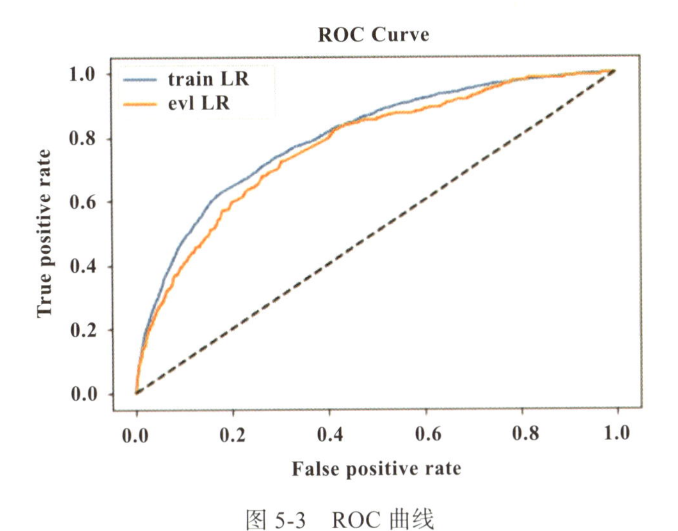

图 5-3　ROC 曲线

1）定义 SMOTE 过采样函数。

```
1. class imbalancedData():
2.
3.     """
4.     处理不均衡数据
5.         train 训练集
6.         test 测试集
7.         mmin 低分段错分比例
8.         mmax 高分段错分比例
9.         flag 样本标签
10.        lis 不参与建模变量列表
11.    """
12.    def __init__(self, train,test,mmin,mmax, flag,lis=[]):
13.        self.flag = flag
14.        self.train_x = train.drop([flag]+lis,axis=1)
15.        self.train_y = train[flag]
16.        self.test_x = test.drop([flag]+lis,axis=1)
17.        self.test_y = test[flag]
18.        self.columns = list(self.train_x.columns)
19.        self.keep = self.columns + [self.flag]
20.        self.mmin = 0.1
21.        self.mmax = 0.7
22.
23.    """
24.    设置不同比例
```

```
25.       针对头部和尾部预测不准的样本，进行加权处理
26.
27.       0.1 为噪声的权重，不参与过采样
28.       1 为正常样本权重，参与过采样
29.       """
30.       def weight(self,x,y):
31.           if x == 0 and y < self.mmin:
32.               return 0.1
33.           elif x == 1 and y > self.mmax:
34.               return 0.1
35.           else:
36.               return 1
37.       """
38.       用一个 LightGBM 算法和 weight 函数进行样本选择
39.       只取预测准确的部分进行后续的 SMOTE 过采样
40.       """
41.       def data_cleaning(self):
42.           lgb_model,lgb_auc = self.lgb_test()
43.           sample = self.train_x.copy()
44.           sample[self.flag] = self.train_y
45.           sample['pred'] = lgb_model.predict_proba(self.train_x)[:,1]
46.           sample = sample.sort_values(by=['pred'],ascending=False).reset_index()
47.           sample['rank'] = np.array(sample.index)/len(sample)
48.           sample['weight'] = sample.apply(
49.               lambda x: self.weight(x.bad_ind,x['rank']),axis = 1)
50.           osvp_sample = sample[sample.weight == 1][self.keep]
51.           osnu_sample = sample[sample.weight < 1][self.keep]
52.           train_x_osvp = osvp_sample[self.columns]
53.           train_y_osvp = osvp_sample[self.flag]
54.           return train_x_osvp, train_y_osvp, osnu_sample
55.
56.       """
57.       实施 SMOTE 过采样
58.       """
59.       def apply_smote(self):
60.           """
61.           选择样本，只对部分样本做过采样
62.           train_x_osvp,train_y_osvp 为参与过采样的样本
63.           osnu_sample 为不参加过采样的部分样本
64.           """
65.           train_x_osvp,train_y_osvp,osnu_sample = self.data_cleaning()
66.           rex,rey = self.smote(train_x_osvp,train_y_osvp)
67.           print('badpctn:',rey.sum()/len(rey))
68.           df_rex = pd.DataFrame(rex)
69.           df_rex.columns = self.columns
70.           df_rex['weight'] = 1
71.           df_rex[self.flag] = rey
72.           df_aff_ovsp = df_rex.append(osnu_sample)
```

```
73.         return df_aff_ovsp
74.
75.     """
76.     定义 LightGBM 函数
77.     """
78.     def lgb_test(self):
79.         import lightgbm as lgb
80.         clf = lgb.LGBMClassifier(boosting_type = 'gbdt',
81.                                  objective = 'binary',
82.                                  metric = 'auc',
83.                                  learning_rate = 0.1,
84.                                  n_estimators = 24,
85.                                  max_depth = 4,
86.                                  num_leaves = 25,
87.                                  max_bin = 40,
88.                                  min_data_in_leaf = 5,
89.                                  bagging_fraction = 0.6,
90.                                  bagging_freq = 0,
91.                                  feature_fraction = 0.8,)
92.
93.         clf.fit(self.train_x,self.train_y,eval_set=[(self.train_x,self.train_y),
94.              (self.test_x,self.test_y)],eval_metric = 'auc')
95.         return clf,clf.best_score_['valid_1']['auc']
96.
97.     """
98.     调用 imblearn 中的 smote 函数
99.     """
100.    def smote(self,train_x_osvp,train_y_osvp,m=4,K=15,random_state=0):
101.        from imblearn.over_sampling import SMOTE
102.        smote = SMOTE(k_neighbors=K, kind='borderline1', m_neighbors=m,
                          n_jobs=1, out_step='deprecated',
103.                      random_state=random_state, ratio=None,
104.             svm_estimator='deprecated')
105.        rex,rey = smote.fit_resample(train_x_osvp,train_y_osvp)
106.        return rex, rey
```

该方法使用 LightGBM 模型对样本进行清洗，然后使用 SMOTE 算法对分类可信度较高的样本进行过采样，最终将采样后的新样本与旧样本合并返回给使用者。

2）调用过采样函数 imbalancedData()。

```
1. df_aff_ovsp = imbalancedData(
2.     train=train,test=evl,mmin=0.3,mmax=0.7,flag='bad_ind',
```

```
3.     lis=['index', 'uid', 'td_score', 'jxl_score', 'mj_score',
4.          'rh_score', 'zzc_score', 'zcx_score',
5.          'obs_mth']).apply_smote()
```

运行结果为：

```
badpctn: 0.5
```

3）再次使用逻辑回归模型对新生成的训练样本建模，对比之前的逻辑回归模型结果。

```
1. from sklearn.linear_model import LogisticRegression
2. from sklearn.metrics import roc_curve,auc
3.
4. lr_model = LogisticRegression(C=0.05,class_weight='balanced')
5. lr_model.fit(x,y)
6.
7. y_pred = lr_model.predict_proba(x)[:,1]
8. fpr_lr_train,tpr_lr_train,_ = roc_curve(y,y_pred)
9. train_ks = abs(fpr_lr_train - tpr_lr_train).max()
10. print('train_ks : ',train_ks)
11.
12. y_pred = lr_model.predict_proba(evl_x)[:,1]
13. fpr_lr,tpr_lr,_ = roc_curve(evl_y,y_pred)
14. evl_ks = abs(fpr_lr - tpr_lr).max()
15. print('evl_ks : ',evl_ks)
16.
17. from matplotlib import pyplot as plt
18. plt.plot(fpr_lr_train,tpr_lr_train,label = 'train LR')
19. plt.plot(fpr_lr,tpr_lr,label = 'evl LR')
20. plt.plot([0,1],[0,1],'k--')
21. plt.xlabel('False positive rate')
22. plt.ylabel('True positive rate')
23. plt.title('ROC Curve')
24. plt.legend(loc = 'best')
25. plt.show()
```

运行结果为：

```
train_ks : 0.4661647045029277
evl_ks : 0.4401642487377772
```

ROC 曲线如图 5-4 所示。

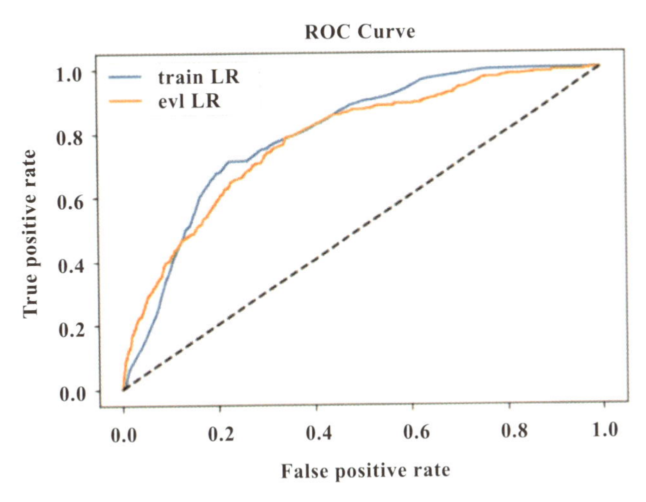

图 5-4　SMOTE 采样后的 ROC 曲线

可以看到，采样后的训练集 KS 值和时间外样本集 KS 值都有大幅度提升。最终时间外样本集上提升了 2.6%，而训练集上提升了 5%，符合预期，并且训练集和验证集的 KS 的差距没有超过 5%，过拟合的风险不是很大。

5.4　半监督学习方案

由上一节可知，SMOTE 算法所产生的新样本仍是基于样本产生的，没有为模型引入拒绝样本信息。本节介绍如何通过半监督学习（Semi-Supervised Learning）对拒绝样本进行预测，从而使模型获得更多的信息。所谓半监督学习，即让学习器不依赖于外界交互，自动利用无标签样本来提升学习性能。

传统的半监督学习可分为两类：纯半监督学习和直推式学习。

- 纯半监督学习认为，当前看到的无标签样本只是样本空间中的一小部分，未来还会有更多的无标签样本出现。其假定训练数据中的无标签样本并非待预测的数据。
- 直推式学习只尝试对学习过程中的无标签样本进行预测，学习的目的就是在这些无标签样本上获取最优泛化性能。

两种半监督学习的使用逻辑如图 5-5 所示。

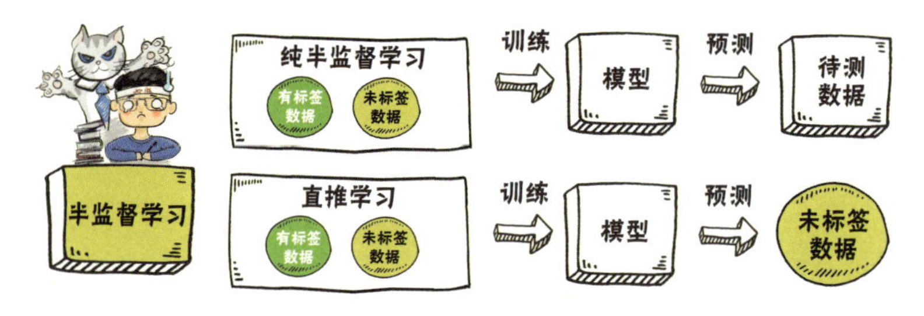

图 5-5 半监督学习

5.4.1 前提假设

半监督学习有三点假设：

- 平滑假设：特征相似的样本具有相同的标签。
- 聚类假设：同一个聚类下的样本有相同的标签。
- 流形假设：同一流形结构下的样本有相同的标签。

下面介绍两种实践效果较好的半监督学习模型：半监督支持向量机与标签传播算法。

5.4.2 S3VM

S3VM（Semi-Supervised Support Vector Machine，半监督支持向量机）的基本思想是，在不考虑无标签样本的情况下尝试寻找最大间隔划分超平面，加入无标签样本后，期望调整该超平面，使其尽可能穿过数据低密度区域。如图 5-6 所示，加号代表有标签正样本，减号代表有标签负样本，圆圈代表无标签样本。

1. TSVM 算法原理

S3VM 中最典型的算法是 TSVM（Transductive Support Vector Machine）算法。TSVM 算法尝试给无标签样本随机打标签，遍历每个样本的每一种标签的组合，然后为每一组标签分别寻找一个在总体上间隔最大化的超平面，寻得最优超平面后每个样本被标记为哪一类，其预测结果就属于哪一类。如下是 TSVM 算法的目标函数：

$$
\begin{aligned}
&\min_{w,b,y,\xi} \frac{1}{2}\| \boldsymbol{w} \|_2^2 + C_l \sum_{i=1}^{l} \xi_i + C_u \sum_{i=l+1}^{m} \xi_i, \\
&\text{满足} \quad y_i(\boldsymbol{w}^{\mathrm{T}} \boldsymbol{x}_i + b) \geqslant 1 - \xi_i, \quad i = 1,2,\cdots,l \\
&\qquad\quad \hat{y}_i(\boldsymbol{w}^{\mathrm{T}} \boldsymbol{x}_i + b) \geqslant 1 - \xi_i, \quad i = l+1, l+2,\cdots,m \\
&\qquad\quad \xi_i \geqslant 0, \quad i = 1,2,\cdots,m
\end{aligned}
\tag{5-3}
$$

其中，$(\boldsymbol{w},b)$ 是超平面的两个参数，$\xi_i(i=1,2,\cdots,l)$ 是有标签样本的松弛变量，$\xi_i(i=l+1, l+2,\cdots,m)$ 是无标签样本的松弛变量。C_l 和 C_u 是权重，如果更看重对有标签样本的区分度，应该将 C_l 设置为大于 C_u；如果希望重点关注无标签样本，则应当使 C_u 更大一些。

图 5-6　S3VM 示意图

但是遍历所有组合显然是一种低效的求解方式，TSVM 中采用局部搜索来寻找最优超平面。首先用有标签样本训练一个支持向量机，然后对无标签样本进行预测得到伪标签。接下来，分别计算每个样本到分类平面的距离：

$$
H_i = \boldsymbol{w}\boldsymbol{x}_i b \tag{5-4}
$$

接下来就可以计算出松弛变量的大小了。对于任意一组标签相反的原无标签样本，如果两个松弛变量之和大于 2，则交换两者的标签，然后重新估计最优超平面。通过不断迭代，最终可以收敛到一个对业务有明显帮助的结果。

算法过程如图 5-7 所示。

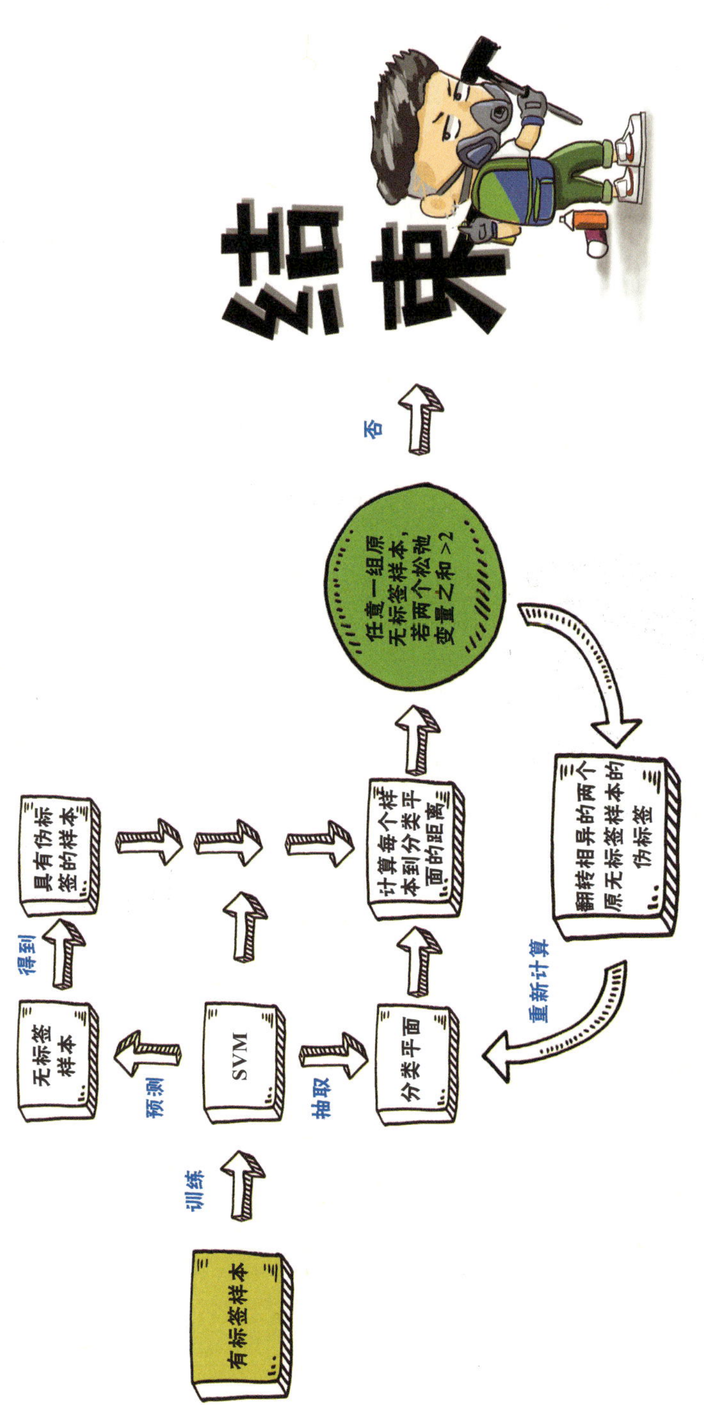

图 5-7 TSVM 算法实现流程

2. TSVM 算法实现

接下来按照图 5-7 的逻辑，实现 TSVM 算法。假设数据集中只有一个携带真实标签的正样本和一个携带真实标签的负样本，从两个样本出发，对其余样本进行半监督训练，并利用真实标签比对最终结果的准确率。

```
1. import numpy as np
2. from utils import *
3. import pandas as pd
4. import sklearn.svm as svm
5. from collections import Counter
6.
7. class TSVM(object):
8.     def __init__(self):
9.         # 分别对应有标签样本权重和无标签样本权重
10.        self.Cu = 0.001
11.        self.Cl = 1
12.    def fit(self,train_data):
13.        # 找到一个正例，一个负例
14.        pos_one = train_data[train_data[:,0] == 1][0]
15.        pos_other = train_data[train_data[:,0] == 1][1:]
16.        neg_one = train_data[train_data[:,0] == -1][0]
17.        neg_other = train_data[train_data[:,0] == -1][1:]
18.        train = np.vstack((pos_one,neg_one))
19.        # 还用于对数据进行测试
20.        self.other = np.vstack((pos_other,neg_other))
21.        # 训练一个初始的分类器，设置不均衡参数
22.        self.clf = svm.SVC(C=1.5, kernel=self.kernel)
23.        self.clf.fit(train[:,1:],train[:,0])
24.        pred_y = self.clf.predict(self.other[:,1:])
25.
26.        X = np.vstack((train,self.other))
27.        # 将预测结果放到逻辑回归中进行训练
28.        y = np.vstack((train[:,0].reshape(-1,1), pred_y.reshape(-1,1)))[:,0]
29.        self.w = np.ones(train_data.shape[0])
30.        self.w[len(train):] = self.Cu
31.        while self.Cu < self.Cl:
32.            print(X.shape,y.shape,self.w.shape)
33.            self.clf.fit(X[:,1:],y,sample_weight = self.w)
34.            while True:
35.                # 返回的是带符号的距离
36.                dist = self.clf.decision_function(X[:,1:])
37.                xi = 1 - y * dist
38.                # 取出预判为正例和负例的id
```

```
39.                     xi_posi, xi_negi = np.where(y[2:]>0), np.where(y[2:]<0)
40.                     xi_pos, xi_neg = xi[xi_posi], i[xi_negi]
41.                     xi_pos_maxi = np.argmax(xi_pos)
42.                     xi_neg_maxi = np.argmax(xi_neg)
43.                     xi_pos_max = xi_pos[xi_pos_maxi]
44.                     xi neg max = xi_neq[xi_neq_maxi]
45.                     # 不断地将两个距离最大的点进行交换
46.                     # 交换策略：两个点中至少有一个误分类
47.                     if xi_pos_max >0 and xi_neg_max > 0 \
                            and (xi_pos_max + xi_neg_max) > 2:
48.                         # 交换类别
49.                         y[xi_pos_maxi], y[xi_neg_maxi] = y[xi_neg_maxi],
                                                              y[xi_pos_maxi]
50.                         self.clf.fit(X[:,1:], y, sample_weight = self.w)
51.                     else:
52.                         break
53.                 self.Cu = min(2 * self.Cu, self.Cl)
54.                 # 交换权重
55.                 self.w[len(train):] = self.Cu
56.     def predict(self):
57.         pred_y = self.clf.predict(self.other[:,1:])
58.         return 1 - np.mean(pred_y == self.other[:,0])
```

由于数据敏感，此处的数据集不便于分享。读者可修改部分样本标签为无标记，对数据集进行测试，然后根据样本的真实标记计算准确率。

```
1. tsvm = TSVM()
2. tsvm.fit(X_same)
3. tsvm.predict()
```

运行结果为：

```
train.shape: (2, 12)
self.other.shape: (2714, 12)
(2716, 12) (2716,) (2716,)
(2716, 12) (2716,) (2716,)
(2716, 12) (2716,) (2716,)
(2716, 12) (2716,) (2716,)
(2716, 12) (2716,) (2716,)
(2716, 12) (2716,) (2716,)
(2716, 12) (2716,) (2716,)
```

```
(2716, 12) (2716,) (2716,)
(2716, 12) (2716,) (2716,)
(2716, 12) (2716,) (2716,)
```

准确率为：

```
0.49900170745589
```

在实际应用中，可以对被模型拒绝的样本随机打标签，然后通过 TSVM 算法将其迭代至模型收敛，以此扩充负样本集。为新样本添加训练的过程较为简单，本节不再演示。

此外，由于 TSVM 算法的时间复杂度依赖于样本量，实际使用中需要再多加权衡。变量不宜过多，通常（至多）选择线性模型中权重最大的前 10 个变量作为特征，进行半监督训练。与监督学习不同，随着变量的增多，半监督模型效果通常不会有显著变化，反而会为决策过程引入更多的噪声，引起模型的稳定性问题。

5.4.3 LP

标签传播算法（Label Propagation，LP）是一种基于图的半监督学习方式，常用于信用模型中的负样本衍生，在欺诈检测中经常作为一种社区发现算法用于识别团伙欺诈。如果读者对图的基本概念不甚理解，可以先阅读 8.1 节，系统了解图相关的基础知识。

1. 算法原理与流程

LP 的核心思想非常简单，就是半监督学习三大假设之一的平滑假设，即相似的样本具有相同的标签。LP 算法包括两个步骤：1）构造相似矩阵；2）通过相似度进行传播。

LP 算法是基于图的，因此需要先构建一个图。图的节点就是一个数据点，包含有标签的和无标签的两种数据。节点 i 和节点 j 的边表示它们的相似度。图的构建方法有很多，这里假设这个图是全连接的，节点 i 和节点 j 的边权重为：

$$w_{ij} = \exp\left(-\frac{\| x_i - x_j \|^2}{\alpha^2}\right) \tag{5-5}$$

其中，α 是可调节的超参数。α 越大，权重越小。

通过节点之间的边传播标签，边的权重越大，表示两个节点越相似，那么标签越容易传播过去。定义一个 $N \times N$ 的概率转移矩阵：

$$\boldsymbol{P}_{ij} = \boldsymbol{P}(i \to j) = \frac{w_{ij}}{\sum_{k=1}^{n} w_{ik}} \tag{5-6}$$

$\boldsymbol{P}_{ij}$ 表示从节点 i 转移到节点 j 的概率。假设有 C 个类和 L 个有标签样本，定义一个 $L \times C$ 的标签矩阵 **YL**，第 i 行表示第 i 个样本的标签指示向量，即如果第 i 个样本的类别是 j，那么该行的第 j 个元素为 1，其他为 0。

同样，也给 U 个无标签样本一个 $U \times C$ 的标签矩阵 **YU**。把它们合并，得到一个 $N \times C$ 的非互斥矩阵 $\boldsymbol{F}$ = [**YL**, **YU**]。这里“非互斥”的意思是，保留样本 i 属于每个类别的概率。互斥则意味着一个样本只能以概率 1 为标记属于某一类。当然，最后确定这个样本 i 的类别时，是取概率最大的那个类作为它的类别的。而 $\boldsymbol{F}$ 中的 **YU** 需要随机初始化一个值。

注意 **YL** 其实是已知的，所以尝试将其从迭代过程中剔除。将矩阵 $\boldsymbol{P}$ 进行分解：

$$\boldsymbol{P} = \begin{bmatrix} \boldsymbol{P}_{LL} & \boldsymbol{P}_{LU} \\ \boldsymbol{P}_{UL} & \boldsymbol{P}_{UU} \end{bmatrix} \tag{5-7}$$

接下来只需一直迭代上述步骤，直到收敛：

$$\boldsymbol{F}_U \leftarrow \boldsymbol{P}_{UU} \boldsymbol{F}_U + \boldsymbol{P}_{UL} \boldsymbol{Y}_L \tag{5-8}$$

可以看出，$\boldsymbol{F}_U$ 不仅取决于有标签样本的转移概率及标签情况，同时也受到无标签样本的当前标签及转移概率的影响。可以通过公式直接求得：

$$\boldsymbol{F}_U = (\boldsymbol{I} - \boldsymbol{P}_{UU})^{-1} \boldsymbol{P}_{UL} \boldsymbol{Y}_L \tag{5-9}$$

2. LP 算法实践

由于 sklearn 包中已经集成 LP 算法，本节不介绍 LP 算法的实现，而是通过一个例子来介绍基于 sklearn 包的 LP 算法应用。本节首先自动生成 200 个弧形分布的数据点，然后指定其中两个点的标签。使用 LP 算法根据有标签样本在样本空间的位置进行标签传递，最终使得每个样本都具有标签。

```
1. import numpy as np
2. import matplotlib.pyplot as plt
3. from sklearn.semi_supervised import label_propagation
4. from sklearn.datasets import make_moons
5.
6. # 生成弧形数据
7. n_samples = 200
8. X, y = make_moons(n_samples, noise=0.04, random_state=0)
9. outer, inner = 0, 1
10. labels = np.full(n_samples, -1.)
11. labels[0] = outer
12. labels[-1] = inner
13. # 使用 LP 算法实现标签传递
14. label_spread = label_propagation.LabelSpreading(kernel='rbf', alpha=0.8)
15. label_spread.fit(X, labels)
16.
17. # 输出标签
18. output_labels = label_spread.transduction_
19. plt.figure(figsize=(8.5, 4))
20. plt.subplot(1, 2, 1)
21. plt.scatter(X[labels == outer, 0], X[labels == outer, 1],
22.     color='navy', marker='s', lw=0, label="outer labeled", s=10)
23. plt.scatter(X[labels == inner, 0], X[labels == inner, 1], color='c',
24.             marker='s', lw=0, label='inner labeled', s=10)
25. plt.scatter(X[labels == -1, 0], X[labels == -1, 1],
26.             color='darkorange', marker='.', label='unlabeled')
27. plt.legend(scatterpoints=1, shadow=False, loc='upper right')
28. plt.title("Raw data (2 classes=outer and inner)")
29.
30. plt.subplot(1, 2, 2)
31. output_label_array = np.asarray(output_labels)
32. outer_numbers = np.where(output_label_array == outer)[0]
33. inner_numbers = np.where(output_label_array == inner)[0]
34. plt.scatter(X[outer_numbers, 0], X[outer_numbers, 1], color='navy',
35.             marker='s', lw=0, s=10, label="outer learned")
36. plt.scatter(X[inner_numbers, 0], X[inner_numbers, 1], color='c',
```

```
37.               marker='s', lw=0, s=10, label="inner learned")
38. plt.legend(scatterpoints=1, shadow=False, loc='upper right')
39. plt.title("Labels learned with Label Spreading (KNN)")
40.
41. plt.subplots_adjust(left=0.07, bottom=0.07, right=0.9, top=0.92)
42. plt.show()
```

输出结果如图 5-8 所示。

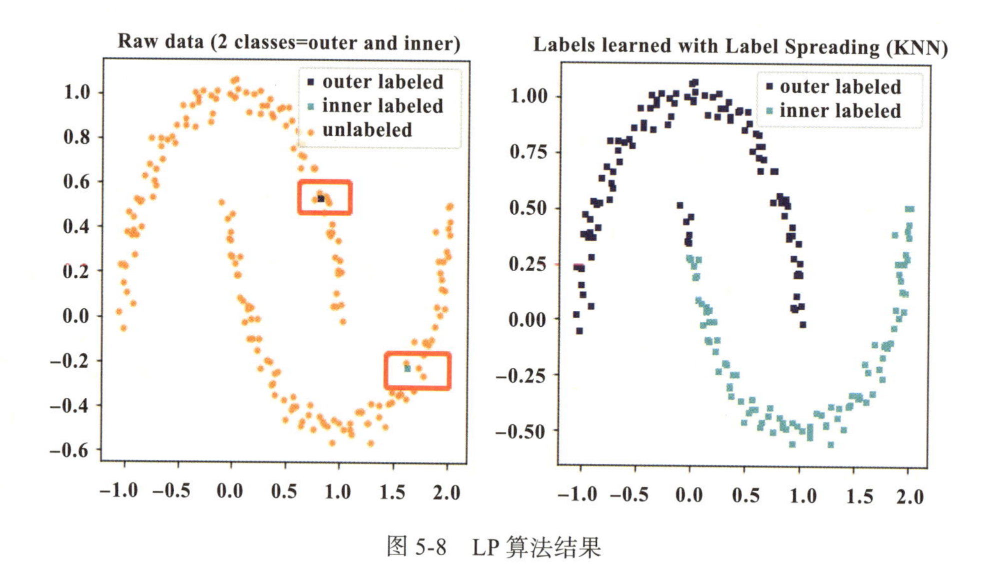

图 5-8　LP 算法结果

图 5-8 左图为原始数据分布，橘黄色的点代表着无标签样本，深蓝色的点为负样本，浅蓝色的点为正样本。图 5-8 右图为标签传递的结果。可以看出，LP 算法基于图的相似矩阵传播，从两个有标签样本出发，为大量无标签样本添加伪标签。在实际应用中，可以利用 LP 算法将负样本的标签通过相似度传播给无标签样本，然后再将新的负样本带入监督模型进行训练，得到最终模型。

5.5 本章小结

本章介绍了 3 类解决样本不均衡问题的方法。代价敏感加权的实现较为简单，使用最为广泛；SMOTE 算法对样本和特征有一定要求，需要先进行样本和特征清洗，再进行过采样；而半监督学习需要有一定的无标签样本作为扩充基础，泛化能力更强，但模型本身的精度未必能得以保证。半监督学习也可以用来解决幸存者偏差问题，具体做法与其解决不均衡问题的过程相同。

半监督学习是从无标签样本中将负样本召回。相比于过采样算法，半监督学习得到的样本泛化能力更强。但半监督学习模型自身的准确率并不好验证，有时可能会找回很多标签错误的样本，因此需要结合多种方法，以降低模型的不稳定性。鉴于很难直接对两种方法进行比较，建议读者基于实际场景，首先使用代价敏感加权的方法，然后组合使用两种样本衍生方法。

第 6 章　异常检测

异常检测（Outlier Detection，OD），又称为离群点检测，是找出行为与预期行为差异较大的对象的检测过程。这些被检测出的对象被称为异常点（outlier）或者离群点。异常检测在生产生活中有着广泛应用，如结构缺陷检测、医疗疾病发现、文本错误纠正等。异常点是一个数据对象，它明显不同于其他的数据对象。在所有这些应用中，数据都有一个标准的分布，如果数据偏离了这个标准，则认为它是异常的。

异常检测在风控领域的应用非常广泛，主要包括建模前的样本清洗、个体欺诈检测模型、PreA 预筛选模型和冷启动模型等。如刷单、作弊等难以直接通过标签验证的场景，初期常基于专家经验挑选特征，并通过异常检测模型进行欺诈识别，以在保障平台权益的前提下进行数据积累。

需要注意的是，很多平台使用异常检测冷方法构建启动模型，本质上这依然是一种欺诈检测模型。由于没有有标签数据用于分析，通常难以将欺诈风险与信用风险分开建模处置。因此通过专家经验挑选合适的特征，建模得到集欺诈与信用评分功能于一体的冷启动模型。

第 3 章中讲到的迁移学习冷启动模型很大程度上依赖于可迁移源域数据。然而实际应用中，迁移学习对其源域数据有着严格的要求，必须满足一定程度上的相似性。通常情况下，基于时间跨度的迁移学习效果远远好于跨越场景的迁移学习模型，且迁移学习要求邻域相似的数据，相互之间可以共享特征。实际业务中，该条件也不一定能得到保证。因此无监督作为一种对数据信息要求较低的模型，在很多情况下有直接应用。

6.1　离群点与欺诈检测

离群点是指样本空间中，分布远离其余样本的点的集合。通常认为样本集由真实数据和噪声组成。离群点是和大部分观测量之间有明显不同的观测值，属于样本集中的一部分，它既有可能是由真实数据产生的，也有可能是由噪声带来的。噪声被定义为被测量变量的随机误差或方差。而离群点的定义是数据集中偏离整体数据集趋势的那些对象。

噪声普遍被认为是正常数据和异常数据的边界，可以视为一种离群点，但未必能达到异常的标准。大多异常检测算法需要指定量化指标，来度量样本点的离群程度。通常情况下，异常的离群程度是大于噪声的，然而在实际应用中，两者并不容易区分。

第 1 章提到，风控主要依托于两种技术手段：一种是信用评分，另一种是欺诈检测。由于欺诈样本在真实场景中占比极少，正负样本比可以达到 100 000 : 1，因此很多情况下无法进行监督训练。即使通过第 5 章中介绍的 SMOTE 算法或半监督学习对负样本进行扩充，仍然存在问题。因为欺诈的手段在不停变化，通过历史欺诈样本学习得到的模型在应对新的欺诈手法时，很难起到识别作用。因此需要使用其他模型对欺诈样本的特殊性质进行学习。

欺诈检测可以细分为个体欺诈检测与团伙欺诈检测。其中个体欺诈具有占比极小、与整体显著不同的特点，这与离群点的性质相同，因此常将异常检测技术用于个体欺诈检测。在实践中，配合相关的业务经验，可以达到较好的效果。团伙欺诈检测的中心思想为团伙发现，在金融领域，聚集就意味着风险，因此通常使用基于图的社区发现算法进行团伙欺诈检测，相关内容将在第 8 章具体介绍。

6.2 z-score 检验

z-score（z 分数），也叫标准分数（standard score）。计算 z-score，就是计算一个数与其所在数组的平均数的差除以标准差的过程。z-score 的提出是为了回答一个问题，即“对于给定分数，其距离当前群体的平均数多少个标准差”。通常使用 z-score 描述样本偏离正态分布的程度，而这一过程称为 z-score 检验。

z-score 检验假设样本服从正态分布，其过程简单且直接。首先计算正态分布中的参数——均值 μ 和方差 σ，得到当前样本所属正态分布的表达式，然后分别计算每个样本在这个概率密度函数下被生成的概率。当概率小于某一阈值时，认为样本不属于这个正态分布，并将其定义为异常值。

μ 和 σ 的计算公式如下：

$$\mu=\frac{1}{m}\sum_{i=0}^{m}x^{(i)} \tag{6-1}$$

$$\sigma^2=\frac{1}{m}\sum_{i=1}^{m}(x^{(i)}-\mu)^2 \tag{6-2}$$

一旦获得了均值和方差的估计值，给定一个新的训练实例，就可以根据模型计算 $p(x)$：

$$p(x)=\prod_{j=1}^{n}p(x_j;\mu_j,\sigma_j^2)=\prod_{j=1}^{n}\frac{1}{\sqrt{2\pi\sigma}}\exp\left(-\frac{(x-\mu)^2}{2\sigma^2}\right) \tag{6-3}$$

通常在应用中，会预先给定一个域值 ε。当 $p(x)<\varepsilon$ 时，数据为异常。

z-score 检验有个明显的缺点，它需要假设样本满足正态分布。然而大部分实际场景的数据都不满足正态分布的假设条件。为此，本书介绍两种在实践中效果更好的异常检测方法。

6.3 LOF 异常检测法

局部异常因子（Local Outlier Factor，LOF）是一种基于密度的异常检测方法。在 LOF 算法出现之前，异常检测算法大多是基于统计的，或者借用了一些聚类算法用于异常点的识别。基于统计的异常检测算法通常需要假设数据服从特定的概率分布，但这个假设往往是不成立的。而聚类的方法并不能很好地输出异常分数。与二者相比，LOF 算法更简单、直观。

6.3.1 原理与算法流程

LOF 算法创造了一种刻画的数据密度方法——局部可达密度，并通过它度量样本的异常程度。为让读者对 LOF 算法有更清晰的认知，这里先介绍 LOF 算法的实现流程，稍后再具体介绍局部可达密度的含义。读者可以暂时将局部可达密度视为一种异常度量方法。

1. 算法流程

LOF 算法将每一个样本到其 k 近邻样本的距离量化为一种密度的概念，称为局部可达密度。在该算法中，需要确定近邻样本个数 k，然后根据相应公式得到异常分数。考虑到样本之间可能有重复，且重复样本之间的距离为 0，会造成计算中的不便，因此会在流程的最初对样本空间去重。

LOF 算法的实现流程如下：

1）首先对样本空间进行去重，分别计算每一个样本到样本空间内其余点的距离。

2）将步骤 1 中的距离升序排列。

3）指定近邻样本个数 k，对于每个样本点，寻找其 k 近邻样本，然后计算 LOF 分数，作为异常分数。这种异常分数是由局部可达密度计算得到的。

2. 原理

接下来通过 6 个概念来逐步理解 LOF 算法中的异常度计算方法。

1）两点距离。

样本点 p 与点 o 之间的直接距离定义为 $d(p,o)$。

2）k- 近邻距离（k-distance）。

在距离样本点 p 最近的 n 个点中（$n<k$），第 k 个最近点跟点 p 之间的距离称为点 p 的 k- 近邻距离，记为 k-distance(p)。注意，最近的 k 个点中是不包含重复点的。

3）k- 近邻。

样本点 p 的 k- 近邻 $N_k(p)$，表示和样本点 p 的距离小于等于 k-distance(p) 的样本点。

$N_k(p)$中没有重复样本点。

4）可达距离（reachability distance）。

可达距离的公式为：

$$\text{reach\_dist}_k(p,o)=\max\{k\text{-distance}(o),\mathrm{d}(p,o)\} \quad (6\text{-}4)$$

其中，参数 k 表示当前计算使用的近邻个数。该公式的含义为：样本点 p 到样本点 o 的可达距离 reach_dist(p,o)，为样本点 o 的 k- 近邻距离和样本点 p 与点 o 之间的直接距离 $d(p,o)$ 二者中较大的值。

5）局部可达密度（local reachability density）。

局部可达密度的公式为：

$$\mathrm{lrd}_k(p)=\frac{1}{\dfrac{\sum\limits_{o\in N_k(p)}\text{reach-dist}_k(p,o)}{|N_k(p)|}} \quad (6\text{-}5)$$

该公式的含义为：样本点 p 的局部可达密度 $\mathrm{lrd}_k(p)$，为样本点 p 与其 k- 近邻的平均可达距离 $\dfrac{\sum\limits_{o\in N_k(p)}\text{reach-dist}_k(p,o)}{|N_k(p)|}$ 的倒数。

根据局部可达密度的定义，如果一个样本点在样本空间中，且距离其他样本点比较远的话，它的局部可达密度就比较小。但直接计算绝对密度是不合理的，因为数据分布不均匀、密度不同，可能导致一些虽然稠密但相对稀疏的点被视为异常。因此计算样本点 p 与点 p 的 k- 近邻的相对密度，从而引出了局部异常因子的概念。

6）局部异常因子。

局部异常因子定义为：

$$\mathrm{LOF}_k(p)=\frac{\sum\limits_{o\in N_k(p)}\dfrac{\mathrm{lrd}(o)}{\mathrm{lrd}(p)}}{|N_k(p)|}=\frac{\dfrac{\sum\limits_{o\in N_k(p)}\mathrm{lrd}(o)}{|N_k(p)|}}{\mathrm{lrd}(p)} \quad (6\text{-}6)$$

公式的含义为：样本点 p 的局部相对密度（局部异常因子）$\mathrm{LOF}_k(p)$，为样本点 p 的 k- 近邻的平均局部可达密度 $\dfrac{\sum\limits_{o\in N_k(p)}\mathrm{lrd}(o)}{|N_k(p)|}$ 与样本点 p 的局部可达密度 $\mathrm{lrd}(p)$ 的比值。从

式（6-6）可以看出，样本点 p 的局部可达密度相比于其 k- 近邻的平均局部可达密度越小，其异常程度越大。

6.3.2　LOF 样本清洗方案

回顾一下 2.7.1 节逻辑回归评分卡的案例，当时训练的模型表现如下：

```
训练集 KS 值 (train_ks): 0.4482453222991063
时间外样本集 KS 值 (val_ks): 0.4198642457760936
```

ROC 曲线如图 6-1 所示。

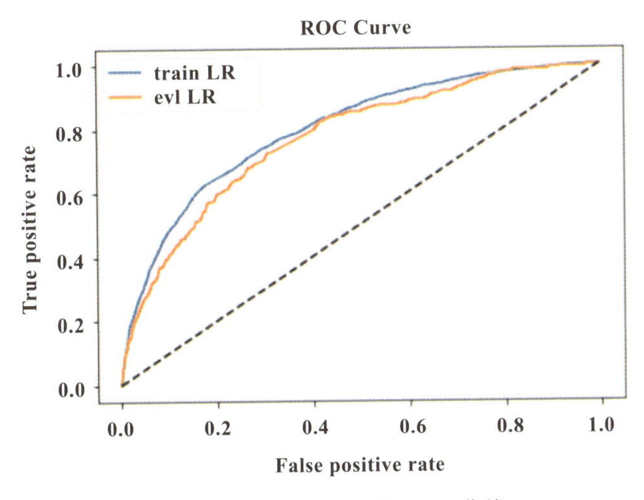

图 6-1　原始逻辑回归的 ROC 曲线

接下来通过异常检测方法，对监督学习模型的样本进行筛选，去掉离群样本，从而提高模型的学习能力。下面对样本训练集进行清洗，然后重新建模。

【例 6-1】LOF 清洗样本后建模。

使用 LOF 模型在训练集上进行学习，将异常分超过 0.7 的样本从训练集中删除，然后重新训练模型。

```
1. from pyod.models.lof import LOF
2.
3.  # 训练异常检测模型，然后输出训练集样本的异常分
```

```
4.  clf = LOF(n_neighbors=20, algorithm='auto', leaf_size=30,
5.            metric='minkowski', p=2,metric_params=None,
6.            contamination=0.1, n_jobs=1)
7.  clf.fit(x)
8.
9.  # 异常分
10. out_pred = clf.predict_proba(x,method ='linear')[:,1]
11. train['out_pred'] = out_pred
12.
13. # 异常分在0.9百分位以下的样本删掉
14. key = train['out_pred'].quantile(0.9)
15.
16. x = train[train.out_pred<key][feature_lst]
17. y = train[train.out_pred<key]['bad_ind']
18.
19. val_x = val[feature_lst]
20. val_y = val['bad_ind']
21.
22. # 重新训练模型
23. lr_model = LogisticRegression(C=0.1,class_weight='balanced')
24. lr_model.fit(x,y)
25. y_pred = lr_model.predict_proba(x)[:,1]
26. fpr_lr_train,tpr_lr_train,_ = roc_curve(y,y_pred)
27. train_ks = abs(fpr_lr_train - tpr_lr_train).max()
28. print('train_ks : ',train_ks)
29.
30. y_pred = lr_model.predict_proba(val_x)[:,1]
31. fpr_lr,tpr_lr,_ = roc_curve(val_y,y_pred)
32. val_ks = abs(fpr_lr - tpr_lr).max()
33. print('val_ks : ',val_ks)
34.
35. from matplotlib import pyplot as plt
36. plt.plot(fpr_lr_train,tpr_lr_train,label = 'train LR')
37. plt.plot(fpr_lr,tpr_lr,label = 'evl LR')
38. plt.plot([0,1],[0,1],'k--')
39. plt.xlabel('False positive rate')
40. plt.ylabel('True positive rate')
41. plt.title('ROC Curve')
42. plt.legend(loc = 'best')
43. plt.show()
```

模型输出为：

```
train_ks : 0.43969648739510075
val_ks : 0.4201648956318284
```

样本清洗后的ROC曲线如图6-2所示。

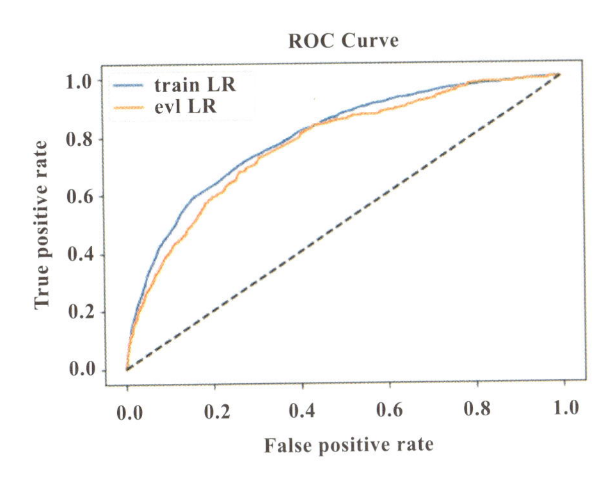

图 6-2　样本清洗后的 ROC 曲线

可以看到模型效果有所提升，并且过拟合的倾向也稍微减轻。因此，在建模前，可以先使用 LOF 算法将样本中的离群点过滤掉。需要注意的是，样本清洗并不局限于使用 LOF 算法，下一节介绍的全局异常检测方法同样可以用于样本清洗。

6.4 IF 异常检测法

孤立森林（Isolation Forest，IF）是一种基于空间随机划分思想的集成算法，由多棵二叉树并行得到，再将输出结果进行加权平均。在传统的二叉树中，每一层的分化是基于均方差最小化对特征和特征值进行选择，不断迭代从而得到最终的决策树。在 IF 的每棵孤立树（iTree）中，特征及特征值的选择是完全从数据中随机选取的。

6.4.1 原理与算法流程

用一个二维空间的例子来介绍一下每一棵孤立树的生成过程。

图 6-3 所示是一个二维空间，每个坐标轴代表一个特征。图 a 中的浅绿色点 X_i 代表正常样本，图 b 中的深绿色点 X_0 代表离群点。

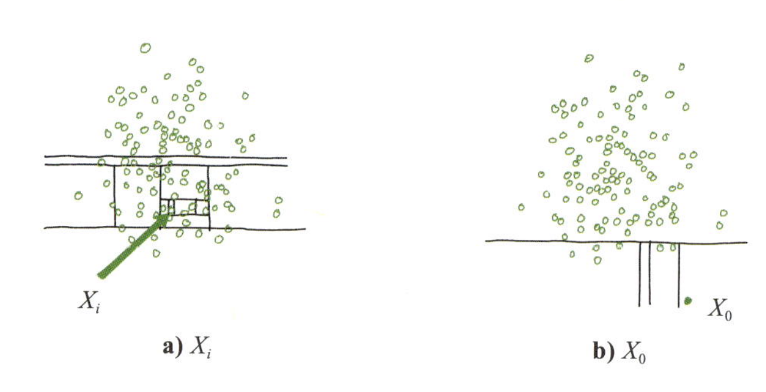

a) X_i　　b) X_0

图 6-3　IF 示意图

分别沿着两个坐标轴随机选择切分空间的直线，点 X_0 先于点 X_i 被孤立出来的概率远大于点 X_i 先于点 X_0 被孤立出来的概率。这就是每一棵孤立树的基本思想。但是由于单棵树有一定的偶然性，所以通过多棵孤立树组合，增强模型的稳定性。这就是最终的 IF 模型。

1. 算法流程

IF 的计算过程可以概括为：

1）从样本空间中随机选择一部分样本，从特征空间随机选择一个特征，即行列采样；

2）在现有特征维度上随机选取一个特征值作为划分节点，即阈值；

3）分化决策树，左枝放入小于等于该阈值的样本，右枝放入大于该阈值的样本；

4）重复上述过程，直到数据不再可分（比如当前叶节点所有样本的所有特征维度上的取值都相同），或者当前树的分化达到了开始设定的二叉树深度。

2. 算法原理

了解了 IF 算法的分化流程，接下来分别介绍 IF 中异常度计算所涉及的 3 个公式。

1）路径长度。

样本 x_i 在当前有 T 个样本的孤立树上的路径长度 $h(x_i)$ 的计算公式为：

$$h(x_i)=e_i+C(T) \tag{6-7}$$

其中，e_i 代表样本 x_i 从一棵孤立树的根部游走到当前节点的边的个数，$C(T)$ 是一个偏置项。

2）平均路长。

偏置项 $C(T)$ 的计算公式如下：

$$C(n)=2H(n-1)-\frac{2(n-1)}{n} \tag{6-8}$$

其中，n 是当前决策树根节点中的样本数，$H(k)=\ln(k)+\varepsilon$，$\varepsilon=0.577\,215\,664\,9$，为欧拉常数。偏置项 $C(T)$ 表示使用 T 个样本训练的二叉树的平均路长。

3）异常分。

明确了路径长度和平均路长的定义后，IF 的异常分可定义为：

$$\text{Score}(x_i)=2^{-\frac{E(h(x_i))}{C(\varphi)}} \tag{6-9}$$

其中，$E(h(x_i))$ 表示 x_i 在所有孤立树上的路径长度的均值，φ 表示一棵孤立树上训练样本的个数，$C(\varphi)$ 表示用 φ 个样本训练的二叉树的平均路径长度，作为归一化项。

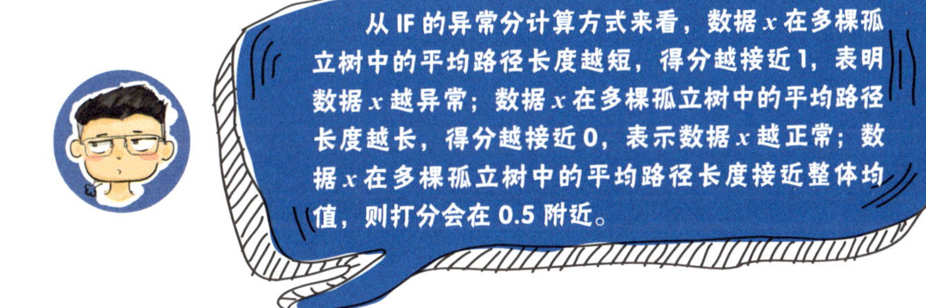

6.4.2 PreA 模型与冷启动

PreA 模型指在申请评分卡之前，设置一张根据免费数据进行粗筛选的评分卡。由于贷款用户首次申请贷款业务时，贷款平台通常需要查询外部收费数据，如征信数据等，从而更好地评估用户信用情况。如果查询一名贷款用户的征信数据后，该用户被申请评分卡拒绝了，这一部分资金就被浪费掉了，所以很多贷款平台会使用一些免费数据对用户进行初步筛选。通常需要模型可以拒绝很少量的客群，并且其中大部分都是负样本。下面使用异常分数作为 PreA 模型的评分，使用 0.7 分作为正负样本的分割阈值。

再次使用 2.7.1 节中逻辑回归评分卡案例中的数据。

1. 使用 IF 模型建立贷前粗筛选的 PreA 模型

使用 IF 模型在训练集上拟合。将异常分数大于 0.7 的样本标记为负样本，对新的标记做聚合，观察拒绝样本中的负样本占比，代码如下。

```
1. from pyod.models.iforest import IForest
2.
3. clf = IForest(behaviour='new', bootstrap=False, contamination=0.1,
4.               max_features=1.0, max_samples='auto', n_estimators=500,
5.               n_jobs=-1, random_state=None, verbose=0)
6. clf.fit(x)
7. out_pred = clf.predict_proba(x,method='linear')[:,1]
8. train['out_pred'] = out_pred
9. train['for_pred'] = np.where(train.out_pred>0.7,'负样本占比','正样本占比')
10. dic = dict(train.groupby(train.for_pred).bad_ind.agg(np.sum)/ \
11.           train.bad_ind.groupby(train.for_pred).count())
12. pd.DataFrame(dic,index=[0])
```

运行结果如图 6-4 所示。

	正样本占比	负样本占比
0	0.016223	0.124767

图 6-4 PreA 模型的正负样本占比

可以看到，被拒绝的用户负样本占比高达 12.5%，远大于原始数据中的 2%。因此，可以先使用部分数据训练无监督异常检测模型，将明显的离群用户过滤掉，以减少查询外部数据的开销。

此外，异常检测在不能部署监督学习的场景下也有一定作用。例如在第 3 章的项目冷启动中，如果没有可迁移的源域数据，可以尝试使用异常检测方法部署模型。

2. 使用 IF 制作无监督版申请评分卡

直接使用 IF 在原始数据上训练，计算无监督模型的 KS 值并画出 ROC 曲线，代码如下。

```
1. clf = IForest(behaviour='new', bootstrap=False, contamination=0.1,
2.               max_features=1.0, max_samples='auto', n_estimators=500,
3.               n_jobs=-1, random_state=None,verbose=0)
4. clf.fit(x)
5. y_pred = clf.predict_proba(x,method='linear')[:,1]
6. fpr_lr_train,tpr_lr_train,_ = roc_curve(y,y_pred)
```

```
7. train_ks = abs(fpr_lr_train - tpr_lr_train).max()
8. print('train_ks : ',train_ks)
9. y_pred = clf.predict_proba(val_x,method ='linear')[:,1]
10. fpr_lr,tpr_lr,_ = roc_curve(val_y,y_pred)
11. val_ks = abs(fpr_lr - tpr_lr).max()
12. print('val_ks : ',val_ks)
13. from matplotlib import pyplot as plt
14. plt.plot(fpr_lr_train,tpr_lr_train,label = 'train LR')
15. plt.plot(fpr_lr,tpr_lr,label = 'evl LR')
16. plt.plot([0,1],[0,1],'k--')
17. plt.xlabel('False positive rate')
18. plt.ylabel('True positive rate')
19. plt.title('ROC Curve')
20. plt.legend(loc = 'best')
21. plt.show()
```

模型输出为：

```
train_ks : 0.3302166460813136
val_ks : 0.3233653844655018
```

ROC 曲线如图 6-5 所示。

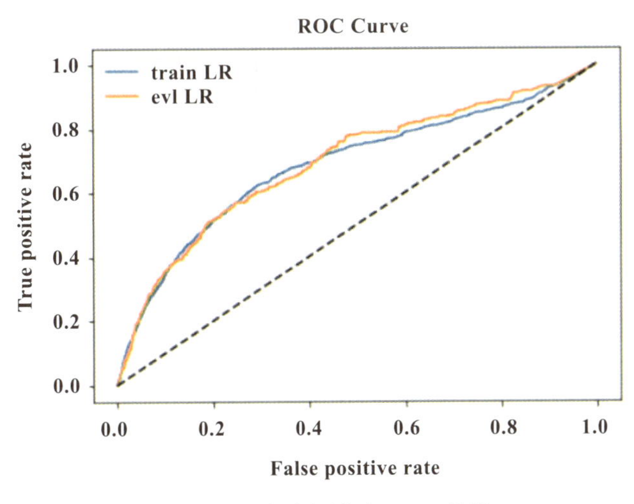

图 6-5　IF 版本评分卡 ROC 曲线

可以看到，KS 和 ROC 曲线的表现明显不如监督训练的评分卡，但是在完全没有标签的数据集上，相比于专家模型或其他冷启动策略，效果已经非常好了。因此在项目冷启动的过程中，也可以根据经验挑选一些有区分度的特征，使用异常检测模型进行无监督训练，得到集欺诈检测与信用评级功能于一体的冷启动模型。

6.5 本章小结

本章介绍了 3 种异常检测算法，以及其中两种实践较好的方法在数据清洗、冷启动和欺诈检测中的应用。无监督模型的建模难点并不在于模型，而在于特征的选取。由于没有标签，特征的构造并不能通过数据分析手段进行，因此通常需要结合领域知识进行精准地特征构造。

第 7 章　模型优化

为了在信用评分模型中取得较好的表现，通常要经历数据清洗、特征工程、模型组合三个步骤。第 2 章和第 6 章分别介绍了一些特征工程和数据清洗的方法。模型组合是指根据不同的数据或模型特点选择合适的模型进行融合，从而直接或间接提升模型在未来样本上的表现。本章介绍几种业内较为成熟的模型融合方案，以及针对不同数据进行模型选择的思路与案例，希望能对读者有一定的启发。

7.1　多损失函数分段预测

在同一个模型中，不同的损失函数优化的目标不同。本节介绍一种基于多损失函数的模型融合方法。使用不同损失函数分别训练得到多个模型，用于在不同的样本集上进行预测，以达到取长补短的目的。这种融合方法被称为“后融合”，即将多个训练得到的模型最终结果进行加权平均或分段预测。

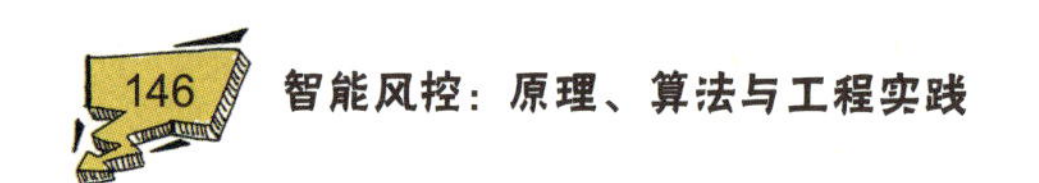

7.1.1 两种损失函数

首先介绍两种损失函数。

1）平均绝对差值（Mean Absolute Error，MAE），指绝对误差的平均值，通常用来衡量模型预测结果对标准结果的接近程度，能更好地反映预测值误差的实际情况。计算方法如下：

$$\text{MAE}=\frac{1}{n}\sum_{i=1}^{n}|\text{pred}_i-y_i| \qquad (7\text{-}1)$$

其中，pred_i 为预测样本，y_i 为真实样本。MAE 的值越小，说明预测数据与真实数据越接近。

2）均方误差（Mean Squared Error，MSE），指参数估计值与参数真值之差平方的期望值。计算方法如下：

$$\text{MSE}=\frac{1}{n}\sum_{i=1}^{n}(\text{pred}_i-y_i)^2 \qquad (7\text{-}2)$$

由于 MSE 损失函数能够加大对异常值的惩罚，在高分段（如 750 分以上）和低分段（如 500 分以下）能获得更好的表现，而使用 MAE 的模型在中分段能获得更好的表现，因此可以结合使用以 MSE 为损失函数的模型和以 MAE 为损失函数的模型，分段进行预测，以得到更好的模型效果。

7.1.2 融合流程

由于 LightGBM 模型内嵌了多种损失函数，本方案使用 LightGBM 模型进行建模。

1. 为 LightGBM 模型分别指定两组参数

一组参数为使用 MAE 损失函数时，最佳的调参结果所对应的参数。另一组参数为使用 MSE 损失函数时，最佳的调参结果所对应的参数。具体实现代码如下。

```
1. from sklearn.metrics import accuracy_score
2. import lightgbm as lgb
```

```
3.
4. # 'regression_l1' 等价于 MAE 损失函数
5. lgb_param_l1 = {
6.     'learning_rate': 0.01,
7.     'boosting_type': 'gbdt',
8.     'objective': 'regression_l1',
9.     'min_child_samples': 46,
10.    'min_child_weight': 0.02,
11.    'feature_fraction': 0.6,
12.    'bagging_fraction': 0.8,
13.    'bagging_freq': 2,
14.    'num_leaves': 31,
15.    'max_depth': 5,
16.    'lambda_l2': 1,
17.    'lambda_l1': 0,
18.    'n_jobs': -1,
19. }
20.
21. # 'regression_l2' 等价于 MSE 损失函数
22. lgb_param_l2 = {
23.    'learning_rate': 0.01,
24.    'boosting_type': 'gbdt',
25.    'objective': 'regression_l2',
26.    'feature_fraction': 0.7,
27.    'bagging_fraction': 0.7,
28.    'bagging_freq': 2,
29.    'num_leaves': 52,
30.    'max_depth': 5,
31.    'lambda_l2': 1,
32.    'lambda_l1': 0,
33.    'n_jobs': -1,
34. }
```

2. 分别用两组参数训练 LightGBM 模型

具体代码如下。

```
1. # 第一种参数预测
2. clf1 = lgb.LGBMRegressor(**lgb_params1)
3. clf1.fit(X_train,y_train,eval_set=[(X_train,y_train), (X_val, y_val)],
4.                                    eval.metric='mae',
5.                                    early_stopping_round=200)
6. # 预测的划分出来的测试集的标签
7. pred_val1=clf1.predict(X_val,num_iteration=clf.best_iteration_)
```

```
8. vali_mae1=accuracy_score(y_val,np.round(pred_val1))
9. # 预测的未带标签的测试集的标签
10. pred_test1=clf.predict(test[feature_name],num_iteration=clf.best_iteration)
11. # 第二种参数预测
12. clf2=lgb.LGBMRegressor(**lgb_params2)
13. clf2.fit(X.train, y_train, eval_set=[(X_train, y_train), (X_val, y_val)],
14.                                       eval.metric='rmse',
15.                                       early_stopping_round=200)
16. # 预测的划分出来的测试集的标签
17. pred_val2=clf2.predict(X_val,num_iteration=clf2.best_iteration_)
18. vali_mae2=accuracy_score(y_val,np.round(pred_val2))
19. # 预测的未带标签的测试集的标签
20. pred_test2=clf.predict(test_feature,num_iteration=clf2.best_iteration_)
```

3. 分别用两个模型做预测

50 000 测试集上，前后取 400 个样本使用 MSE 模型进行预测，其余使用 MAE 模型进行预测。将结果拼在一起，得到最终结果。

```
1. # 模型参数进行融合之后的结果
2. pred_test = pd.DataFrame()
3. pred_test['ranks'] = list(range(50000))
4. pred_test['result'] = 1
5. pred_test.loc[pred_test.ranks<400,'result'] = \
6.     pred_test1.loc[pred_test1.ranks<400,'pred_mae'].values * 0.4 \
7.     + pred_test2.loc[pred_test2.ranks<400,'pred_mse'].values * 0.6
8. pred_test.loc[pred_test.ranks>46000,'result'] = \
9.     pred_test1.loc[pred_test1.ranks>46000,'pred_mae'].values * 0.4 \
10.    + pred_test2.loc[pred_test2.ranks>46000,'pred_mse'].values * 0.6
```

该融合实例的使用逻辑较为简单。在数据挖掘竞赛中，通过类似的模型融合方法，通常可以得到较好的模型表现。而对于实际生产中的线上环境部署，需要提前确定具体每一个贷款客户使用何种模型进行打分。这种提前判定通常难以实现，因此在实际应用中，贷款平台更倾向于将不同的模型分数加权组合得到用户的最终分数。如 3.7 节中使用 AUC 值作为权重将不同模型的结果进行组合。更多关于模型融合的内容将在 7.5 节中介绍。

7.2 树模型特征衍生

由于逻辑回归等线性模型很难发掘特征之间的非线性关系，因此在实际使用中，效果较决策树模型略有差距。本节介绍一种基于树模型对特征进行衍生的方法。通过决策树模型与逻辑回归模型相结合，从而增加线性模型的非线性能力。

原方法首先使用梯度提升树（Gradient Boosting Decision Tree，GBDT）对逻辑回归评分卡的输入进行离散和特征交叉，得到建模人员指定维度的衍生特征，然后将新的特征带入逻辑回归中进行学习。在实际应用中，更常使用 XGBoost 模型或 LightGBM 模型来进行特征衍生。

7.2.1 GBDT 离散化

在风控领域发展过程中，使用最多的方法是逻辑回归，逻辑回归使用了 sigmoid 变换将函数值映射到 [0,1] 区间，映射后的函数值就是对一个人违约概率的预估值。

逻辑回归同样属于广义线性模型，容易并行化，可以轻松处理上亿条数据，但是学习能力十分有限，需要大量的特征工程来增加模型的学习能力。将连续特征离散化，并对离散化的特征进行 one-hot 编码，最后对特征进行多阶的特征组合，目的是得到非线性的特征。

人工特征组合存在几个难题，首先是并不知道连续变量切分点如何选取，其次是不知道离散化为多少份最为合理，并且不知道选择哪些特征交叉会对模型有帮助，而交叉多少阶也没有明确的答案。一般都是按照经验，不断尝试一些组合，然后根据时间外样本集评估、选择适当的参数。使用 GBDT 编码可以解决大部分的问题。确定切分点不再是凭主观经验，而是根据均方差减小，客观地选取切分点和份数。每棵决策树从根节点到叶节点的路径，会经过不同的特征，此路径就是特征组合，而且包含二阶、三阶甚至更多。不过离散的箱数主要由树的深度决定。树的深度仍然是一个超参数，需要通过测试集进行调整。

因为 GBDT 模型的决策过程不够透明，相对保守的从业者会选择离线训练 GBDT 模型，然后将该特征离散过程作为数据清洗的一部分。这样做还有一个好处是，可以将

GBDT 的输出作为评分卡模型中的部分独立特征。这种融合方法也称为“前融合”，即前一个模型的输出作为后一个模型的输入。

7.2.2 融合方案详解

本节具体介绍使用 LightGBM 与逻辑回归进行融合建模的方法。

1）使用 LightGBM 模型对原始训练数据进行训练，得到一个分类器。在这一步中，LightGBM 模型的效果越好，对后续模型融合的帮助越大。

2）与常规模型融合方法不一样的是，LightGBM 模型训练结束后，输出的并不是预测的概率值，而是把每个样本所落在的叶节点位置记为 1，这样，就构造出了每个样本新的特征，特征的维度取决于 LightGBM 模型树的个数。因为决策树的互斥性，每个样本只会落在树上的一个节点，所以在一个具有 n 个弱分类器、共 m 个叶节点的 LightGBM 模型中，每一条训练数据都会被转换为 $1\times m$ 维稀疏向量，且有 n 个元素为 1，其余 $m-n$ 个元素全为 0，如图 7-1 所示。

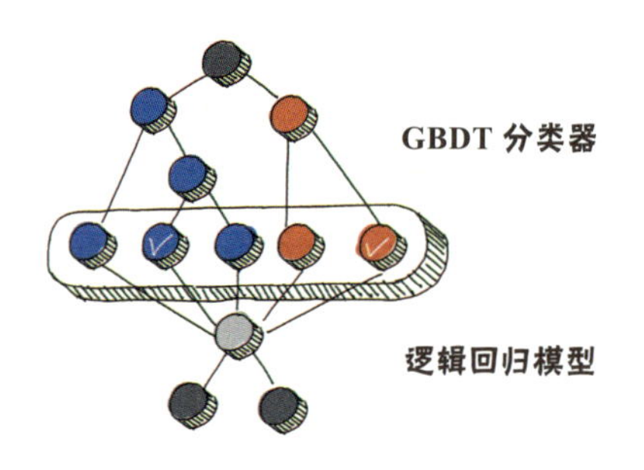

图 7-1 GBDT 离散示意图

图 7-1 中红色和蓝色为通过 GBDT 模型学习得到的两棵树。假设 x 为一条输入样本，遍历两棵树后，x 样本分别落到两棵树的叶节点上，每个叶节点对应逻辑回归的一维特征。通过遍历树，就得到了该样本对应的所有逻辑回归特征。由于树的每条路径，是通过最小化均方差等方法最终分割出来的有区分性的路径，根据该路径得到的交叉特征，理论上效果是不亚于人工处理的。

3）新的特征构造完成后，接下来就要与原始特征一起送入逻辑回归中进行最终的训练。但由于弱分类器个数、叶节点个数的影响，可能会导致新的特征维度过大。

因此，在实际建模的过程中，可能会使用 PSI 和树模型的特征重要性对交叉特征进行筛选。

7.2.3 特征衍生细节

传统的评分卡建立中，会使用浅层决策树算法进行特征的交叉组合。本节中介绍的特征交叉方法使用的并非单棵决策树而是串行的集成模型。接下来对特征衍生过程中的一些细节进行补充。

1）建模采用集成模型，而不是单决策树模型。主要原因是，一棵树的表达能力较弱，不足以挖掘区分性更强的交叉特征，并且随着树的层数加深有过拟合倾向。使用集成模型引入正则项可以帮助增强新特征的泛化能力。

2）建树采用 LightGBM 模型而不是随机森林（Random Forest，RF）。虽然 RF 也是多棵树，但其更关注降低模型的整体方差。从实践经验来看，它在风控领域的表现远不如 XGBoost 模型或者 LightGBM 模型。部分原因是特征大都经过精细化的调整与筛选，因此大多情况下模型的稳定性较好。并且 LightGBM 模型靠前的树，树根节点分裂主要体现对多数样本有区分度的特征。后面的树主要体现的是经过前 N 棵树，残差仍然较大的少数样本。优先选用在整体上有区分度的特征，再选用针对少数样本有区分度的特征，这种思路更加合理。

3）在 LightGBM 模型中，随着树的个数 N 的增加，其模型整体的偏差会逐渐降低。然而过多的树可能会带来过拟合问题。根据经验，LightGBM 中树的数量 N 超过 500 就没有明显提升了。在实际应用中，应当按照 2.5 节的调参方法，对用于特征交叉的模型进行调整。

4）通过 LightGBM 模型生成的新特征，可以和原始特征一同放入模型进行学习。根据经验，经过算法得到的衍生特征和原始特征进行合并，然后一同放入最终模型进行学习，得到的模型效果更好。

7.2.4 案例

再次回顾 2.7.1 节逻辑回归评分卡的案例，当时训练的模型表现如下：

```
训练集 KS 值 (train_ks): 0.4482453222991063
时间外样本集 KS 值 (val_ks): 0.4198642457760936
```

ROC 曲线如图 7-2 所示。

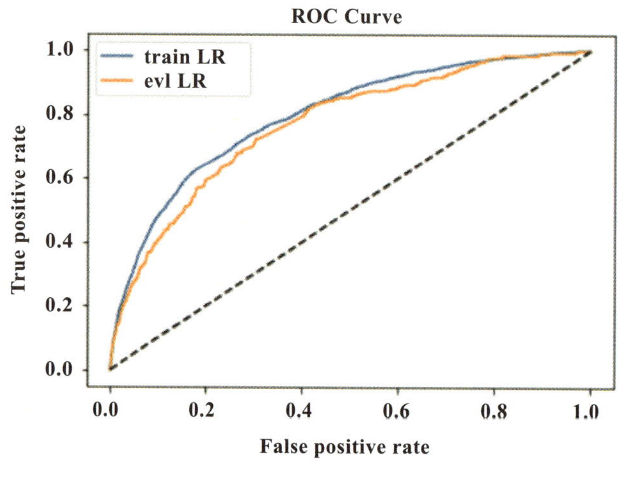

图 7-2 ROC 曲线

接下来使用 LightGBM 模型与逻辑回归模型进行融合。

1）将希望进行离散化的特征取出来。

```
1. import lightgbm as lgb
2. import random
3. import pandas as pd
4. import numpy as np
5. from sklearn.model_selection import train_test_split
6. from sklearn.metrics import mean_squared_error
7. from sklearn.linear_model import LogisticRegression
8. from sklearn import metrics
9. from sklearn.metrics import roc_curve
10. from matplotlib import pyplot as plt
11. import math
12.
13. df_train = data[data.obs_mth != '2018-11-30'].reset_index().copy()
14. df_test = data[data.obs_mth == '2018-11-30'].reset_index().copy()
15. NUMERIC_COLS = ['person_info','finance_info','credit_info','act_info']
```

2）在训练集上训练 LightGBM 模型，然后对特征进行映射，得到更高维度的特征。

```
1. from sklearn.preprocessing import OneHotEncoder,LabelEncoder
2.
3. lgb_train = lgb.Dataset(df_train[NUMERIC_COLS],
4.                         df_train['bad_ind'], free_raw_data=False)
5. params = {
6.     'num_boost_round': 50,
7.     'boosting_type': 'gbdt',
8.     'objective': 'binary',
9.     'num_leaves': 2,
10.     'metric': 'auc',
11.     'max_depth': 1,
12.     'feature_fraction': 1,
13.     'bagging_fraction': 1,}
14. model = lgb.train(params,lgb_train)
15. leaf = model.predict(df_train[NUMERIC_COLS],pred_leaf=True)
16. lgb_enc = OneHotEncoder()
17. # 生成交叉特征
18. lgb_enc.fit(leaf)
19. # 和原始特征进行合并
20. data_leaf = np.hstack((lgb_enc.transform(leaf).toarray(),df_train[NUMERIC_COLS]))
```

3）在时间外样本集上进行同样的映射操作。

```
1. leaf_test = model.predict(df_test[NUMERIC_COLS],pred_leaf=True)
2. lgb_enc = OneHotEncoder()
3. lgb_enc.fit(leaf_test)
4. data_leaf_test = np.hstack((lgb_enc.transform(leaf_test).toarray(),
5.                             df_test[NUMERIC_COLS]))
```

4）将新数据集放入逻辑回归进行建模。

```
1. train = data_leaf.copy()
2. train_y = df_train['bad_ind'].copy()
3. val = data_leaf_test.copy()
4. val_y = df_test['bad_ind'].copy()
```

```
5. lgb_lm = LogisticRegression(penalty='l2',C=0.2,class_weight='balanced',
                                solver='liblinear')
6. lgb_lm.fit(train, train_y)
7. y_pred_lgb_lm_train = lgb_lm.predict_proba(train)[:, 1]
8. fpr_lgb_lm_train, tpr_lgb_lm_train, _ = roc_curve(train_y,y_pred_lgb_lm_train)
9. y_pred_lgb_lm = lgb_lm.predict proba(val)[:,1]
10. fpr_lgb_lm,tpr_lgb_lm,_ = roc_curve(val_y,y_pred_lgb_lm)
11. plt.figure(1)
12. plt.plot([0, 1], [0, 1], 'k--')
13. plt.plot(fpr_lgb_lm_train,tpr_lgb_lm_train,label='LGB + LR train')
14. plt.plot(fpr_lgb_lm, tpr_lgb_lm, label='LGB + LR test')
15. plt.xlabel('False positive rate')
16. plt.ylabel('True positive rate')
17. plt.title('ROC curve')
18. plt.legend(loc='best')
19. plt.show()
20. print('LGB+LR train ks:',abs(fpr_lgb_lm_train - tpr_lgb_lm_train).max(),
21.       'LGB+LR AUC:', metrics.auc(fpr_lgb_lm_train, tpr_lgb_lm_train))
22. print('LGB+LR test ks:',abs(fpr_lgb_lm - tpr_lgb_lm).max(),
23.       'LGB+LR AUC:', metrics.auc(fpr_lgb_lm, tpr_lgb_lm))
```

运行结果：

```
LGB+LR train ks: 0.4812287054151174 LGB+LR AUC: 0.8116324829085549
LGB+LR test ks: 0.4441149787927866 LGB+LR AUC: 0.777624032191942
```

映射后的 ROC 曲线如图 7-3 所示。

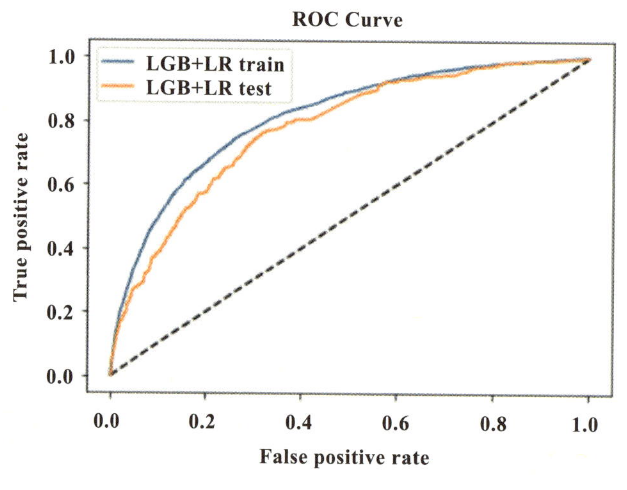

图 7-3 映射后的 ROC 曲线

当然，这样生成的五十维特征有过拟合的风险。在这里主要关心变量的稳定性和对模型的贡献程度，所以通过 PSI 和树模型特征重要度来进行特征筛选。

5）为生成的特征命名。

```
1. dff_train = pd.DataFrame(train)
2. dff_train.columns = ['ft' + str(x) for x in range(train.shape[1])]
3.
4. dff_val = pd.DataFrame(val)
5. dff_val.columns = ['ft' + str(x) for x in range(val.shape[1])]
```

6）改造数据集，方便后续计算 PSI。

```
1. # 生成可以传入 PSI 的数据集
2. def make_psi_data(dff_train):
3.     dftot = pd.DataFrame()
4.     for col in dff_train.columns:
5.         zero = sum(dff_train[col] == 0)
6.         one = sum(dff_train[col] == 1)
7.         ftdf = pd.DataFrame(np.array([zero,one]))
8.         ftdf.columns = [col]
9.         if len(dftot) == 0:
10.            dftot = ftdf.copy()
11.        else:
12.            dftot[col] = ftdf[col].copy()
13.     return dftot
14. psi_data_train = make_psi_data(dff_train)
15. psi_data_val = make_psi_data(dff_val)
```

7）定义计算 PSI 的函数。

```
1. def var_PSI(dev_data, val_data):
2.     dev_cnt, val_cnt = sum(dev_data), sum(val_data)
3.     if dev_cnt * val_cnt == 0:
4.         return 0
5.     PSI = 0
6.     for i in range(len(dev_data)):
```

```
7.          dev_ratio = dev_data[i] / dev_cnt
8.          val_ratio = val_data[i] / val_cnt + 1e-10
9.          psi = (dev_ratio - val_ratio) * math.log(dev_ratio/val_ratio)
10.         PSI += psi
11.     return PSI
12. psi_dct = {}
13. for col in dff_train.columns:
14.     psi_dct[col] = var_PSI(psi_data_train[col],psi_data_val[col])
```

8）对 PSI 从小到大进行排序，然后只保留 PSI 在前 60% 的特征。

这里有一个小技巧可以帮助确定筛选阈值。首先在 PSI 排序表中找到所有原始特征的位置，然后选择原始特征中最大的 PSI 作为阈值，即要求新特征的效果至少要好于原始特征。

```
1. f = zip(psi_dct.keys(),psi_dct.values())
2. f = sorted(f,key=lambda x: x[1],reverse=False)
3. psi_df = pd.DataFrame(f)
4. psi_df.columns = pd.Series(['变量名','PSI'])
5. feature_lst = list(psi_df[psi_df['PSI']<psi_df.quantile(0.6)[0]]['变量名'])
```

9）使用筛选过的特征重新训练。

```
1. train = dff_train[feature_lst].copy()
2. train_y = df_train['bad_ind'].copy()
3. val = dff_val[feature_lst].copy()
4. val_y = df_test['bad_ind'].copy()
5. lgb_lm = LogisticRegression(C=0.3,class_weight='balanced',
                               solver='liblinear')
6. lgb_lm.fit(train, train_y)
7. y_pred_lgb_lm_train = lgb_lm.predict_proba(train)[:, 1]
8. fpr_lgb_lm_train, tpr_lgb_lm_train, _ = roc_curve(train_y, y_pred_lgb_lm_train)
9. y_pred_lgb_lm = lgb_lm.predict_proba(val)[:, 1]
10. fpr_lgb_lm, tpr_lgb_lm, _ = roc_curve(val_y, y_pred_lgb_lm)
11. plt.figure(1)
12. plt.plot([0, 1], [0, 1], 'k--')
13. plt.plot(fpr_lgb_lm_train, tpr_lgb_lm_train, label='LGB + LR train')
14. plt.plot(fpr_lgb_lm, tpr_lgb_lm, label='LGB + LR test')
```

```
15. plt.xlabel('False positive rate')
16. plt.ylabel('True positive rate')
17. plt.title('ROC curve')
18. plt.legend(loc='best')
19. plt.show()
20. print('LGB+LR train ks:',abs(fpr_lgb_lm_train - tpr_lgb_lm_train).max(),
21.       'LGB+LR AUC:', metrics.auc(fpr_lgb_lm_train, tpr_lgb_lm_train))
22. print('LGB+LR test ks:',abs(fpr_lgb_lm - tpr_lgb_lm).max(),'LGB+LR AUC:',
23.       metrics.auc(fpr_lgb_lm, tpr_lgb_lm))
```

运行结果为：

```
LGB+LR train ks: 0.47632382032329534 LGB+LR AUC: 0.8072776250020943
LGB+LR test ks: 0.4463346827179526 LGB+LR AUC: 0.7794117589750704
```

PSI 筛选后的 ROC 曲线如图 7-4 所示。

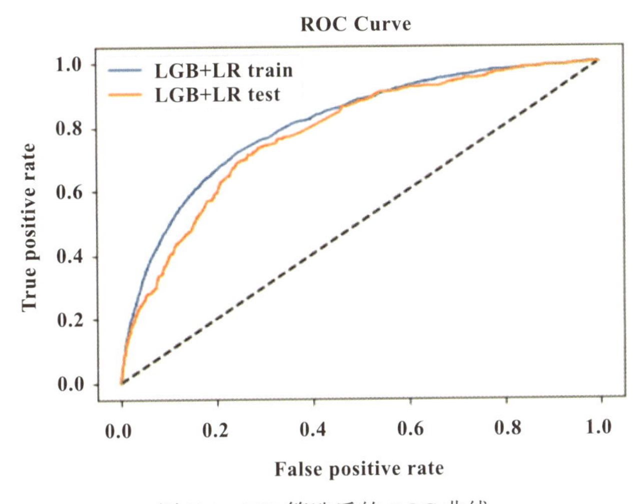

图 7-4　PSI 筛选后的 ROC 曲线

从图 7-4 可以看出，减少一部分特征，模型的效果反而略有提升，说明这一部分特征对模型并没有帮助。

10）通过特征重要度进行筛选。

将特征带入 LightGBM 中进行训练，得到特征的重要度，只保留特征重要度大于 5 的特征。阈值的确定可以参考使用 PSI 筛选特征的思路。由于原始特征最小的特征重要度为 5，因此使用 5 作为阈值。

```
1. x = train
2. y = train_y
3.
4. val_x =  val
5. val_y = val_y
6.
7. # 定义lgb函数
8. def LGB_test(train_x,train_y,test_x,test_y):
9.     from multiprocessing import cpu_count
10.     clf = lgb.LGBMClassifier(
11.         boosting_type='gbdt', num_leaves=31, reg_alpha=0.0, reg_lambda=1,
12.         max_depth=2, n_estimators=800, max_features=140, objective='binary',
13.         subsample=0.7, colsample_bytree=0.7, subsample_freq=1,
14.         learning_rate=0.05, min_child_weight=50,
15.         random_state=None, n_jobs=cpu_count()-1,)
16.     clf.fit(train_x, train_y, eval_set=[(train_x, train_y), (test_x, test_y)],
17.             eval_metric='auc', early_stopping_rounds=100)
18.     return clf, clf.best_score_['valid_1']['auc']
19. # 训练模型
20. model,auc = LGB_test(x,y,val_x,val_y)
21.
22. # 模型贡献度放在feature中
23. feature = pd.DataFrame(
24.     {'name' : model.booster_.feature_name(),
25.     'importance' : model.feature_importances_})
26.     .sort_values(by=['importance'], ascending=False)
27. feature_lst2 = list(feature[feature.importance>5].name)
```

11）再次带入逻辑回归中进行训练。

```
1. train = dff_train[feature_lst2].copy()
2. train_y = df_train['bad_ind'].copy()
3. val = dff_val[feature_lst2].copy()
4. val_y = df_test['bad_ind'].copy()
5. lgb_lm = LogisticRegression(C=0.3, class_weight='balanced', solver='liblinear')
6. lgb_lm.fit(train, train_y)
7.
8. y_pred_lgb_lm_train = lgb_lm.predict_proba(train)[:, 1]
9. fpr_lgb_lm_train, tpr_lgb_lm_train, _ = roc_curve(train_y, y_pred_lgb_lm_train)
10.
11. y_pred_lgb_lm = lgb_lm.predict_proba(val)[:, 1]
```

```
12. fpr_lgb_lm, tpr_lgb_lm, _ = roc_curve(val_y, y_pred_lgb_lm)
13.
14. plt.figure(1)
15. plt.plot([0, 1], [0, 1], 'k--')
16. plt.plot(fpr_lgb_lm_train, tpr_lgb_lm_train, label='LGB + LR train')
17. plt.plot(fpr_lgb_lm, tpr_lgb_lm, label='LGB + LR test')
18. plt.xlabel('False positive rate')
19. plt.ylabel('True positive rate')
20. plt.title('ROC curve')
21. plt.legend(loc='best')
22. plt.show()
23. print('LGB+LR train ks:',abs(fpr_lgb_lm_train - tpr_lgb_lm_train).max(),
24.       'LGB+LR AUC:', metrics.auc(fpr_lgb_lm_train, tpr_lgb_lm_train))
25. print('LGB+LR test ks:',abs(fpr_lgb_lm - tpr_lgb_lm).max(),'LGB+LR AUC:',
26.       metrics.auc(fpr_lgb_lm, tpr_lgb_lm))
```

运行结果为：

```
LGB+LR train ks : 0.47667824138882076 LGB+LR AUC: 0.8066539026120779
LGB+LR test ks : 0.45148080283448705 LGB+LR AUC: 0.7791867099903822
```

特征重要性筛选后的 ROC 曲线如图 7-5 所示。

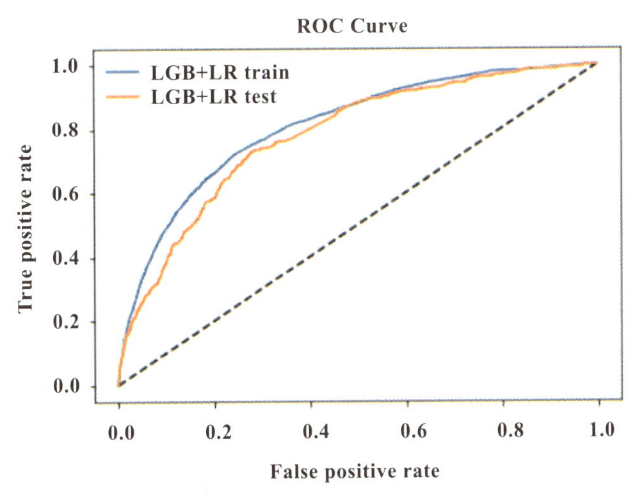

图 7-5　特征重要性筛选后的 ROC 曲线

模型的效果再次有所提升。这个案例中由 4 个特征做交叉衍生后 KS 有 3% 以上的提升，如果增加原始特征维度，效果还会有更显著的提升。需要注意的是，在实际工业应用中，通常 XGBoost 与逻辑回归模型融合后的效果不会显著高于 XGBoost 模型。当逻辑回归模型不作为必要的后置模型时，直接部署 XGBoost 模型可能是更简单、更高效的选择。

7.3 时间序列建模

在风控场景下，有大量的时间序列数据等待被深入挖掘。对这一类数据，传统手段主要是先构造时间维度的特征，如第 2 章介绍的几种方法，然后再与其他结构化数据一起带入模型进行学习。

由于模型融合过程应尽量避免整体过于复杂，通常这一类模型都用于广义线性模型的前融合。而风控领域最常用的逻辑回归算法本质便是广义线性模型，于是就有了另一种使用较为广泛的建模方式：先使用一个专门针对时序数据进行建模的模型，输出时序预测分数（或隐层参数），然后将分数（或隐层参数）作为逻辑回归评分卡的部分特征。

关于时序数据建模，本节介绍一种通过 RNN（Recurrent Neural Network，循环神经网络）自动学习特征的方法。实践中表现较好的是一种叫做 LSTM（Long Short Term Memory，长短期记忆）的特殊 RNN 模型。当然直接介绍 LSTM 模型的原理并不容易理解，所以这一节会先介绍 RNN 模型，然后逐渐过渡到 LSTM 模型。

7.3.1 RNN

在学习 RNN 模型之前，首先要了解一下最基本的单层网络。单层网络的结构如图 7-6 所示，输入是 x，经过变换 $Wx+b$ 和激活函数 f，得到输出 y。可以将它理解为线性回归（或逻辑回归）的形式。

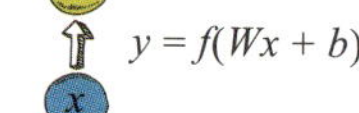

图 7-6　单层网络

在实际应用中，遇到的时间序列数据如图 7-7 所示。例如：

一个用户注册后第一个月的金融表现是 x_1，第二个月的金融表现是 x_2，……

一个用户登录后第一个页面的停留时长是 x_1，第二个页面的停留时长是 x_2，……

图 7-7　序列数据

一个用户第一个月的拨打电话总时长是 x_1，第二个月的拨打电话总时长是 x_2，……

像这种序列形式的数据，并不好用简单的前馈神经网络来处理。因为在模型内部，只是将不同位置的数据进行简单加权求和，并不能体现出数据的前后顺序。于是在 RNN 模型中引入了隐状态 h 的概念，h 可以提取序列形式的数据的特征，然后再将其转化为输出。

h_1 的计算方式如图 7-8 所示。

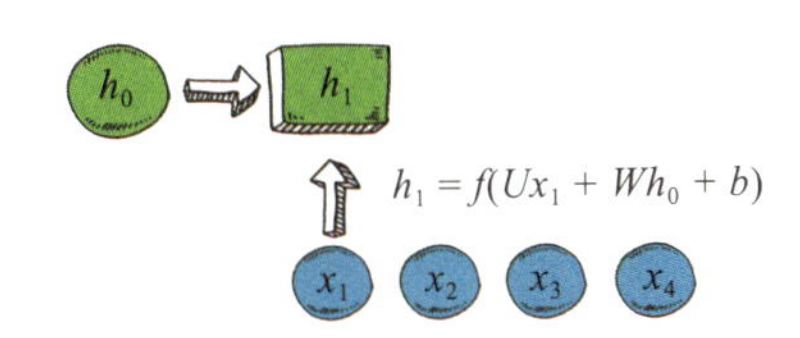

图 7-8　h_1 的计算方式

图中记号的含义如下：

- 圆圈或方块表示的是向量。
- 一个箭头就表示对该向量做一次变换。如 h_0 和 x_1 分别有一个箭头连接，就表示对 h_0 和 x_1 各做了一次变换。

h_2 的计算方式与 h_1 类似，如图 7-9 所示。但需要注意，在计算时，每一步使用的参数 U、W、b 都是一样的，也就是说每一步的参数都是共享的，这是 RNN 模型的重要特点。而在 7.3.2 节中介绍的 LSTM 模型，其权值是不共享的，因为 LSTM 模型的权值处于两个不同的向量中。RNN 模型的权值处于同一个向量的同时刻。

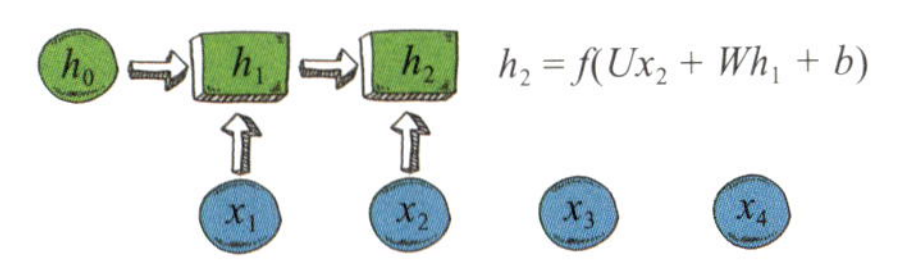

图 7-9　h_2 的计算方式

依次计算剩下来的数据（使用相同的参数 U、W、b），如图 7-10 所示。

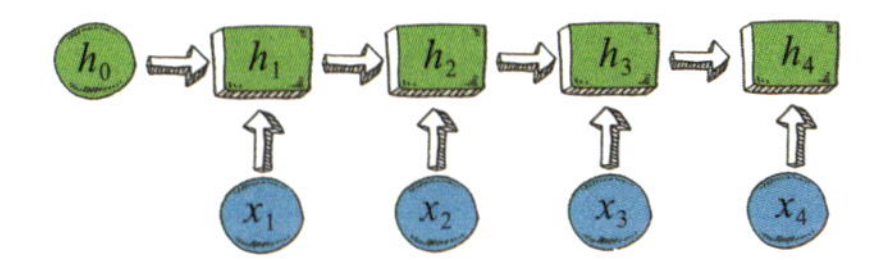

图 7-10　计算后续 h 值

方便起见，只画出序列长度为 4 的情况，实际上，这个计算过程可以无限持续下去。目前的 RNN 模型还没有输出，得到输出值的方法是直接通过 h 进行计算，如图 7-11 所示。

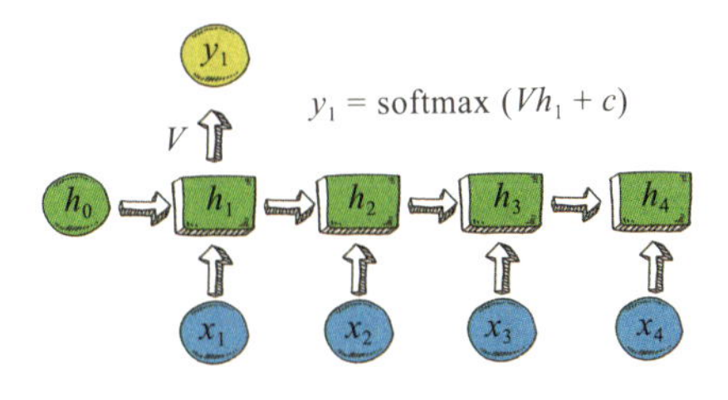

图 7-11　RNN 的输出

一个箭头就表示对对应的向量做一次类似于 $f(Wx+b)$ 的变换，这里以 V 标记的箭头表示对 h_1 进行一次变换，得到输出 y_1。剩下的输出类似进行（使用和 y_1 同样的参数 V 和 c），如图 7-12 所示。

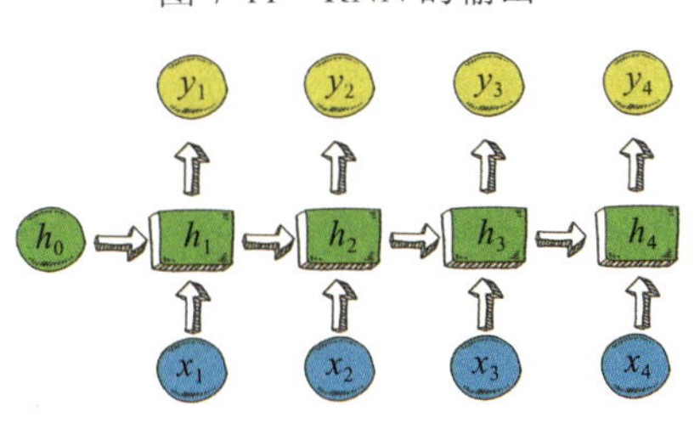

图 7-12　其余输出

这就是最经典的 RNN 结构，输入是 $x_1,x_2,\cdots,x_n$，输出为 $y_1,y_2,\cdots,y_n$，输入和输出序列必须是等长的。

所以 RNN 其实就相当于将一个模块的结构复制 n 个，然后平铺展开，如图 7-13 所示。

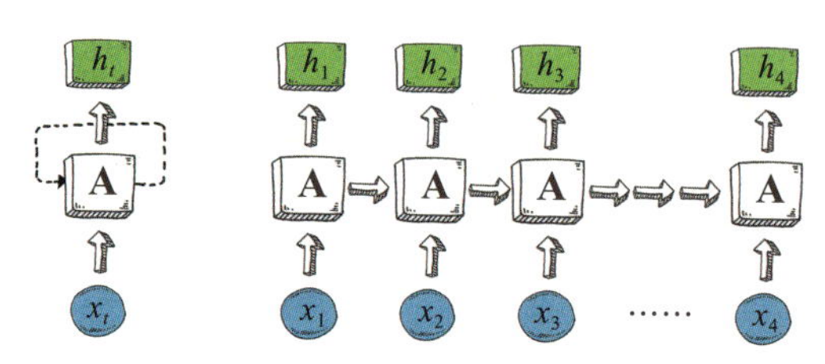

图 7-13　RNN 结构

其中，每个模型 A 代表一个图 7-11 所示的 RNN 结构。于是在后续的学习中，可以使用 x_0 和 x_1 的信息来影响 h_3 的输出。这样就实现了模型对序列数据位置的表示，如图 7-14 所示。

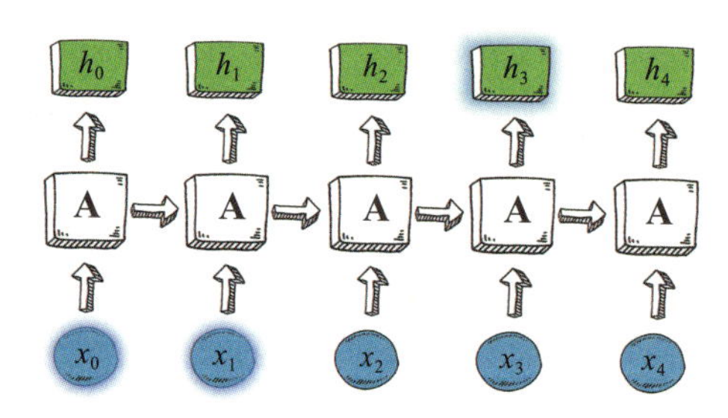

图 7-14　模型表示序列位置

但是，RNN 模型有自己的局限性。虽然它可以保留靠前的数据信息，但随着序列长度的加大，最开始的数据很难在后面的序列学习中起到作用。比如在图 7-15 中，当 t 非常大时，h_{t+1} 几乎不会用到最开始输入的 x_0 和 x_1 的信息。

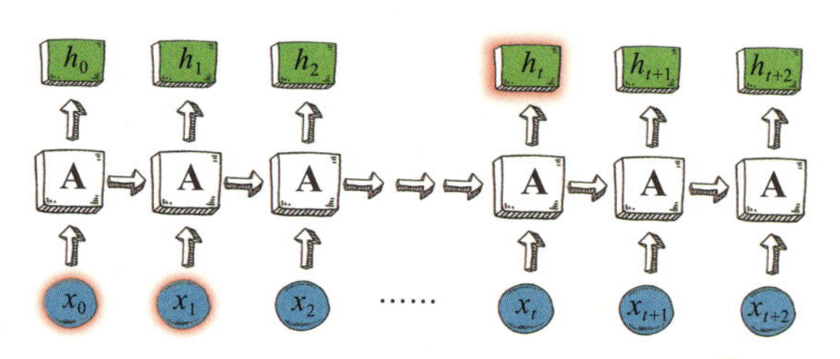

图 7-15　长序列难以表示

此外，因为梯度是用于更新神经网络的权重值的（新的权值 = 旧权值 – 学习率 × 梯度），梯度会随着时间推移而不断下降。RNN 模型中，较早层的梯度值会最先变得非常小，之后这些层就会停止学习。这种现象在深度学习领域被称为“梯度消失”。梯度消失会干扰模型的学习。

7.3.2 LSTM

LSTM 模型是专门为了学习长期依赖关系而设计的网络。LSTM 模型和传统的 RNN 模型并没有特别的不同，只不过 LSTM 模型使用不同的方法来计算隐状态。在 LSTM 模型中用于记忆早期数据的结构叫做细胞（cell）。通过细胞结构会决定前面的信息中，哪一部分需要保留，哪一部分需要抹去。通过这种思路可以有效保留较早位置的相关信息。

如果将 RNN 模型中的 A 单元内部构造展开，应该具有图 7-16 的形式。

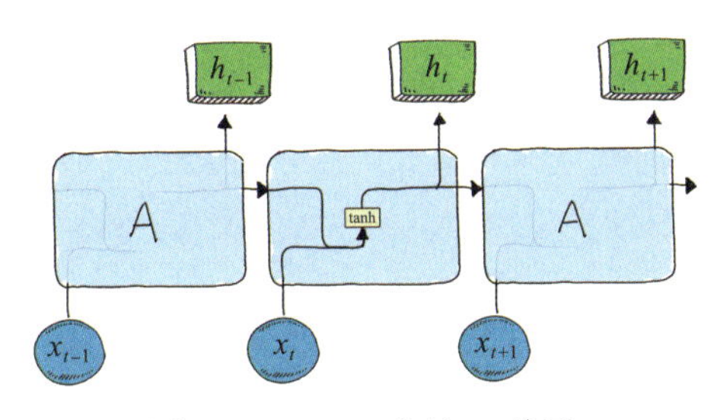

图 7-16　RNN 中的 A 单元

这是一个将上一单元的输出 h_{t-1} 和本单元的输入 x_t 组合在一起的简单结构，通常是由一个 tanh 层实现的。tanh 主要用于将网络的输出值限定在 –1～1 之间。

而在 LSTM 模型中为了能对历史输入进行筛选，进行有选择性地保留，就需要更复杂一点的结构，如图 7-17 所示。

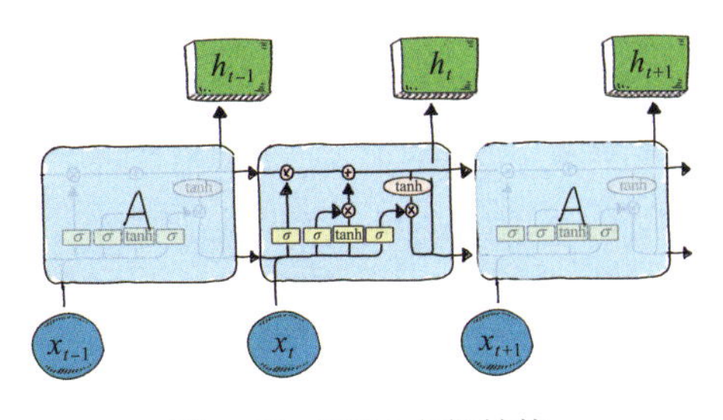

图 7-17　RNN 内部结构

图 7-17 中的细胞单元包含 4 个交互的层、3 个 sigmoid 层和 1 个 tanh 层。σ表示的 sigmoid 激活函数与 tanh 函数类似，不同之处在于 sigmoid 是把值压缩到 0～1 之间而不是 –1～1 之间。这样的设置使得该输出值越大，保留的信息越全；该输出值越小，则保留的信息越少。因记忆能力有限，记住重要的，忘记无关紧要的。极端一点可以理解为：1 则全记住，0 则全忘掉。

具体而言，图中符号的含义为：每一条黑线传输着一整个向量，从一个节点的输出到其他节点的输入；粉色的圈代表点乘的操作，比如向量的和；黄色的矩阵就是学习到的神经网络层；合在一起的线表示向量的连接；分开的线表示内容被复制，然后分发到不同的位置（见图 7-18）。

图 7-18　符号的含义

LSTM 模型的核心是细胞结构的状态，即图 7-19 中的水平传送结构。该结构直接贯穿所有细胞，并与每个细胞发生少量的线性交互。信息在该传送结构中进行传递时很容易保留。

那么这条传送带如何收集经过的每个细胞的信息呢？在每一个细胞中，有一种叫做门控的机制，来决定究竟是去除信息还是将信息增加到本细胞结构中。它包含一个点乘和一个 sigmoid 神经网络层的非线性操作。门控结构的形式如图 7-20 所示。

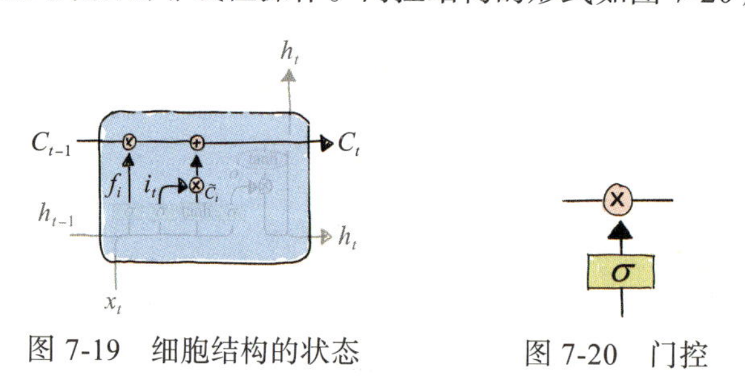

图 7-19　细胞结构的状态　　图 7-20　门控

7.3.3　门控结构

LSTM 模型拥有 3 种类型的门结构——遗忘门、输入门和输出门，来保护和控制细胞状态。下面来介绍这 3 种门。

1. 遗忘门

在 LSTM 中的第一步是决定从细胞状态中丢弃什么信息，这个决定通过一个称为“遗忘门”的结构完成。遗忘门会读取上一个输出 h_{t-1} 和当前输入 x_t，做一个 sigmoid 的非线性映射，然后输出一个向量（该向量每一个维度的值都在 0~1 之间，1 表示完全保留，0 表示完全舍弃，相当于记住了重要的，忘记了无关紧要的），最后与细胞状态 C_{t-1} 相乘，如图 7-21 所示。

为便于理解，这里按照两个步骤进行拆解：

1）图 7-21 中右侧的公式权值 W_f 是不共享的，也就是说对于不同的输入 f_t 有不同的公式：

$$f_t = \sigma(W_{fh}h_{t-1} + W_{fx}x_t + b_f) \tag{7-3}$$

2）将公式描述在流程图中，得到图 7-22 所示的形式，上一个输出 h_{t-1} 和当前输入 x_t，做一个 sigmoid 的非线性映射 f_t。

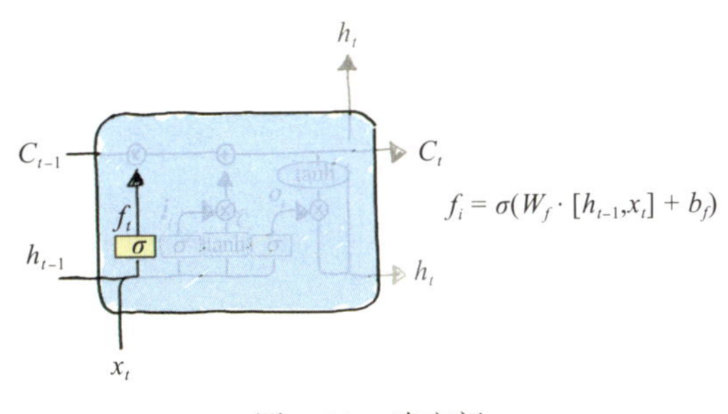

图 7-21　遗忘门

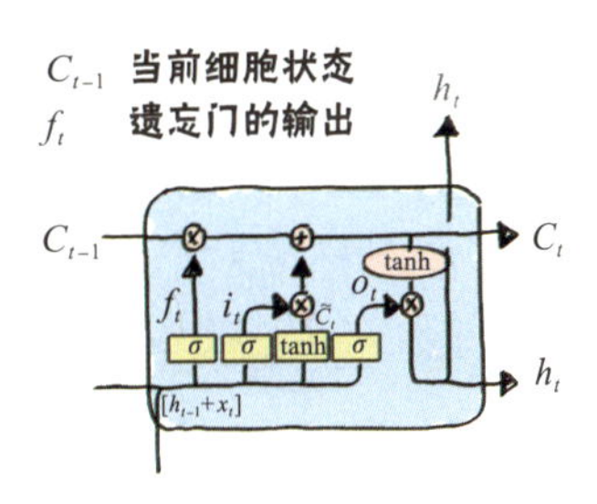

图 7-22　流程图示意

2. 输入门

遗忘门决定了上一个细胞状态中哪些信息被保留，接下来就要决定哪些信息要被更新入细胞状态中。这里由两个部分组成：第一部分是通过 sigmoid 层的输入门，决定哪些值需要更新 i_t；第二部分通过一个 tanh 层创建一个新的候选值向量 $\tilde{C}_t$，用于加入到状态中，如图 7-23 所示。

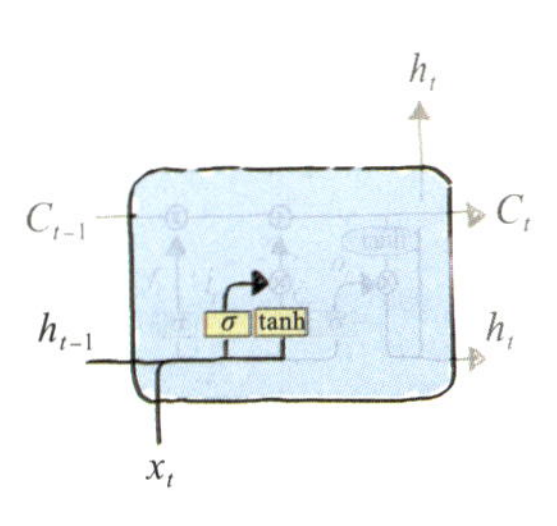

图 7-23　输入门

其中，

$$i_t = \sigma(W_i \cdot [h_{t-1}, x_t] + b_i),\ \tilde{C}_t = \tanh(W_C \cdot [h_{t-1}, x_t] + b_C) \tag{7-4}$$

将公式展开更容易理解，

$$i_t = \sigma(W_{ih} h_{t-1} + W_{ix} x_t + b_i),\ \tilde{C}_t = \tanh(W_{Ch} h_{t-1} + W_{Cx} x_t + b_C) \tag{7-5}$$

3. 细胞状态

决定了前一个细胞状态哪些需要保留，以及当前细胞哪些信息需要输入之后，下一步就是对细胞状态进行更新了，即从状态 C_{t-1} 更新为 C_t。首先将旧细胞状态 C_{t-1} 与 f_t 组合，得到要丢弃的信息，再加上 $i_t\tilde{C}_t$ 得到新的候选值，如图 7-24 所示。

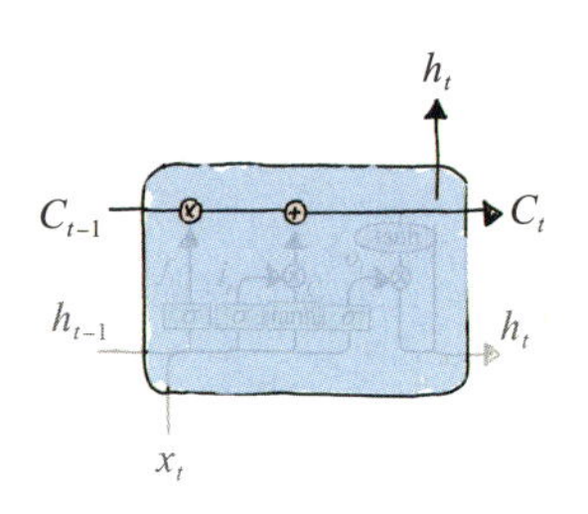

图 7-24 细胞状态

其中，

$$C_t = f_t C_{t-1} + i_t \tilde{C}_t \tag{7-6}$$

4. 输出门

更新细胞状态之后，最终需要确定当前细胞单元的输出是什么。首先通过一个 sigmoid 层来确定细胞状态的哪个部分将被输出，然后将上一个输出 h_{t-1} 和当前输入 x_t 复制一次，通过 tanh 进行处理（得到一个在 -1～1 之间的值）并将它和 sigmoid 门的输出相结合，得到最终确定要输出的部分 h_t。并将 h_t 复制一次，分别作为输出和下一个细胞单元的输入之一，如图 7-25 所示。

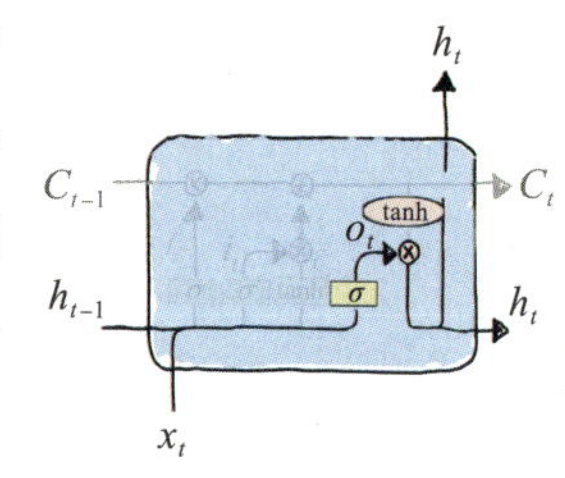

图 7-25 输出门

其中，

$$o_t = \sigma(W_o \cdot [h_{t-1}, x_t] + b_o) = \sigma(W_{oh} h_{t-1} + W_{ox} x_t + b_o) \tag{7-7}$$

$$h_t = o_t \tanh(C_t) \tag{7-8}$$

以上就是 LSTM 模型的全部结构。通过 3 个门控机制使 RNN 模型中的遗忘问题得到缓解，并有效减弱了反向传播中的梯度爆炸问题。

7.3.4 LSTM 行为评分卡案例

假设当前有一个构建行为评分卡的场景，考虑使用 LSTM 模型从客户层面进行刻画。使用最近 42 个月的切片数据，分别计算每月的额度使用率、逾期率、余额留存率、罚息、贷款次数等共 28 个维度的特征，无或空则补 0。组成每个人 42×28 的特征矩阵，带入 LSTM 模型中进行训练。由于数据敏感问题，且数据量较大，此处数据不予展示。本章代码和列举特征仅为示例，具体的调参及特征选择还望读者多加尝试。感兴趣的读者可以参考词向量的构造方法，来尝试本节中的代码。

数据量在 50 万以下，深度学习模型效果难以获取较为稳定的效果。为扩充样本量，使用复贷超过 3 次的客户，以月份为切片构造基础特征向量。将样本时间维度首尾相连，构造行为序列闭环。对观察期超过 42 个月的样本进行随机截断，获取 42×28 维度的时间序列。再将观察期介于 36～42 个月之间的客群，首尾相连，形成时间闭环，后进行随机截断，得到满足维度要求的序列数据。

需要注意的是，通常在 LSTM 中做二分类任务使用交叉熵损失函数。在本例中，使用实践效果最好的 nn.SoftMarginLoss 作为损失函数。由于涉及多次迭代，本案例不适用 ROC 曲线作为评价标准。只计算 KS 值和 ROC 值，并将它们作为与评分模型比对的参照。

1）加载包和数据集。

```
1. import torch
2. import torch.nn as nn
3. import random
4. from sklearn.model_selection import train_test_split
5. import torchvision.transforms as transforms
6. import torchvision.datasets as dsets
7. from torch.autograd import Variable
8.
9. random_st = random.choice(range(10000))
10. train_images, test_images = train_test_split(train_images,test_size=0.15,
11.                                               random_state=random_st)
12.
13. train_data = MyDataset(train_images)
14. test_data = MyDataset(test_images)
15.
16. train_loader = torch.utils.data.DataLoader(train_data, batch_size=50,
17.                                            shuffle=True, num_workers=0)
18. test_loader = torch.utils.data.DataLoader(test_data, batch_size=25,
19.                                           shuffle=False, num_workers=0)
```

2）搭建 LSTM 网络。

```
1. # 搭建 LSTM 网络
2. class Rnn(nn.Module):
3.     def __init__(self, in_dim, hidden_dim, n_layer, n_class):
4.         super(Rnn, self).__init__()
5.         self.n_layer = n_layer
6.         self.hidden_dim = hidden_dim
7.         self.LSTM = nn.LSTM(in_dim, hidden_dim,
8.                             n_layer, batch_first=True)
9.         self.linear = nn.Linear(hidden_dim, n_class)
10.        self.sigmoid = nn.Sigmoid()
11.
12.    def forward(self, x):
13.        x = x.sum(dim = 1)
14.        out, _ = self.LSTM(x)
15.        out = out[:, -1, :]
16.        out = self.linear(out)
17.        out = self.sigmoid(out)
18.        return out
```

3）指定网络参数。

```
1. # 28 个特征，42 个月切片，2 个隐层，二分类
2. model = Rnn(28,42,2,2)
3. device = torch.device("cuda:0" if torch.cuda.is_available() else "cpu")
4. model = model.to(device)
5. # 使用二分类对数损失函数
6. criterion = nn.SoftMarginLoss(reduction='mean')
7. opt = torch.optim.Adam(model.parameters())
8. total_step = len(train_loader)
9. total_step_test = len(test_loader)
10. num_epochs = 50
```

4）训练得到 LSTM 模型并计算单模型的 KS 值和 ROC 值。

```
1. for epoch in range(num_epochs):
```

```
2.     train_label = []
3.     train_pred = []
4.     model.train()
5.     for i, (images, labels) in enumerate(train_loader):
6.         images = images.to(device)
7.         labels = labels.to(device)
8.         # 网络训练
9.         out = model(images)
10.        loss = criterion(out, labels)
11.        opt.zero_grad()
12.        loss.backward()
13.        opt.step()
14.        # 每一百轮打印一次
15.        if i%100 == 0:
16.            print('train epoch: {}/{}, round: {}/{}, loss: {}'.format(
17.                  epoch + 1, num_epochs, i + 1, total_step, loss))
18.        # 真实标记和预测值
19.        train_label.extend(labels.cpu().numpy().flatten().tolist())
20.        train_pred.extend(out.detach().cpu().numpy().flatten().tolist())
21.    # 计算真正率和假正率
22.    fpr_lm_train, tpr_lm_train, _ = roc_curve(np.array(train_label),
23.                                              np.array(train_pred))
24.    # 计算 KS 和 ROC
25.    print('train epoch: {}/{}, KS: {}, ROC: {}'.format(
26.          epoch + 1, num_epochs, abs(fpr_lm_train - tpr_lm_train).max(),
27.          metrics.auc(fpr_lm_train, tpr_lm_train)))
28.
29.    test_label = []
30.    test_pred = []
31.
32.    model.eval()
33.    # 计算测试集上的 KS 值和 ROC 值
34.    for i, (images, labels) in enumerate(test_loader):
35.        images = images.to(device)
36.        labels = labels.to(device)
37.        out = model(images)
38.        loss = criterion(out, labels)
39.
40.        # 计算 KS 和 ROC
41.        if i%100 == 0:
42.            print('test epoch: {}/{}, round: {}/{}, loss: {}'.format(
43.                  epoch + 1, num_epochs, i + 1, total_step_test, loss))
44.        test_label.extend(labels.cpu().numpy().flatten().tolist())
45.        test_pred.extend(out.detach().cpu().numpy().flatten().tolist())
46.
47.    fpr_lm_test, tpr_lm_test, _ = roc_curve(np.array(test_label),
48.                                            np.array(test_pred))
```

```
49.
50.     print('test epoch: {}/{}, KS: {}, ROC: {}'.format(
51.           epoch + 1, num_epochs,
52.           abs(fpr_lm_test - tpr_lm_test).max(),
53.           metrics.auc(fpr_lm_test, tpr_lm_test)))
```

运行结果如下：

```
...
train epoch : 500/500, KS: 0.645787335978793844, ROC: 0.888469769802395
test epoch : 500/500, KS: 0.63864977410130565, ROC: 0.879559404572249
```

LSTM 模型单独作为行为评分卡，其 KS 值高达 0.6386，效果远好于时序特征的聚合衍生。如果平台业务对模型的解释性要求较高，可以将 LSTM 模型分数作为后续逻辑回归评分卡的一个特征进行训练。由于融合逻辑较为简单，这里就不再演示了。通常融合模型的鲁棒性会高于单模型。

7.4 高维稀疏数据建模

除了通过 7.2 节中介绍的方法来挖掘特征组合信息外，风控领域还有一种自动组合特征的模型叫做因子分解机（Factorization Machine，FM）。FM 模型不仅可以实现元素级别的深层次特征交叉，而且因其特殊的矩阵求解思路，它对输入数据的稀疏性不敏感。在很多的高维数据场景下，FM 模型的改进版本（如 DeepFM/xDeepFM 等）的效果要远好于 XGBoost 或逻辑回归等模型。对于其衍生算法本书不做介绍，感兴趣的读者可以阅读 deep & wide 相关论文进行学习。

如通过用户 App 列表进行建模时，通常需要对 App 列表进行人工分组，然后根据负样本占比将分组结构转换为 WOE 值，带入模型进行训练。之所以不进行 one-hot 编码，是因为用户 App 列表通常高达数百维，one-hot 编码后整个特征空间的维度非常高，并且除少数 App 出现频次较高外，特征矩阵大部分列中 0 元素占比极高。将这样的稀疏数据带入模型训练效果很难得到保证。但如果将 one-hot 编码后的高维向量带入 FM 模型，则可以得到更好的效果。这种建模方法也适用于用户搜索引擎关键字等其他高维稀疏场景。

7.4.1 算法原理

FM 算法的设计出发点是，广义线性模型只能单个考虑特征，不能学习到特征之间的交互信息。广义线性模型可以表示为

$$y = w_0 + \sum_{i=1}^{n} w_i x_i \tag{7-9}$$

显然特征之间只有加权求和，没有任何交互，而 FM 算法就是解决这个问题的。以一个二阶的多项式为例，理想中的线性模型表达式应该形如

$$y = w_0 + \sum_{i=1}^{n} w_i x_i + \sum_{i=1}^{n-1} \sum_{j=i+1}^{n} w_{ij} x_i x_j \tag{7-10}$$

其中，n 表示样本的特征数量，x_i 表示第 i 个特征。与式（7-9）对比可知，式（7-10）中多了特征之间做乘法的二阶项。这就是 FM 算法相比于逻辑回归等线性模型的优点。

组合参数一共有 $n(n-1)/2$ 个，并且两两独立。由于 FM 模型最开始的时候所考虑的是在高维系数特征上进行建模，和 x_j 相乘得到的结果大概率是等于 0 的，所以并没有考虑通过正常的训练方式来求解 w_{ij}，而是考虑对 w_{ij} 组成的对称矩阵 $\boldsymbol{W}$ 做矩阵分解，使得

$$\begin{aligned}\boldsymbol{W}^{\hat{A}} &= \begin{bmatrix} w_{11} & w_{12} & \cdots & w_{1n} \\ w_{21} & w_{22} & \cdots & w_{2n} \\ \cdots & \cdots & \cdots & \cdots \\ w_{n1} & w_{n2} & \cdots & w_{nn} \end{bmatrix} = \boldsymbol{V}^{\mathrm{T}}\boldsymbol{V} = \begin{bmatrix} \boldsymbol{V}_1 \\ \boldsymbol{V}_2 \\ \cdots \\ \boldsymbol{V}_n \end{bmatrix} \times [\boldsymbol{V}_1, \boldsymbol{V}_2, \cdots, \boldsymbol{V}_n] \\ &= \begin{bmatrix} v_{11} & v_{12} & \cdots & v_{1k} \\ v_{21} & v_{22} & \cdots & v_{2k} \\ \cdots & \cdots & \cdots & \cdots \\ v_{n1} & v_{n2} & \cdots & v_{nk} \end{bmatrix} \times \begin{bmatrix} v_{11} & v_{21} & \cdots & v_{n1} \\ v_{12} & v_{22} & \cdots & v_{n2} \\ \cdots & \cdots & \cdots & \cdots \\ v_{1k} & v_{2k} & \cdots & v_{nk} \end{bmatrix}\end{aligned} \tag{7-11}$$

$\boldsymbol{W}^{\hat{A}}$ 矩阵对角线上的元素即为交叉项的参数。FM 算法的方程为

$$\hat{y}(X) := w_0 + \sum_{i=1}^{n} w_i x_i + \sum_{i=1}^{n-1} \sum_{j=i+1}^{n} < v_i, v_j > x_i x_j \tag{7-12}$$

$$< v_i, v_j > := \sum_{f=1}^{k} v_{i,f} \cdot v_{j,f} \tag{7-13}$$

其中，v_i 是第 i 维特征的隐向量，$<\cdot,\cdot>$ 代表向量的点积。隐向量的长度为 k（$k \ll n$）。

共有 k 个描述特征的因子。由上式可知二次项的参数个数减少至 kn 个，且不再两两独立。因此，即使在非常稀疏的高维空间中，也可以估算出 FM 的二项系数。该公式的推导使用到了公式

$$ab+ac+bc=\frac{1}{2}[(a+b+c)^2-(a^2+b^2+c^2)] \quad (7\text{-}14)$$

具体推导过程如下：

$$\begin{aligned}
\sum_{i=1}^{n-1}\sum_{j=i+1}^{n}<v_i,v_j>x_ix_j &= \frac{1}{2}\sum_{i=1}^{n}\sum_{j=1}^{n}<v_i,v_j>x_ix_j-\frac{1}{2}\sum_{i=1}^{n}<v_i,v_i>x_ix_i \\
&= \frac{1}{2}\left(\sum_{i=1}^{n}\sum_{j=1}^{n}\sum_{f=1}^{k}v_{i,f}v_{j,f}x_ix_j-\sum_{i=1}^{n}\sum_{f=1}^{k}v_{i,f}v_{i,f}x_ix_i\right) \\
&= \frac{1}{2}\sum_{f=1}^{k}\left[\left(\sum_{i=1}^{n}v_{i,f}x_i\right)\cdot\left(\sum_{j=1}^{n}v_{j,f}x_j\right)-\sum_{i=1}^{n}v_{i,f}^2x_i^2\right] \\
&= \frac{1}{2}\sum_{f=1}^{k}\left[\left(\sum_{i=1}^{n}v_{i,f}x_i\right)^2-\sum_{i=1}^{n}v_{i,f}^2x_i^2\right]
\end{aligned} \quad (7\text{-}15)$$

其中，$v_{i,f}$ 是具体的值。第 1 个等号表示的是对称矩阵 $\boldsymbol{W}$ 对角线上半部分；第 2 个等号是把向量内积 v_i,v_j 展开成累加和的形式；第 3 个等号是提出公共部分；第 4 个等号中，i 和 j 相当于是一样的，表示成平方过程。

该算法可以使用随机梯度下降（SGD）进行求解：

$$\frac{\partial\hat{y}(x)}{\partial\theta}=\begin{cases}1, & \theta=w_0\\ x_i, & \theta=w_i\\ x_i\sum_{j=1}^{n}v_{j,f}x_j-v_{j,f}x_i^2, & \theta=v_{j,f}\end{cases} \quad (7\text{-}16)$$

由上式可知，$v_{i,f}$ 的训练只需要样本的 x_i 特征非 0 即可，显然适合于稀疏数据求解。可以看到，FM 的本质相当于对原始稀疏特征做嵌入得到低维稠密特征。

7.4.2 算法应用

接下来使用 xlearn 包实践 FM 算法。

```
1. # 加载 xlearn 包
2. import xlearn as xl
3.
4. # 调用 FM 模型
5. fm_model = xl.create_fm()
6. # 训练集
7. fm_model.setTrain("train.txt")
8. # 设置验证集
9. fm_model.setValidate("test.txt")
10. # 分类问题：acc(Accuracy);prec(precision);f1(f1 score);auc(AUC score)
11. param = {'task':'binary','lr':0.2,'lambda':0.002,'metric':'auc'}
12. # 训练模型
13. fm_model.fit(param, "model.out")
14. # 将 FM 模型的输出限制在 [0,1] 之间
15. fm_model.setSigmoid()
16. fm_model.predict("model.out","output.txt")
17. # 保存模型
18. fm_model.setTXTModel("model.txt")
```

7.5 模型融合

在许多竞赛和数据公司的业务中，对模型的解释性要求较低。通常使用多模型融合提高最终模型的表现。在第 3 章的样本筛选方案中，使用了一种基于 AUC 值的加权平均方法，这也是业内主流的融合方法之一。经实践证明，多模型融合不能保证最终模型的效果一定有提升，但可以有效减小整体模型的方差。本节介绍一些多模型融合的技巧。

7.5.1 模型融合基础

模型融合要求单模型效果足够好，且多模型之间的差异足够大。下面分别解释这两个基本原则。

- 单模型效果足够好。这一条要求很容易理解。以团队协作为例，如果期望团队的成绩足够好，自然同时期望团队中的每一个成员都能有效完成自己的工作。

为满足该要求，需要建模人员在每个单模型训练的过程中，尽可能优化其表现，最后选择效果较好的一批模型进行融合。

- 多模型之间的差异足够大。这一条原则的出发点是为了让每个单模型为模型整体提供不同的信息。模型之间取长补短，从而使得整体模型的效果有较大幅度的提高。为满足本条要求，需要设计度量模型相似程度的指标。通过相似度指标，从同等预测能力的模型集中，筛选出差异较大的一组模型。

此外，在模型融合时，必须先将不同模型的输出结果进行归一化。以一个极端情况为例：模型 A 与模型 B 融合时，模型 A 在数据集 R 上的预测范围为 [0.1,0.4]，而模型 B 在数据集 R 上的预测范围为 [0.5,0.8]。模型 B 预测的样本最低分也高于模型 A 预测的样本最高分。此时对两个模型的输出求加权平均显然是不合理的，因此一定要对模型进行归一化。

7.5.2 模型筛选

对于单模型效果的提升方法，前面已经介绍得非常全面了。本节主要介绍如何从满足要求的单模型集合中筛选出差异最大的一组模型。

1）分别训练 8 个单模型。

```
1.  from heamy.dataset import Dataset
2.  from heamy.estimator import Regressor
3.  from heamy.pipeline import ModelsPipeline
4.  import pandas as pd
5.  import xgboost as xgb
6.  from sklearn.metrics import roc_auc_score
7.  import lightgbm as lgb
8.  from sklearn.linear_model import LinearRegression
9.  from sklearn.ensemble import ExtraTreesClassifier
10. from sklearn.ensemble import GradientBoostingClassifier
11. from sklearn.linear_model import LogisticRegression
12. from sklearn import svm
13. import numpy as np
14.
15. def xgb_model1(X_train, y_train, X_test, y_test=None):
16.     # xgboost1
17.     params = {'booster': 'gbtree',
```

```
18.                 'objective': 'rank:pairwise',
19.                 'eval_metric': 'auc',
20.                 'eta': 0.02,
21.                 'max_depth': 5,
22.                 'colsample_bytree': 0.7,
23.                 'subsample': 0.7,
24.                 'min_child_weight': 1,
25.                 'seed': 1111,
26.                 'silent': 1
27.                }
28.     dtrain = xgb.DMatrix(X_train, label=y_train)
29.     dvali = xgb.DMatrix(X_test)
30.     model = xgb.train(params, dtrain, num_boost_round=800)
31.     predict = model.predict_proba(dvali)
32.     minmin = min(predict)
33.     maxmax = max(predict)
34.     vfunc = np.vectorize(lambda x:(x-minmin)/(maxmax-minmin))
35.     return vfunc(predict)
36.
37. def xgb_model2(X_train, y_train, X_test, y_test=None):
38.     # xgboost2
39.     params = {'booster': 'gbtree',
40.                 'objective':'rank:pairwise',
41.                 'eval_metric' : 'auc',
42.                 'eta': 0.015,
43.                 'max_depth': 5,
44.                 'colsample_bytree': 0.7,
45.                 'subsample': 0.7,
46.                 'min_child_weight': 1,
47.                 'seed': 11,
48.                 'silent':1
49.                }
50.     dtrain = xgb.DMatrix(X_train, label=y_train)
51.     dvali = xgb.DMatrix(X_test)
52.     model = xgb.train(params, dtrain, num_boost_round=1200)
53.     predict = model.predict_proba(dvali)
54.     minmin = min(predict)
55.     maxmax = max(predict)
56.     vfunc = np.vectorize(lambda x:(x-minmin)/(maxmax-minmin))
57.     return vfunc(predict)
58.
59. def xgb_model3(X_train, y_train, X_test, y_test=None):
60.     # xgboost3
61.     params = {'booster': 'gbtree',
62.                 'objective':'rank:pairwise',
63.                 'eval_metric' : 'auc',
64.                 'eta': 0.01,
```

```
65.                 'max_depth': 5,
66.                 'colsample_bytree': 0.7,
67.                 'subsample': 0.7,
68.                 'min_child_weight': 1,
69.                 'seed': 1,
70.                 'silent':1
71.                 }
72.         dtrain = xgb.DMatrix(X_train, label=y_train)
73.         dvali = xgb.DMatrix(X_test)
74.         model = xgb.train(params, dtrain, num_boost_round=2000)
75.         predict = model.predict_proba(dvali)
76.         minmin = min(predict)
77.         maxmax = max(predict)
78.         vfunc = np.vectorize(lambda x:(x-minmin)/(maxmax-minmin))
79.         return vfunc(predict)
80. 
81. def et_model(X_train, y_train, X_test, y_test=None):
82.         # ExtraTree
83.         model = ExtraTreesClassifier(max_features='log2', n_estimators=1000,
84.                                      n_jobs=1).fit(X_train,y_train)
85.         predict = model.predict_proba(X_test)[:,1]
86.         minmin = min(predict)
87.         maxmax = max(predict)
88.         vfunc = np.vectorize(lambda x:(x-minmin)/(maxmax-minmin))
89.         return vfunc(predict)
90. 
91. def gbdt_model(X_train, y_train, X_test, y_test=None):
92.         # GBDT
93.         model = GradientBoostingClassifier(learning_rate=0.02,max_features=0.7,
94.                                            n_estimators=700,max_depth=5).
                                               fit(X_train,y_train)
95.         predict = model.predict_proba(X_test)[:,1]
96.         minmin = min(predict)
97.         maxmax = max(predict)
98.         vfunc = np.vectorize(lambda x:(x-minmin)/(maxmax-minmin))
99.         return vfunc(predict)
100. 
101. def logistic_model(X_train, y_train, X_test, y_test=None):
102.         # 逻辑回归
103.         model = LogisticRegression(penalty = 'l2').fit(X_train,y_train)
104.         predict = model.predict_proba(X_test)[:,1]
105.         minmin = min(predict)
106.         maxmax = max(predict)
107.         vfunc = np.vectorize(lambda x:(x-minmin)/(maxmax-minmin))
108.         return vfunc(predict)
109. 
110. def lgb_model(X_train, y_train, X_test, y_test=None):
```

```
111.     # LightGBM
112.     lgb_train = lgb.Dataset(X_train,y_train,categorical_feature={'sex',
113.                             'merriage', 'income', 'qq_bound', 'degree',
114.                             'wechat_bound', 'account_grade', 'industry'})
115.     lgb_test = lgb.Dataset(X_test,categorical_feature={'sex','merriage',
                                'income','qq_bound',
116.                            'degree','wechat_bound',
117.                            'account_grade','industry'})
118.     params = {
119.         'task': 'train',
120.         'boosting_type': 'gbdt',
121.         'objective': 'binary',
122.         'metric': 'auc',
123.         'num_leaves': 25,
124.         'learning_rate': 0.01,
125.         'feature_fraction': 0.7,
126.         'bagging_fraction': 0.7,
127.         'bagging_freq': 5,
128.         'min_data_in_leaf': 5,
129.         'max_bin': 200,
130.         'verbose': 0,
131.     }
132.     gbm = lgb.train(params, lgb_train, num_boost_round = 2000)
133.     predict = gbm.predict_proba(X_test)
134.     minmin = min(predict)
135.     maxmax = max(predict)
136.     vfunc = np.vectorize(lambda x:(x-minmin)/(maxmax-minmin))
137.     return vfunc(predict)
138.
139. def svm_model(X_train, y_train, X_test, y_test=None):
140.     # 支持向量机
141.     model = svm.SVC(C=0.8,kernel='rbf',gamma=20,
142.                     decision_function_shape='ovr').fit(X_train,y_train)
143.     predict = model.predict_proba(X_test)[:,1]
144.     minmin = min(predict)
145.     maxmax = max(predict)
146.     vfunc = np.vectorize(lambda x:(x-minmin)/(maxmax-minmin))
147.     return vfunc(predict)
```

其中效果最好的单模型为 xgb_model2，KS 值为：

```
train_ks : 0.4801180338650691
evl_ks : 0.43726939785854685
```

xgb_model2 单模型的 ROC 曲线如图 7-26 所示。

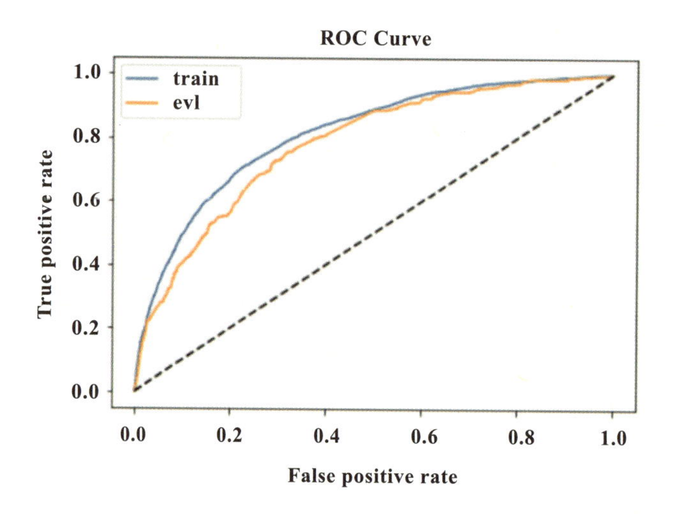

图 7-26　xgb_model2 单模型 ROC 曲线

效果最差的单模型为 svm_model，其跨时间 KS 值只有：

```
train_ks : 0.33656447870300603
evl_ks : 0.29135729283412867
```

其余单模型的跨时间 KS 值均在 0.4 以上。接下来根据模型之间的相似程度筛选模型。

2）分别计算 8 个单模型之间的相似度。

为了直观地观察单模型之间的差异性，将单模型的预测结果作为 8 个列向量，计算其两两之间的 MIC。并以混淆矩阵的形式画出，颜色越深，表示相关性越大。

```
1. import pandas as pd
2. import numpy as np
3. from minepy import MINE
4.
5. """
6. 从 csv 文件中加载 8 个模型的预测分数
7. """
8. xgb1_result = pd.read_csv('xgb1.csv')
9. xgb2_result = pd.read_csv('xgb2.csv')
10. xgb3_result = pd.read_csv('xgb3.csv')
11. et_result = pd.read_csv('et_model.csv')
12. svm_result = pd.read_csv('svm.csv')
```

```
13. lr_result = pd.read_csv('lr.csv')
14. lgb_result = pd.read_csv('lgb.csv')
15. gbdt_result = pd.read_csv('gbdt.csv')
16.
17. res = []
18. res.append(xgb1_result.score.values)
19. res.append(xgb2_result.score.values)
20. res.append(xgb3_result.score.values)
21. res.append(et_result.score.values)
22. res.append(svm_result.score.values)
23. res.append(lr_result.score.values)
24. res.append(lgb_result.score.values)
25. res.append(gbdt_result.score.values)
26.
27. """
28. 计算向量两两之间的MIC值
29. """
30. cm = []
31. for i in range(7):
32.     tmp = []
33.     for j in range(7):
34.         m = MINE()
35.         m.compute_score(res[i], res[j])
36.         tmp.append(m.mic())
37.     cm.append(tmp)
38.
39. """
40. 绘制MIC图像
41. """
42. fs = ['xgb1','xgb2','xgb3','et','svm','lr','lgb','gbdt']
43.
44. import matplotlib.pyplot as plt
45.
46. def plot_confusion_matrix(cm, title, cmap=plt.cm.Blues):
47.     plt.imshow(cm, interpolation='nearest', cmap=cmap)
48.     plt.title(title)
49.     plt.colorbar()
50.     tick_marks = np.arange(8)
51.     plt.xticks(tick_marks, fs, rotation=45)
52.     plt.yticks(tick_marks, fs)
53.     plt.tight_layout()
54.
55. plot_confusion_matrix(cm, title='mic')
56. plt.show()
```

8 个模型之间的相似度如图 7-27 所示。

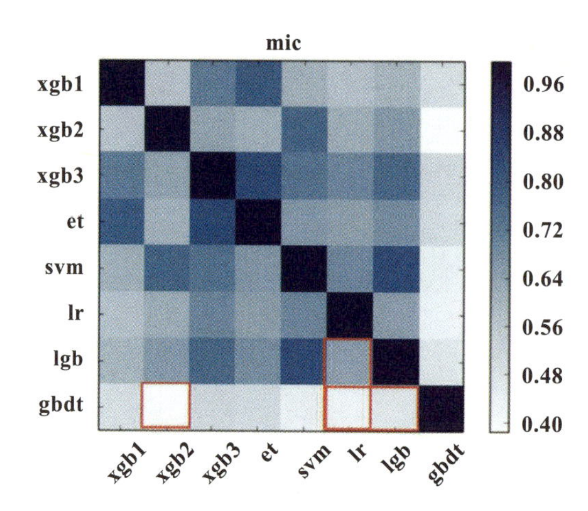

图 7-27　模型 MIC 相关度

挑选颜色较浅的 4 个模型：xgb2、lr、lgb、gbdt。注意，虽然 svm 模型的整体相似度更低，但单模型的效果最差，因此不选择 svm 模型进行模型堆叠（stacking）。接下来可以使用这 4 个模型进行加权平均。本节使用模型堆叠以获得更好的模型效果。

3）使用 4 个模型进行模型堆叠。

调用 stacker 函数，集成 4 个单模型，并在验证集上进行测试。

```
 1. model_xgb2 = Regressor(dataset= dataset, estimator=xgb_feature2,
                 name='xgb2', use_cache=False)
 2. model_lr = Regressor(dataset= dataset, estimator=logistic_model,
               name='lr', use_cache=False)
 3. model_lgb = Regressor(dataset= dataset, estimator=lgb_model,
                name='lgb',use_cache=False)
 4. model_ gbdt = Regressor(dataset= dataset, estimator=gbdt_model,
                  name='gbdt', use_cache=False)
 5. pipeline = ModelsPipeline(model_xgb2, model_lr, model_lgb, model_svm)
 6. stack_data = pipeline.stack(k=5, seed=0, add_diff=False, full_test=True)
 7. stacker = Regressor(dataset=stack_data, estimator=LinearRegression,
 8.                     parameters={'fit_intercept': False})
 9. predict_result = stacker.predict()
10. val = pd.read_csv('val_list.csv')
11. val['PROB'] = predict_result
12. minmin, maxmax = min(val['PROB']), max(val['PROB'])
13. val['PROB'] = val['PROB'].map(lambda x:(x-minmin)/(maxmax-minmin))
14. val['PROB'] = val['PROB'].map(lambda x:'%.4f' % x)
```

最终集成模型的 KS 值为：

```
train_ks : 0.4794073079008916
evl_ks : 0.45066345921527856
```

集成模型的 ROC 曲线如图 7-28 所示。

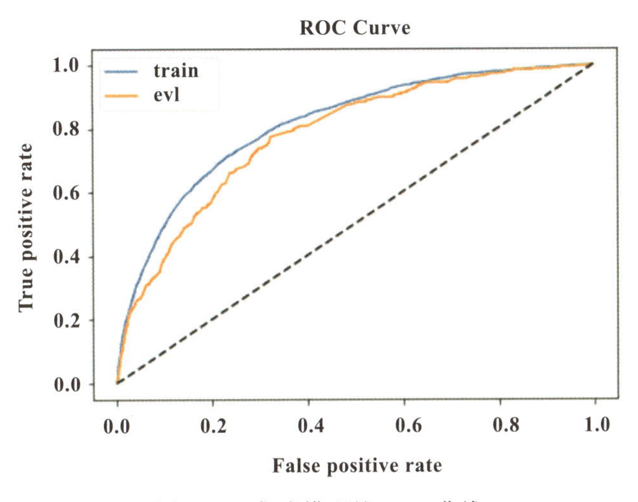

图 7-28 集成模型的 ROC 曲线

模型的 KS 值和 ROC 曲线的曲率都有较大幅度提升，并且训练集与测试集的表现差异明显缩小，这说明模型融合后，基础模型的偏差和方差均有所降低。

7.5.3 业务应用方案

平台审批策略通常非常依赖于外部数据，如果某天外部数据突然被切断，将会对业务造成非常大的影响。因此在面对不稳定数据源的场景时，需要重新思考如何进行数据源与模型变量的配置。本节从动态数据源的角度出发，针对依赖于外部数据又担心数据源不稳定的业务，提出一种基于模型组合的动态模型融合方法，以防患于未然。

框架概览如图 7-29 所示。

根据每种数据源训练一个独立模型，使用每个单模型离线训练时的 AUC 值作为融合权重，加权平均得到最终用户的概率值后，再通过映射得到信用评分。用户具有哪种数据源，则在模型子集上对权重进行标准化，得到最终结果。融合时需要保证两点：

- 对分数进行标准化。分数标准化针对单个模型，在离线训练过程中就可以完成，因此不涉及上线部署问题，只需按照 2.7.2 节中的对数概率校准进行标准化即可使多个模型的分值代表相同含义。
- 对权重进行标准化。需要先判断当前样本被哪些数据源覆盖，然后对相关模型的权重进行标准化。需要部署在线上进行逻辑判断。标准化公式为

$$\text{Format}(\text{AUC}_i)=\frac{\text{AUC}_i}{\text{AUC}_1+\text{AUC}_2+\text{AUC}_3},\ i=\{1,2,3\} \tag{7-17}$$

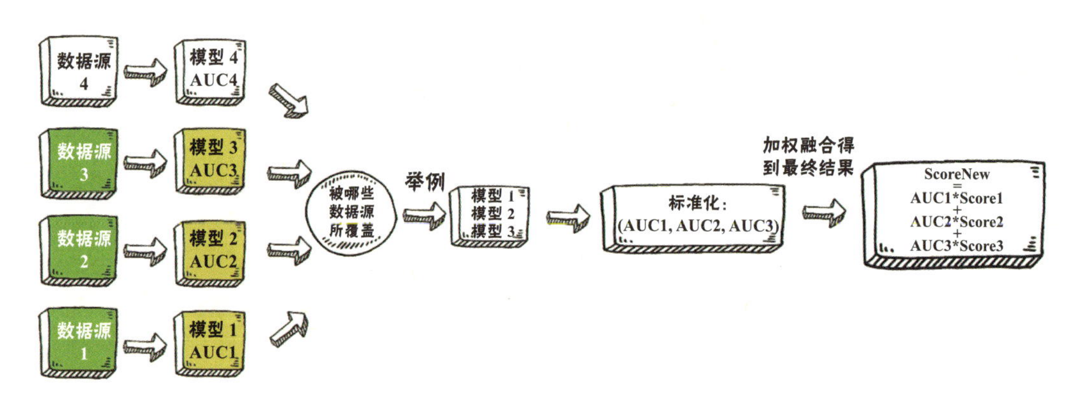

图 7-29　动态模型融合

根据经验，多模型融合的稳定性和样本调用的差异化模型数量成正比。要确保融合后整体的效果好且稳定，需要做到 3 点：

- 接入数据源有效。单模型 AUC 值不能明显低于其他模型，否则反而会对预测能力有一定的影响。
- 不同数据源训练的模型 MIC 值差异较大。信息源相似的模型，其融合结果对整体区分度没有明显帮助。
- 预留同质数据作为备选，以防某类数据突然失效。

在模型的开发过程中，需要完全模拟真实场景下的样本分布，即每个数据源所涉及的样本比例均与实际场景相似。对于这样训练的模型，只需在最终加权融合的分数上进行等级划分，即可满足业务上对不同分段客户占比的需求。

7.6 本章小结

本章首先介绍两种提升模型效果的融合方案，以及针对时间序列和高维稀疏数据的建模方法，然后介绍了多模型融合时的一些技巧。在实际应用中，需要建模人员根据具体的数据、场景，定制化地进行模型选择和融合。当然，模型选择本身需要读者对算法原理和特点有很好的理解，因此在实际建模中还需要多多思考与总结。

第 8 章　知识图谱

知识图谱是用于识别团伙欺诈的主要手段，它采用基于图的数据结构，以图的方式存储知识并返回经过加工和推理的关联信息。知识图谱在金融领域的主要应用场景有欺诈检测、信用评级、失联管理等。本章主要介绍几种工业界常用的网络挖掘方法，包括计算节点属性、社区发现算法、节点分类算法、网络表示学习。

8.1　复杂网络基础

知识图谱以复杂网络结构为载体，使用社交网络分析技术进行风险控制。本节主要介绍复杂网络中涉及的基本概念。

1. 节点与边

一个正常的图关系网络通常由节点和边组成。节点表示现实世界中存在的实体，比如一个具体的客户、一个具体的设备 ID 等。边表示实体与实体之间的关系，比如两个客户是否通过话、两个人是否在同一家公司工作等。其基本组成单位是实体、关系、实体的三元组，实体之间通过关系相互连接。如图 8-1 所示，*A*、*B*、*C*、*D*、*E* 五个点为实体，而每两个实体之间的边表示关系。

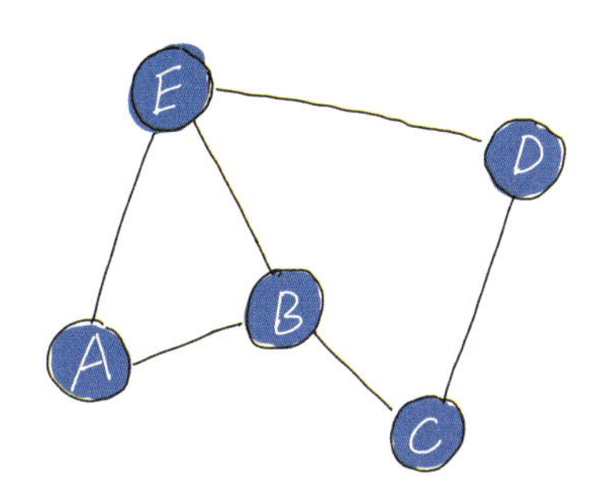

图 8-1　实体、关系与实体

2. 权重

在网络中，通常除了节点和边，还有权重。权重通常用于衡量关系的强弱，权重越大的边代表两者的关系越强。同一种关系中的强弱体现在互动频次或者相似程度。比如两个人通话频次越高，边的权重越大。又或者两个人的居住地址信息越相近，两个人的关系越强。不同种关系中的强弱体现在，两个人使用同一个手机号，权重应当大于两个人住在同一个小区。比如用户 *A* 和用户 *B* 共打过 15 次电话，边 *AB* 的权重为 15，如图 8-2 所示。

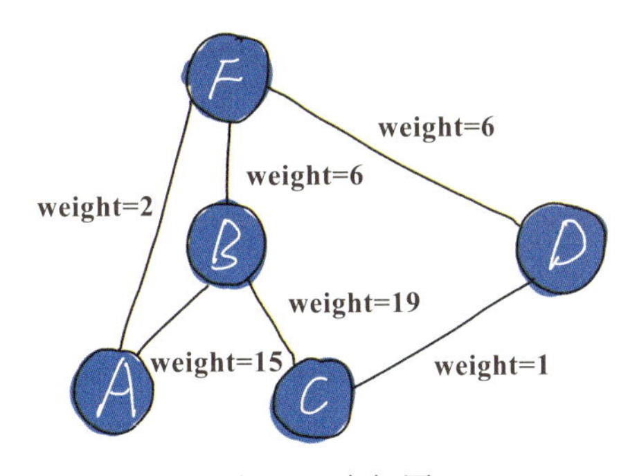

图 8-2　有权图

3. 有向图

边除了具有权重这个属性，还可能具有方向。根据边是否具有方向，可以将图结构划分为有向图和无向图。当一个图结构中的所有边都没有方向的时候，这个图就是一个无向图。前面的例子中基本都是无向边。当网络中的边具有方向这个属性的时候，这个网络就是一个有向图。现在利用“用户之间是否拨打过电话”作为边构造知识图谱，其网络结构如图8-3所示。用户A播打给用户B的电话，会在A与B之间建立一条由A指向B的边。

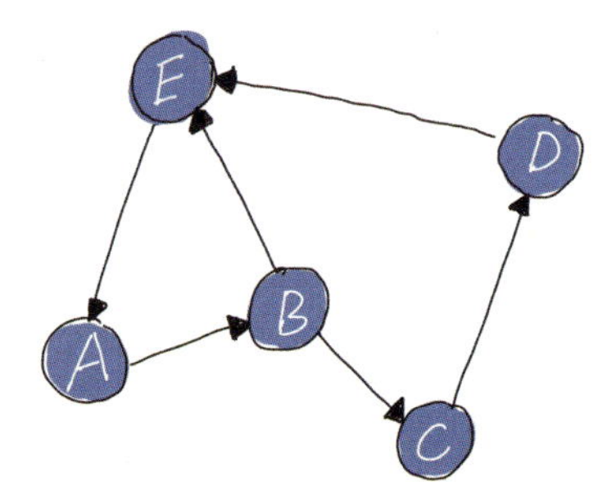

图8-3　有向图

4. 识别团伙欺诈的基本思想

识别团伙欺诈的基本思想是：在金融领域，聚集就意味着风险。也就是说，只要能找到用户之间的关联关系，就可以得到贷款用户小群体，这些小群体都被认为是有欺诈嫌疑的备选客群。之后会通过一些由经验和分析手段得到的规则对用户进行识别，而图谱就是最适合寻找用户之间关系的一种技术手段。

例如，在图8-4中，A、B、C、D、E五个人形成一个小团体，H、I、J三个人形成一个小团体，L、M两个人同样形成一个小团体。

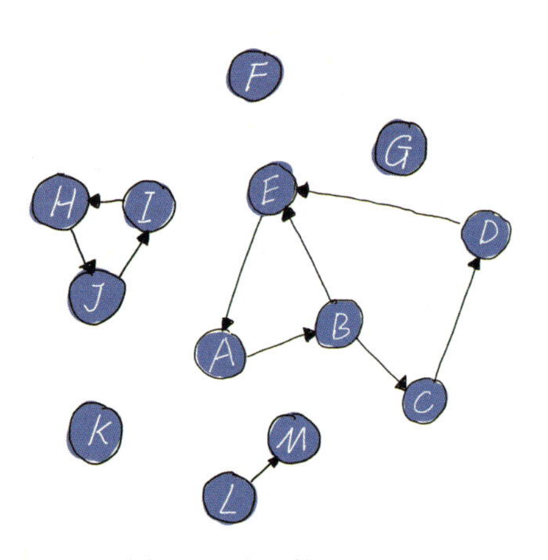

图8-4　小团体示意图

类似于图 8-4 中由 *A*、*B*、*C*、*D*、*E* 五个人的团体，通常具有更大的风险，因为在金融网络中，大量客群连接成一个连通图的形式是很少见的。因此，在实际业务中，会额外关注这几个人。

8.2 中心度与相似性

通常认定，在网络中，越是活跃或者趋于网络中心位置的人，在网络中的重要性越高。在社交网络中，活跃的节点意味着更强的社交能力。在风控领域，活跃的样本通常意味着更大的欺诈风险。因此定义中心度来衡量网络中每一个节点的活跃程度。

首先看一下中心度的第一种表示方法——度（Degree）。节点的度是指与该节点相连的边的个数。比如在图 8-5 中，*B* 节点的度为 3。节点的度越大，代表节点在网络中越活跃。而在金融网络中，过于活跃的用户通常都携带着风险。

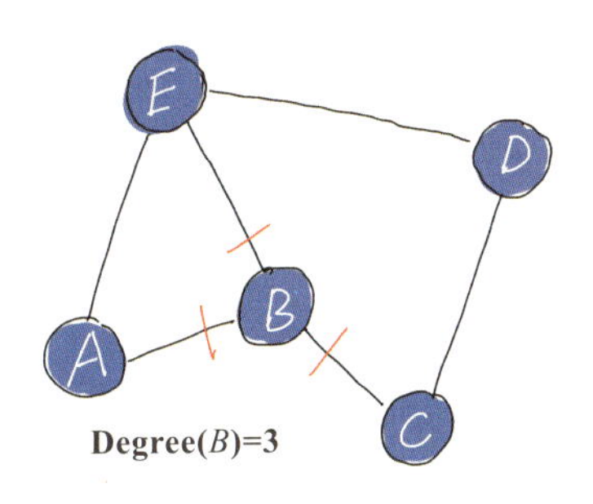

图 8-5 节点的度

【例 8-1】计算节点的度。

本节使用编程语言使用者知识图谱数据。首先将数据加载到网络中，然后计算节点的度。为了方便展示，只计算前两个节点的相关信息。

首先看一下数据在网络中的结构。

```
1. import networkx as nx
2. import pandas as pd
3. import matplotlib.pyplot as plt
4.
```

```
5. edge_list = pd.read_csv('./data/stack_network_links.csv')
6. G = nx.from_pandas_edgelist(edge_list,edge_attr='value' )
7. plt.figure(figsize=(15,10))
8. nx.draw(
9.     G,with_labels=True,
10.    edge_color='grey',
11.    node_color='pink',
12.    node_size=500,
13.    font_size=40,
14.    pos=nx.spring_layout(G,k=0.2))
```

输出结果如图 8-6 所示。

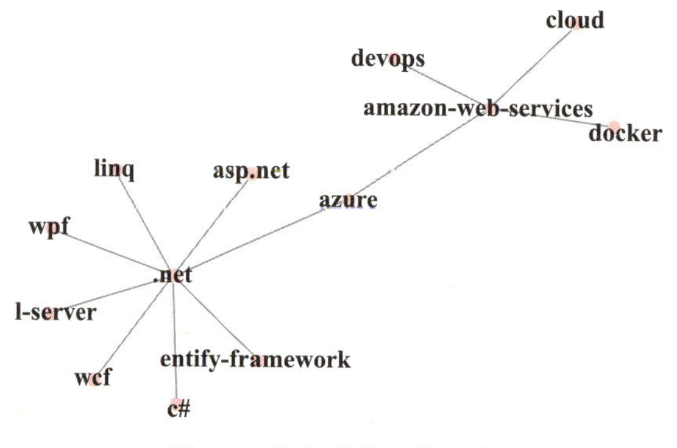

图 8-6　案例数据网络结构

如下调用函数 nx.degree 计算节点的度。

```
1. # 度
2. nx.degree(G)
```

输出结果为：

```
DegreeView({'azure': 2, '.net': 8})
```

但是使用度来衡量用户在网络中的中心度，没有考虑到邻接节点的信息。因此在 Eigenvector 方法中，对此进行了优化。Eigenvector 的设计思想是，一个用户的活跃（中心度强）并不只体现在他有大量的朋友，他的朋友也应该是活跃的。因此节点 B 的

Eigenvector 中心度可以定义为：

$$c(B)=\frac{1}{\lambda}[c(A)+c(C)+c(E)] \tag{8-1}$$

也就是不止计算和 B 相连的节点个数，还要对相邻节点的中心度进行加权求和。Eigenvector 方法在无向图上可以有很好的表现，但是在有向图中，有一些节点可能会得到为 0 的中心度。比如在图 8-7 中，C 节点因为只具有出度，即只有从 C 指向其他节点的边，所以计算 B 的 Eigenvector 中心度时，其相邻节点 C 的中心度无法进行迭代计算。

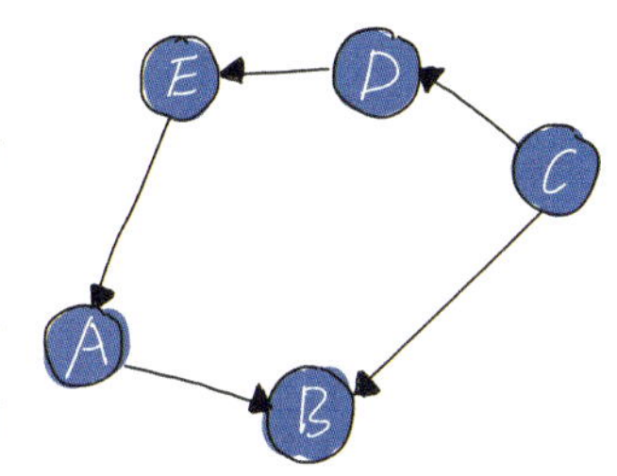

图 8-7　Eigenvector 中心度

因此，在 Eigenvector 方法上再进行改进，考虑给每一个节点一个初始的中心度。于是图 8-7 中 C 节点的中心度可以表示为：

$$c(C)=\beta \tag{8-2}$$

这时候 B 节点的 Eigenvector 中心度为：

$$c(B)=\alpha\cdot[c(A)+c(C)]+\beta \tag{8-3}$$

整个网络中的中心度会随着不断迭代计算而趋于稳定。

【例 8-2】计算 Eigenvector 中心度。

仍使用编程语言网络进行演示，为方便展示，只打印前两个节点的结果。

```
1. import networkx as nx
2. nx.eigenvector_centrality(G)
```

运行结果为：

```
{'azure': 0.2964123470219363, '.net': 0.6881889419515114}
```

但是在计算 Eigenvector 中心度的时候，每条出边都会带上其余节点的完整中心度，这显然是不合理的。因此在 PageRank 中心度的计算中，假设当一个节点的出度为 n 时，其每条出边只能带上 $1/n$ 的初始中心度。因此，C 节点的 PageRank 中心度依旧可以表示为：

$$c(C)=\beta \tag{8-4}$$

此时，B 节点的 PageRank 中心度可以表示为：

$$c(B)=\alpha\cdot\left[1\cdot c(A)+\frac{1}{2}\cdot c(C)\right]+\beta \tag{8-5}$$

【例 8-3】计算 PageRank 中心度。

仍使用编程语言网络进行演示，为方便展示，只打印前两个节点的结果。

```
1. import networkx as nx
2. nx.pagerank(G,alpha=0.9)
```

运行结果为：

```
{'azure': 0.008636678605772745, '.net': 0.011950574726124735}
```

除了这几种用于度量网络中心度的方式外，还可以通过计算节点之间的最短路径来描述节点的中心度。Betweenness 中心度的计算方法可以用公式表示为：

$$C_{ij}(k)=\sum_{i\neq j\neq k}\frac{\sigma_{ij}(k)}{\sigma_{ij}} \tag{8-6}$$

其中，σ_{ij} 表示从节点 i 到节点 j 的最短路径数目，$\sigma_{ij}(k)$ 表示由节点 i 到 j 且经过节点 k 的最短路径数目，即 $\sigma_{ij}(k)$ 表示 σ_{ij} 中经过节点 k 的路径数目。

【例 8-4】计算 Betweenness 中心度。

仍使用编程语言网络进行演示，为方便展示，只打印前两个节点的结果。

```
1. import networkx as nx
2. nx.betweenness_centrality(G)
```

运行结果为：

```
{'azure': 0.054000196569856024, '.net': 0.002291495700904178}
```

Betweenness 方法使用最短路径的数量来表示节点的中心度，并没有考虑到最短路径的长度。在 Closeness 算法中，考虑使用最短路径长度来衡量一个节点在网络中的中心度。定义一个节点 i 的 Closeness 中心度为：

$$C_c(i)=\frac{1}{\bar{l}_{v_i}} \quad (8\text{-}7)$$

$$\bar{l}_{v_i}=\frac{1}{n-1}\sum_{i\neq j} l_{i,j} \quad (8\text{-}8)$$

其中，$l_{i,j}$ 表示从节点 i 到节点 j 的最短路径的长度。计算节点 i 到除了 i 节点以外的其他节点的平均最短路径长度的倒数，作为节点 i 在网络中的 Closeness 中心度。

【例 8-5】计算 Closeness 中心度。

```
1. import networkx as nx
2. nx.closeness_centrality(G)
```

运行结果为：

```
{'azure': 0.2120437349297414, '.net': 0.20199200031681913}
```

除了中心度以外，网络中还有一种常见的性质叫作网络相似性。通常在结构化数据中衡量两个客户的相似性非常容易，比如两个人的性别是否相同、收入是否接近、家庭住址的余弦相似度是否较大。但在网络中，更倾向于使用节点的相邻节点作为度量标准。i 和 j 两个节点的结构等价性，通常定义为 i 和 j 两个节点的共有邻居的节点数目。

$$\sigma(i,j)=|N(i)\cap N(j)| \quad (8\text{-}9)$$

也就是说，两个节点的公共一度邻居越多，两个节点越相似。但是这样的定义方式有一定缺陷，比如 A 节点和 B 节点有 10 个相同的一度邻居，而 C 节点和 D 节点也有 10 个相同的一度邻居。但是节点 A 和 B 都只有这 10 个相连节点，而 C 和 D 各自有 1000 个好友。显然 A 和 B 的相似度要远远大于 C 和 D 的相似度。

因此，在计算结构等价性的时候，要对 $\sigma(i,j)$ 进行归一化处理，使得节点邻居的基数不会影响等价性的计算。一种最简单的归一化方式是，利用 i 和 j 两个节点的全部一度邻居作为归一化的分母：

$$\sigma_{\text{Jaccard}}(i,j)=\frac{|N(i)\cap N(j)|}{|N(i)\cup N(j)|} \tag{8-10}$$

这种归一化的方式称为 Jaccard 相似度。

例如图 8-8 中 B 和 E 的 Jaccard 相似度为：

$$\sigma_{\text{Jaccard}}(B,E)=\frac{|\{A,C,E\}\cap\{A,B,D\}|}{|\{A,C,D,E\}|}=\frac{1}{4} \tag{8-11}$$

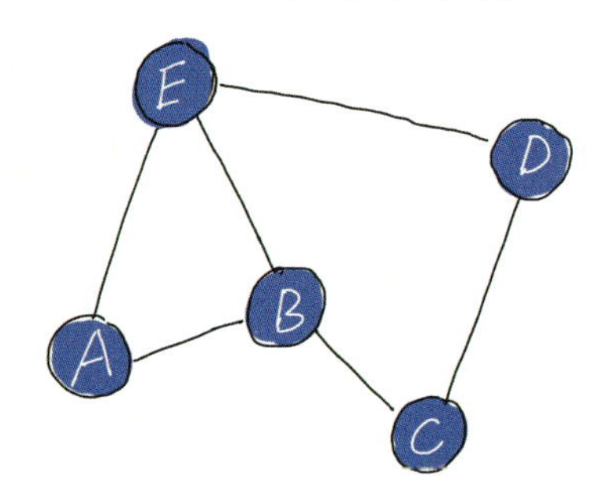

图 8-8　计算 Jaccard 相似度

【例 8-6】计算 Jaccard 相似度。

仍使用编程语言网络进行演示，为方便展示，只打印前两个节点的结果。

```
1. preds = nx.jaccard_coefficient(G, [('azure','.net')])
2. for u, v, p in preds:
3.     print('(%s, %s) -> %.8f' % (u, v, p))
```

运行结果为：

```
(azure, .net) -> 0.18181818
```

除了 Jaccard 相似度以外，还有 Cosine 相似度，定义为：

$$\sigma_{\text{Cosine}}(i,j)=\frac{|N(i)\cap N(j)|}{\sqrt{|N(i)||N(j)|}} \tag{8-12}$$

在图 8-8 中，如果计算 B 和 E 的 Cosine 相似度，可以得到：

$$\sigma_{\text{Cosine}}(B,E)=\frac{|\{A,C,E\}\cap\{A,D\}|}{\sqrt{|\{A,C,E\}||\{A,D\}|}}=\frac{1}{\sqrt{6}} \tag{8-13}$$

有了中心度和相似度的定义后，就可以进行基本的欺诈检测规则抽取，比如当网络中的中心度超过某一阈值或者和其他节点的相似度超过某一阈值，即会触发预警。但是通过遍历每一个样本比对相似度是一种非常低效的做法，实际中更常使用的是社区发现算法。

每一个节点的二度联系人和三度联系人可以作为用户失联后的潜在联系人。由于用户失联后，贷后管理人员无法进行适当的施压，通过网络输出多度联系人，成为当前失联补全模型的主要手段。此外，每一个节点的中心度也可以抽取出来，放入风控模型作为一种来源于知识图谱的信息，与其他类型的数据一同建立监督模型。

8.3 节点分类

在通常的分类任务中会将用户的每一个特征和标签对应，带入模型进行训练。网络中的节点分类与传统结构数据的分类任务的不同点在于，网络节点的特征并不是简单的向量结构，而是存在于复杂网络空间中的网状结构，其中包含用户的自身属性以及不同用户间的位置关系。它在某种程度上和自然语言处理任务相似，这就对节点的分类造成了一定的影响。

因此，想要对节点进行分类预测，首先要找到从网络中抽取特征的方法，即通过一些特殊的表示手段，将网络中的节点空间关系抽象为一个向量。

8.3.1 朴素节点分类

朴素节点分类的思想非常简单，只需要根据节点与其他节点是否相连，进行 one-hot 编码后，排列成列向量，和标签一起带入分类器进行训练即可。假设网络结构如图 8-9 所示。

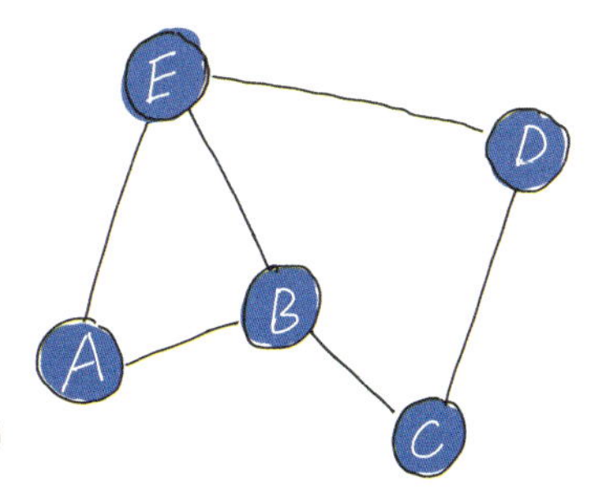

图 8-9 one-hot 编码网络

比如图 8-9 中，节点 A 的向量可以表示为：

$$u_A = [0,1,0,0,1] \tag{8-14}$$

因为 A、B 与节点 E 相连，所以在 $\{A,B,C,D,E\}$ 组成

的向量中，B 和 E 位置的向量元素取值为 1，其余处取值为 0。同理，节点 B 的向量可以表示为：

$$u_B = [1,0,1,0,1] \tag{8-15}$$

于是就得到常规的结构化数据，其中每一个元素代表当前节点的一个特征。

【例 8-7】朴素节点分类。

首先将网络结构转化为一个邻接矩阵（Adjacency Matrix），然后使用线性核 SVM 模型进行训练。

```
1. import networkx as nx
2. import numpy as np
3. from sklearn.model_selection import train_test_split
4. from sklearn.neighbors import KNeighborsClassifier
5. from sklearn.svm import SVC
6.
7. # 给定真实标签
8. G = nx.karate_club_graph()
9. groundTruth = [0,0,0,0,0,0,0,0,1,1,0,0,0,0,1,1,0,0,1,0,1,0,1,1,1,1,1,1,0,0,
                  0,0,1,1]
10. # 定义邻接矩阵，将网络节点转换成 n×n 的方阵
11. def graphmatrix(G):
12.     n = G.number_of_nodes()
13.     temp = np.zeros([n,n])
14.     for edge in G.edges():
15.         temp[int(edge[0])][int(edge[1])] = 1
16.         temp[int(edge[1])][int(edge[0])] = 1
17.     return temp
18.
19. edgeMat = graphmatrix(G)
20.
21. x_train, x_test, y_train, y_test = train_test_split(edgeMat,
22.                                     groundTruth, test_size=0.6,
23.                                     random_state=0)
24. # 使用线性核 SVM 分类器进行训练
25. clf = SVC(kernel="linear")
26.
27. clf.fit(x_train, y_train)
28. predicted = clf.predict(x_test)
29. print(predicted)
30.
31. score = clf.score(x_test, y_test)
32. print(score)
```

运行结果为：

```
预测标签：[0 1 1 0 0 1 1 0 0 1 1 1 1 1 0 1 0 1 1 1 0]
得分：0.8095238095238095
```

8.3.2　邻节点加权投票

在知识图谱中，通常认为，用户的信息会由边进行传播并不断衰减。而在朴素节点分类中，并没有考虑到节点间的相互作用。通俗理解就是，相连的用户可能具有相同的标签。比如一个用户被打上了欺诈标签，那么他的一度联系人会转变为欺诈用户的概率会大大提高。这种情况下，可以使用一种叫作共生节点分类（Collective Classification）的半监督学习方法对节点进行分类。

邻节点加权投票（Weighted-Vote Relational Neighbor，WVRN）是一种典型的共生节点分类方法。在 WVRN 中，每一个无标签节点 i 的标签由其邻居 $\mathcal{N}(i)$ 进行加权投票得到：

$$P(y_i=1|\mathcal{N}(i))=\frac{1}{|\mathcal{N}(i)|}\sum_{v_j\in N(i)}P(y_j=1|\mathcal{N}(j)) \tag{8-16}$$

其中，y_i 是节点 i 的标签。当节点 i 的邻居节点标签确认之后，节点 i 的标签也会随之确定。权重就体现在节点 i 的邻居节点标签的概率上，也就是说，邻居中对自己标签最有信心的节点，相应对节点 i 的贡献也会越大，从而可以根据网络中部分有标签样本的标记，迭代得到其余无标签样本的标签。最终，网络中的每个节点的标签概率会收敛到一个稳定的值。

【例 8-8】使用 WVRN 算法对节点进行分类。

将样本的标签值初始化为 0.5，即每个样本属于正负样本的概率各有 50%。使用 WVRN 算法对节点标签进行迭代，得到最终结果。

```
1. import networkx as nx
2. import numpy as np
3. from sklearn.model_selection import train_test_split
4. from sklearn.metrics import accuracy_score
5.
```

```
6. # 二值化，默认用 0.5 作为阈值，可以根据业务标签分布调整
7. def binary(nodelist, threshold=0.5):
8.     for i in range(len(nodelist)):
9.         if(nodelist[i] > threshold):
10.            nodelist[i] = 1.0
11.        else:
12.             nodelist[i] = 0
13.    return nodelist
14.
15. G = nx.karate_club_graph()
16. groundTruth = [0,0,0,0,0,0,0,0,1,1,0,0,0,0,1,1,0,0,1,0,1,0,1,1,1,1,1,1,0,
                   0,0,0,1,1]
17. max_iter = 2 # 迭代次数
18. nodes = list(G.nodes())
19. nodes_list = {nodes[i]: i for i in range(0, len(nodes))}
20.
21. vote = np.zeros(len(nodes))
22. x_train, x_test, y_train, y_test = train_test_split(nodes, groundTruth,
23.                                    test_size=0.7, random_state=1)
24.
25. vote[x_train] = y_train
26. vote[x_test] = 0.5 # 初始化概率为 0.5
27.
28. for i in range(max_iter):
29.     # 只用前一次迭代的值
30.     last = np.copy(vote)
31.     for u in G.nodes():
32.         if(u in x_train):
33.             continue
34.         temp = 0.0
35.         for item in G.neighbors(u):
36.             # 对所有邻居求和
37.             temp = temp + last[nodes_list[item]]
38.         vote[nodes_list[u]] = temp/len(list(G.neighbors(u)))
39.
40. # 二值化得到分类标签
41. temp = binary(vote)
42. pred = temp[x_test]
43. # 计算准确率
44. print(accuracy_score(y_test, pred))
```

运行结果为：

```
0.75
```

即当前模型的预测准确率为 0.75。

8.3.3　一致性标签传播

根据邻居节点概率加权投票的方式，虽然考虑到了节点信息的流转，但是在每一次更新的时候都没有将当前自身的信息考虑进来。简单来说，一个节点在经历一次更新时，相比自身原本的标签不应该有太大的改变。

如果想在网络传播过程中将每个节点的当前信息考量进来，可以使用另一种共生节点分类的算法——一致性标签传播（The Consistency Label Propagation Method，CLPM）。CLPM 也是一种半监督学习方法。依然可以根据网络中部分有标签样本的标记，迭代得到其余无标签样本的标签。

1. CLPM 原理

在 CLPM 中，不仅可以将每一个节点的信息传播到它的邻居身上，还可以在每次更新网络的同时，保留节点的原始信息。对于无标签节点，可以初始化为一个中间值。设样本集合 $\boldsymbol{X}=\{x_1,\cdots,x_i,x_i+1,\cdots,x_n\}$，标签集合 $L=1,\cdots,c$。样本集合中前 i 个为有标签样本，其余为无标签样本。算法的目标就是预测无标签样本的标签。

设一个 $n\times c$ 的矩阵 $\boldsymbol{F}$，每行代表一个样本，且每行中最大元素的位置就是该样本的标签。再定义一个 $n\times c$ 的标签矩阵 $\boldsymbol{Y}$，若 $y_{ij}=1$，则表明标签 $y_i=j$。

2. 算法流程

1）定义关联矩阵 $\boldsymbol{W}$，用来表示样本之间的空间位置关系，且其对角线元素为 0，其中第 i 行第 j 列的元素 w_{ij} 的值为

$$w_{ij}=\exp\left(-\frac{\|x_i-x_j\|^2}{2\sigma^2}\right),\ i\neq j \tag{8-17}$$

这个矩阵 $\boldsymbol{W}$ 表达了样本集合 $\boldsymbol{X}$ 所构成的图的各个边的权值。

2）定义标准化关联矩阵 $\boldsymbol{S}$：

$$\boldsymbol{S}=\boldsymbol{D}^{-1/2}\boldsymbol{W}\boldsymbol{D}^{-1/2} \tag{8-18}$$

其中，$\boldsymbol{D}$ 为一个对角矩阵，d_{ii} 的值为 $\boldsymbol{W}$ 第 i 行元素的和。也就是说，对其中每一个元素 S_{ii} 有标准化：

$$S_{ii}=\frac{1}{\sqrt{d_i}}w_{ii}\frac{1}{\sqrt{d_i}} \tag{8-19}$$

标准化是为了防止在下一步中累乘导致 $F(t)$ 的值持续增大。

3）定义迭代公式：

$$F(t+1)=\alpha \boldsymbol{S}F(t)+(1-\alpha)\boldsymbol{Y} \tag{8-20}$$

其中，$\boldsymbol{Y}$ 为标签矩阵，α 为 0～1 之间的值，t 为当前迭代轮次。于是下一步的迭代公式可以由当前迭代公式和当前节点的标签共同得到。可以看到，如果不进行标准化，$F(t)$ 的值将随着 t 越来越大。

4）设最终集合 $\{F(t)\}$ 收敛到 $\boldsymbol{F}^*$，则每个样本的标签为

$$y_i=\arg\max_{j\leqslant c} F_{ij}^* \tag{8-21}$$

但是通过网络逐步迭代最终达到收敛效率较低，可以通过推导将上述迭代公式转化成一个等价的求解公式，从而大大降低算法的复杂度。

设 $F(0)=\boldsymbol{Y}$，则有

$$F(t)=(\alpha S)^{t-1}\boldsymbol{Y}+(1-\alpha)\sum_{i=0}^{t-1}(\alpha \boldsymbol{S})^i\boldsymbol{Y} \tag{8-22}$$

令矩阵 $\boldsymbol{P}$ 为

$$\boldsymbol{P}=\boldsymbol{D}^{-1}\boldsymbol{W}=\boldsymbol{D}^{-1/2}\boldsymbol{S}\boldsymbol{D}^{1/2} \tag{8-23}$$

则有

$$\lim_{t\to\infty}(\alpha \boldsymbol{S})^{t-1}=0 \tag{8-24}$$

$$\lim_{t\to\infty}\sum_{i=0}^{t-1}(\alpha \boldsymbol{S})^i=(\boldsymbol{I}-\alpha \boldsymbol{S})^{-1} \tag{8-25}$$

于是，得到 $\boldsymbol{F}^*$ 的收敛结果：

$$\boldsymbol{F}^*=\lim_{t\to\infty}F(t)=(1-\alpha)(I-\alpha \boldsymbol{S})^{-1}\boldsymbol{Y} \tag{8-26}$$

3. 算法应用

【例 8-9】使用 CLPM 算法进行节点分类。

首先将节点抽象成边，然后对邻接矩阵进行标准化，最后使用 CLPM 算法对节点进行分类。

```
1. import networkx as nx
2. import numpy as np
3. from sklearn.model_selection import train_test_split
4. from sklearn.metrics import accuracy_score
5. from sklearn import preprocessing
6. from scipy import sparse
7.
8. G = nx.karate_club_graph()
9. groundTruth = [0,0,0,0,0,0,0,0,1,1,0,0,0,0,1,1,0,0,1,0,1,0,1,1,1,1,1,1,0,
                  0,0,0,1,1]
10.
11. def graphmatrix(G):
12.     # 节点抽象成边
13.     n = G.number_of_nodes()
14.     temp = np.zeros([n,n])
15.     for edge in G.edges():
16.         temp[int(edge[0])][int(edge[1])] = 1
17.         temp[int(edge[1])][int(edge[0])] = 1
18.     return temp
19.
20. def propagation_matrix(G):
21.     # 矩阵标准化
22.     degrees = G.sum(axis=0)
23.     degrees[degrees==0] += 1 # 避免除以 0
24.
25.     D2 = np.identity(G.shape[0])
26.     for i in range(G.shape[0]):
27.         D2[i,i] = np.sqrt(1.0/degrees[i])
28.
29.     S = D2.dot(G).dot(D2)
30.     return S
31.
32. # 定义取最大值的函数
33. def vec2label(Y):
34.     return np.argmax(Y,axis=1)
35.
36. edgematrix = graphmatrix(G)
37. S = propagation_matrix(edgematrix)
38.
39. alpha = 0.8
40. cn = 2
41. max_iter = 10
42.
```

```
43. # 定义迭代函数
44. F = np.zeros([G.number_of_nodes(),2])
45. X_train, X_test, y_train, y_test = train_test_split(list(G.nodes()),
46.                                    groundTruth, test_size=0.7,
47.                                    random_state=1)
48. for (node, label) in zip(X_train, y_train):
49.     F[node][label] = 1
50.
51. Y = F.copy()
52.
53. for i in range(max_iter):
54.     F_old = np.copy(F)
55.     F = alpha*np.dot(S, F_old) + (1-alpha)*Y
56.
57. temp = vec2label(F)
58. pred = temp[X_test]
59. print(accuracy_score(y_test, pred))
```

运行结果为：

```
0.75
```

即模型的准确率为 0.75。

8.4 社区发现算法

8.4.1 基础概念

对于团伙欺诈检测，业内最有效的方法是基于图结构的社区发现算法，主要有两类：

- 社区检测（Community Detection）：通过对固定的网络社区进行划分，从而得到一个个团簇结构。
- 社区搜索（Community Search）：首先给定一个网络社区和其中的某个节点 A，然后从节点 A 出发寻找与 A 有关的社区。

对于网络中的社区而言，社区内部的点之间应当联系较为紧密，而社区之间的点的差异较大。比如图 8-10 中，阴影部分的点各为一个社区。

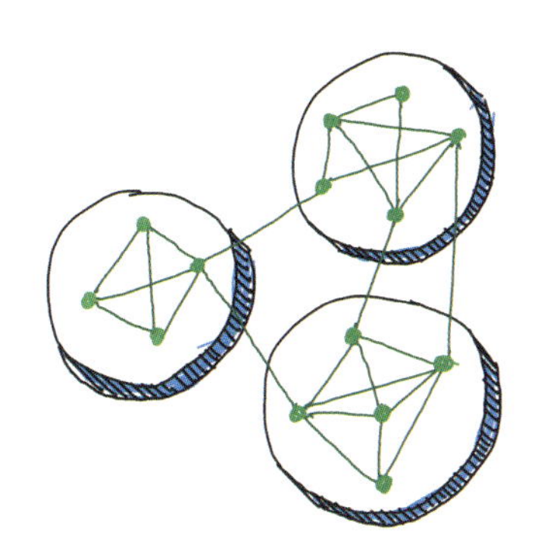

图 8-10　社区示意图

可以看到社区发现的性质和聚类是非常相似的，同属于无监督学习的范畴。聚类中最重要的指标是定义样本点之间的相似度，在社区中也是如此。上一节中定义的 Jaccard 相似度和 Cosine 相似度都是常见的相似度度量指标。

一旦定义好了每一个样本的特征，以及计算样本间相似程度的指标，就可以分别计算每个样本间的相似度，从而通过阈值将用户划分为不同的社区。但是使用传统的聚类方法（如 *k*-means 聚类）划分社区在实践中效果很不稳定，并且多数情况下精度较差。

8.4.2　Girvan-Newman 算法

Girvan-Newman（GN）算法是最经典的社区发现算法之一，其基本思想是，如果去除社群之间连接的边，留下的就是社群。该算法认为，两个社区之间的点的最短路径总是要通过社区间的连接边。因此中心度越大的边，越可能是不同社区的连接边。所以只需要不断将中心度大的边去掉，就可以得到独立的社区。

算法步骤如下：

1）计算所有边的边中心度；

2）将边中心度最高的边去掉；

3）重新计算被去掉的边影响的边的边中心度；

4）重复第 2 和 3 步，直至不连通的社区个数达到预设值。

按照这种思路，随着边逐渐减少，肯定可以将连通图中的点划分成很多不连通集合。比如在图 8-10 中，如果将 3 个圆之间的连线去掉，就可以得到 3 个子集。这 3 个不连通的子集就是 3 个社区。

【例 8-10】通过 GN 算法进行社区划分。

```
1. import networkx as nx
2. from networkx.algorithms import community
3. import itertools
4.
5. G = nx.karate_club_graph()
6. comp = community.girvan_newman(G)
7. # 令社区个数为 4，这样会依次得到 k=2，k=3，k=4 时候的划分结果
8. k = 4
9. limited = itertools.takewhile(lambda c: len(c) <= k, comp)
10. for communities in limited:
11.     print(tuple(sorted(c) for c in communities))
```

输出结果为：

```
# k=2 时的划分结果：
([0, 1, 3, 4, 5, 6, 7, 10, 11, 12, 13, 16, 17, 19, 21], [2, 8, 9, 14, 15, 18,
  20, 22, 23, 24, 25, 26, 27, 28, 29, 30, 31, 32, 33])
# k=3 时的划分结果：
([0, 1, 3, 4, 5, 6, 7, 10, 11, 12, 13, 16, 17, 19, 21], [2, 8, 9, 14, 15, 18,
  20, 22, 23, 24, 25, 26, 27, 28, 29, 30, 31, 32, 33])
# k=4 时的划分结果：
([0, 1, 3, 7, 11, 12, 13, 17, 19, 21], [2, 8, 14, 15, 18, 20, 22, 23, 24, 25,
  26, 27, 28, 29, 30, 31, 32, 33], [4, 5, 6, 10, 16], [9])
```

8.4.3 Louvain 算法

在实际使用中，GN 算法虽然准确率很高，但是计算量大，时间复杂度也很高，所以更常使用 Louvain 算法进行社区发现。

在介绍 Louvain 算法之前要先了解模块度的概念。对于一个给定的连通图，可以有很多种划分方法。在介绍算法前，要确定哪种社区划分是最优的，这就会用到模块度（Modularity）。

首先定义：

$$A_{ij}=\begin{cases}1, & i\text{和}j\text{相连}\\0, & i\text{和}j\text{不相连}\end{cases} \tag{8-27}$$

$$\delta(c_i,c_j)=\begin{cases}1, & i\text{和}j\text{在同一个社区}\\0, & i\text{和}j\text{在不同社区}\end{cases} \tag{8-28}$$

再定义模块度 Q：

$$Q=\frac{1}{2m}\sum_{ij}\left[A_{ij}-\frac{k_ik_j}{2m}\right]\delta(c_i,c_j) \tag{8-29}$$

其中，m 代表网络中边的个数，k_i 和 k_j 代表 i 和 j 的度，所以 $\frac{k_ik_j}{2m}$ 就是 i 和 j 的边的个数总和的期望值。显然，模块度 Q 越大，说明社区划分的结果越好。当模块度 $Q>0$ 时，当前划分的模块相比于随机划分要好。业内普遍认为当 $Q>0.3$ 时，当前划分是一个较好的划分。

下面通过一个实例来理解模块度的计算过程。假设有网络如图 8-12 所示。

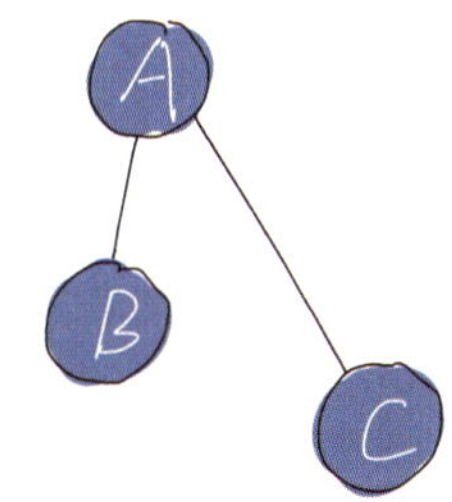

图 8-11　模块度计算

在图 8-11 中共有 A、B、C 三个节点，其中节点 A 和 C 在社区 2，节点 B 在社区 1。可以表达为矩阵形式

$$\begin{bmatrix}0 & 1 & 1\\1 & 0 & 0\\1 & 0 & 0\end{bmatrix}[2\quad 1\quad 2] \tag{8-30}$$

左边是邻接矩阵，右边是社区划分的标签向量。根据模块度的计算公式有

$$\begin{aligned}Q&=\frac{1}{2\times2}\left[\left(0-\frac{2\times2}{2\times2}\right)\times1+0+\left(1-\frac{2\times1}{2\times2}\right)\times1\right]+\frac{1}{2\times2}\left[0+\left(0-\frac{1\times1}{2\times2}\right)\times1+0\right]\\&\quad+\frac{1}{2\times2}\left[\left(0-\frac{1\times2}{2\times2}\right)\times1+0+\left(1-\frac{1\times1}{2\times2}\right)\times1\right]\\&=-\frac{1}{8}\end{aligned} \tag{8-31}$$

Louvain 可以理解成 GN 的逆过程：GN 的思路是不断拆边，类似于自上而下的层次聚类；而 Louvain 则是不断凝聚，类似于自下而上的层次聚类。

算法过程如下：

1）把每一个节点当作一个独立的社区；

2）假如把 i 和 j 加入当前社区都会使其模块度增加，比较两者的数值，选择增量较大的一个加入当前社区中；

3）如此这般反复迭代，直到模块度 Q 的值不再增加为止。

【例 8-11】通过 Louvain 算法实现社区发现。

注意，使用 Louvain 算法需要引用额外的包 community，因为在 networkx 库中并没有封装这个算法。

```
1. import networkx as nx
2. import community
3.
4. G = nx.karate_club_graph()
5. part = community.best_partition(G)
6. print(len(part))
```

运行结果为：

```
4
```

即将该网络划分为 4 个社区。

8.4.4 社区评估

划分网络后，仍需要对网络的聚类结果进行评估。为此本节为读者介绍一种度量分布差异的方法——标准互信息（Normalized Mutual Information，NMI）。其核心思想为互信息（Mutual Information，MI）。在社区发现中，从业者常使用 MI 评价聚类效果，其计算公式为

$$I(X;Y)=\sum_{y\in Y}\sum_{x\in X}p(x,y)\log\left(\frac{p(x,y)}{p(x)p(y)}\right) \tag{8-32}$$

其中，$p(x)$ 为 x 的概率分布，$p(y)$ 为 y 的概率分布，$p(x,y)$ 为 x 和 y 的联合概率分布。

X和Y为两个数据集的聚类标签集合。假设当前划分结果为$A = [1,1,1,1,1,1,2,2,2,2,2,2,3,3,3,3,3]$，真实的划分结果为$B = [1,2,1,1,1,1,1,2,2,2,2,3,1,1,3,3,3]$。则聚类标签集合$X = [1,2,3]$，$Y = [1,2,3]$。

而 NMI 值的计算是对 MI 值进行标准化，使得 MI 值的取值范围规划在 [0,1] 之间。公式为

$$U(X,Y) = 2R = 2\frac{I(X;Y)}{H(X)+H(Y)} \tag{8-33}$$

其中，$H(X)$ 和 $H(Y)$ 分别为 X 和 Y 的熵。熵的公式定义为：

$$H(X) = \sum_{i=1}^{n} p(x_i)I(x_i) = \sum_{i=1}^{n} p(x_i)\log_2\frac{1}{p(x_i)} = -\sum_{i=1}^{n} p(x_i)\log_2 p(x_i) \tag{8-34}$$

$$H(Y) = \sum_{i=1}^{n} p(y_i)I(y_i) = \sum_{i=1}^{n} p(y_i)\log_2\frac{1}{p(y_i)} = -\sum_{i=1}^{n} p(y_i)\log_2 p(y_i) \tag{8-35}$$

【例 8-12】实现 NMI 计算并与 sklearn 封装函数对比。

```
1.  import math
2.  import numpy as np
3.  from sklearn import metrics
4.
5.  def NMI(A,B):
6.      total = len(A)
7.      X = set(A)
8.      Y = set(B)
9.      # 计算互信息MI
10.     MI = 0
11.     eps = 1.4e-45
12.     for x in X:
13.         for y in Y:
14.             AOC = np.where(A==x)
15.             BOC = np.where(B==y)
16.             ABOC = np.intersect1d(AOC,BOC)
17.             px = 1.0*len(AOC[0])/total
18.             py = 1.0*len(BOC[0])/total
19.             pxy = 1.0*len(ABOC)/total
20.             MI = MI + pxy*math.log(pxy/(px*py)+eps,2)
21.     # 标准化互信息NMI
22.     Hx = 0
23.     for x in X:
```

```
24.             AOC = 1.0*len(np.where(A==x)[0])
25.             Hx = Hx - (AOC/total)*math.log(AOC/total+eps,2)
26.         Hy = 0
27.         for y in Y:
28.             BOC = 1.0*len(np.where(B==y)[0])
29.             Hy = Hy - (BOC/total)*math.log(BOC/total+eps,2)
30.         NMI = 2.0*MI/(Hx+Hy)
31.         return NMI
32. # 测试
33. if __name__ == '__main__':
34.     A = np.array([1,1,1,1,1,1,2,2,2,2,2,2,3,3,3,3,3])
35.     B = np.array([1,2,1,1,1,1,1,2,2,2,2,3,1,1,3,3,3])
36.     # 调用自定义的NMI函数
37.     print(NMI(A,B))
38.     # 调用sklearn封装好的NMI函数
39.     print(metrics.normalized_mutual_info_score(A,B))
```

运行结果为：

```
0.3645617718571898
0.3646247961942429
```

两个函数的结果几乎相同，即自定义的NMI函数与sklearn中封装的函数metrics.normalized_mutual_info_score基本相同。

8.5 网络表示学习

在使用节点的网络关系进行建模时，必须将节点的关系抽取成向量矩阵，才能满足结构化建模的需求。8.3.1节中的one-hot编码就是一种朴素的节点表示方法，这种编码方式有如下缺点：

- 特征稀疏，大部分取值都为0；
- 特征维度高，计算复杂度较大；
- 只能表示节点之间的一度关系，多度关联无法体现。

网络表示学习（Network Representation Learning）指通过机器学习方法获取网络节点的低维度表示，将网络节点的连接关系压缩到某个特征子空间。这种通过模型学习到的节点表示，可以直接用于结构化数据建模。本节为读者介绍两种网络表示学习的方法。

8.5.1 矩阵分解

矩阵分解（Matrix Factorization）指通过变换，使得当前高维邻接矩阵的近似值由两个维度较低的矩阵相乘表示，且近似矩阵基本包含原始邻接矩阵的全部信息。矩阵分解公式为

$$\boldsymbol{G} \approx \hat{\boldsymbol{G}} = \boldsymbol{UV}, \boldsymbol{U} \in \boldsymbol{R}^{n \times d}, \boldsymbol{V} \in \boldsymbol{R}^{d \times n} \tag{8-36}$$

其中，$\boldsymbol{G}$ 为原始邻接矩阵，$\hat{\boldsymbol{G}}$ 为近似矩阵，$\boldsymbol{U}$ 和 $\boldsymbol{V}$ 分别是分解后得到的两个矩阵（$d \ll n$）。矩阵 $\boldsymbol{U}$ 常作为节点的低维表示，用于后续的结构化建模。

1. 算法过程

矩阵分解过程满足如下平方误差损失函数：

$$E_{sq}(\boldsymbol{X}, \hat{\boldsymbol{X}}) = \sum_{i=1}^{n}\sum_{j=1}^{m}(x_{ij} - \hat{x}_{ij})^2 = \| \boldsymbol{X} - \hat{\boldsymbol{X}} \|_F^2 \tag{8-37}$$

其中，$\boldsymbol{X}$ 表示原始邻接矩阵，$\hat{\boldsymbol{X}}$ 表示近似矩阵，$\hat{\boldsymbol{X}}$ 由模型学习得到。x_{ij} 为矩阵 $\boldsymbol{X}$ 第 i 行第 j 列的元素，$\hat{x}_{ij}$ 为矩阵 $\hat{\boldsymbol{X}}$ 第 i 行第 j 列的元素。

因此其目标函数可以表示为

$$\min_{U,V} \mathcal{J} = \| G - \boldsymbol{UV} \|_F^2 \tag{8-38}$$

即寻找最合适的矩阵 $\boldsymbol{U}$ 和 $\boldsymbol{V}$，使得平方误差损失函数最小。使用梯度下降法进行迭代求解。每一轮迭代中，$\boldsymbol{U}$ 和 $\boldsymbol{V}$ 的更新公式为

$$U = U - \eta \frac{\partial \mathcal{J}}{\partial U} = U - 2\eta(-GV' + UVV') \tag{8-39}$$

$$V = V - \eta \frac{\partial \mathcal{J}}{\partial V} = V - 2\eta(-U'G + U'UV) \tag{8-40}$$

其中，η 是学习率。

2. 算法实现

按照前文的算法过程构造矩阵分解函数 Matrix_Factor()。

```
1. import numpy as np
2.
3. def get_cost(X, U, V, lamb=0):
4.     """
5.     计算损失函数
6.     J = |X-UV|+ lamb*(|U|+|V|)
7.     输入: X [n, d], U [n, m], V [m, d]
8.     """
9.     UV = np.dot(U, V)
10.    cost1 = np.sum((X - UV)**2)
11.    cost2 = np.sum(U**2) + np.sum(V**2)
12.    res = cost1 + lamb*cost2
13.    return res
14.
15. def Matrix_Factor(X, m, lamb=0.1, learnRate=0.01):
16.    """
17.    损失函数定义
18.    J = |X-UV| + lamb*(|U|+|V|)
19.    输入: X [n, d]
20.    输出: U [n, m], V [m, n]
21.    """
22.    maxIter = 100
23.    n, d = X.shape
24.    # 随机初始化
25.    U = np.random.random([n, m])/n
26.    V = np.random.random([m, d])/m
27.    # 迭代
28.    iter_num = 1
29.    while iter_num < maxIter:
30.        # 计算 U 的偏导
31.        dU = 2*(-np.dot(X, V.T) + np.linalg.multi_dot([U, V, V.T]) + lamb*U)
32.        U = U - learnRate * dU
33.        # 计算 V 的偏导
34.        dV = 2*(-np.dot(U.T, X) + np.linalg.multi_dot([U.T, U, V]) + lamb*V)
35.        V = V - learnRate * dV
36.        iter_num += 1
37.    return U, V
```

构造好矩阵分解函数后，接下来通过一个例子介绍其使用方法。

【例 8-13】矩阵分解网络表示实战。

调用前文定义的 Matrix_Factor() 函数，对网络进行低维表示，然后使用逻辑回归进行建模。

```
1. import numpy as np
2. import networkx as nx
3. from sklearn.model_selection import train_test_split
4. from sklearn.linear_model import LogisticRegression
5. from sklearn.metrics import roc_curve,auc
6. from matplotlib import pyplot as plt
7. import random
8.
9. # 加载数据
10. G = nx.karate_club_graph()
11. groundTruth = [0,0,0,0,0,0,0,0,1,1,0,0,0,0,1,1,0,0,1,0,1,0,1,1,1,1,1,1,
                   1,1,1,1,1,1]
12.
13. # 构造邻接矩阵
14. def graph2matrix(G):
15.     n = G.number_of_nodes()
16.     res = np.zeros([n,n])
17.     for edge in G.edges():
18.         res[int(edge[0])][int(edge[1])] = 1
19.         res[int(edge[1])][int(edge[0])] = 1
20.     return res
21.
22. # 生成网络
23. G = nx.karate_club_graph()
24. G = graph2matrix(G)
25.
26. # 迭代 20 次
27. [U, V] = Matrix_Factor(G, 20)
28. # 划分训练集、测试集
29. X_train, X_test, y_train, y_test = train_test_split(U,groundTruth,
                                       test_size=0.7,random_state=1)
30. # 逻辑回归训练
31. lgb_lm = LogisticRegression(penalty='l2',C=0.2,class_weight='balanced',
                               solver='liblinear')
32. lgb_lm.fit(X_train, y_train)
33.
34. y_pred_lgb_lm_train = lgb_lm.predict_proba(X_train)[:, 1]
35. fpr_lgb_lm_train, tpr_lgb_lm_train, _ = roc_curve(y_train,y_pred_lgb_lm_train)
36.
37. y_pred_lgb_lm = lgb_lm.predict_proba(X_test)[:,1]
38. fpr_lgb_lm,tpr_lgb_lm,_ = roc_curve(y_test,y_pred_lgb_lm)
39.
40. # 计算 KS 值并绘制 ROC 曲线
41. plt.figure(1)
```

```
42. plt.plot([0, 1], [0, 1], 'k--')
43. plt.plot(fpr_lgb_lm_train,tpr_lgb_lm_train,label='LGB + LR train')
44. plt.plot(fpr_lgb_lm, tpr_lgb_lm, label='LGB + LR test')
45. plt.xlabel('False positive rate')
46. plt.ylabel('True positive rate')
47. plt.title('ROC curve')
48. plt.legend(loc='best')
49. plt.show()
50. print('train ks:',abs(fpr_lgb_lm_train - tpr_lgb_lm_train).max(),
51.       'test AUC:',auc(fpr_lgb_lm_train, tpr_lgb_lm_train))
52. print('test ks:',abs(fpr_lgb_lm - tpr_lgb_lm).max(),
53.       'test AUC:', auc(fpr_lgb_lm, tpr_lgb_lm))
```

运行结果为：

```
train ks: 1.0 test AUC: 1.0
test ks: 0.8 test AUC: 0.9500000000000001
```

ROC 曲线如图 8-12 所示。

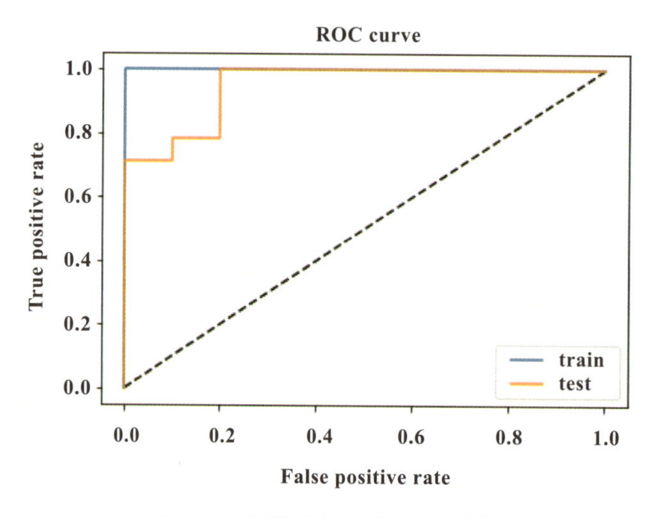

图 8-12　矩阵分解后的 ROC 曲线

8.5.2 节点嵌入

矩阵分解求解的时间复杂度较大，且没有考虑到 2 度以上关联节点的位置关系。因此建模人员所需要的是一种能够更好地表征每个节点 v 的表示 $h_v \in R^m$，且每个节点的表示 h_v 应由节点 v 的特征 x_v、与该节点连接的边的特征 $x_{co[v]}$、该节点的邻居表示 $h_{ne[v]}$ 和该节点邻居节点的特征 $x_{ne[v]}$ 这四部分共同计算得到：

$$h_v = f(x_v, x_{co[v]}, h_{ne[v]}, x_{ne[v]}) \tag{8-41}$$

因此本书介绍另一种节点表示方法——**节点嵌入**（Node2Vec）。

为便于读者理解，首先介绍一种名为词向量编码（Word2Vec）的表示方法作为铺垫。Word2Vec 是一种常用于自然语言处理（Natural Language Processing，NLP）的词抽取技术，它表示的是词与词之间的共现关系。在图谱中同样可以参考 Word2Vec 来考虑节点与节点之间的共现关系。在 NLP 中，通常将句子转化为由多个词所组成的向量。因此在网络中也要先生成节点向量序列。

1. 序列采样

有两种常见的节点序列采样方法：

- 广度优先遍历：反映序列中节点的结构相似性（Structural Equivalence）。
- 深度优先遍历：反映序列中节点的同质性（Homophily）。

首先看一个在树形结构中的例子，如图 8-13 所示。在广度优先遍历中，图 8-13 中的序列表示为 {1,2,3,5,4}；而在深度优先遍历中，得到的是 {1,2,5,4,3}。

在网络图中的序列生成思想和树结构中非常相似，比如对于图 8-14，如果从节点 1 出发，广度优先遍历得到的序列是 {1,2,3,4,5}，而深度优先遍历得到的序列是 {1,2,3,5,4}。

这两种遍历方法关注点不同，都有一定的局限性。随机游走（Random Walk）能将结构相似性和同质性同时表现在节点序列中。比如在图 8-15 中，首先指定游走序列的长度为 3，然后从节点 A 出发，按照一定概率选择节点 E 或 B 作为下一个序列中的元素。假设选择节点 E，而后又以一定概率分别选择 A、B、D 三个节点中的一个作为序列中的下一个元素。假设选择了节点 B，则得到长度为 3 的序列 $\{A,E,B\}$。如此可以兼顾结构的相似性和同质性。

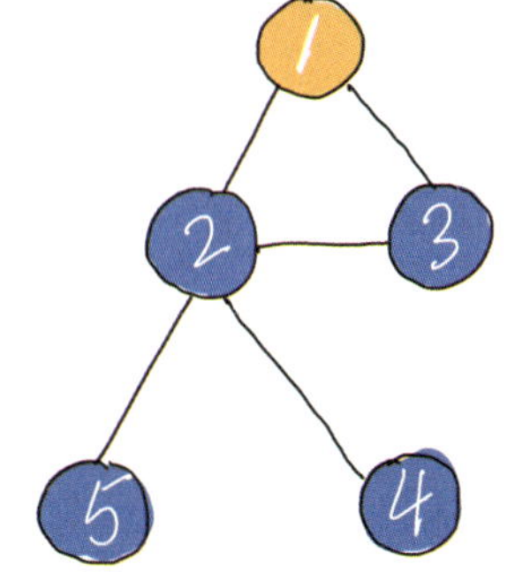

图 8-13　树形结构

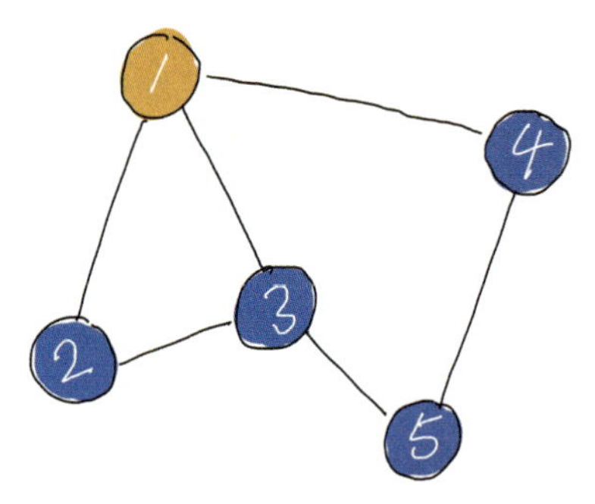

图 8-14　网络状结构

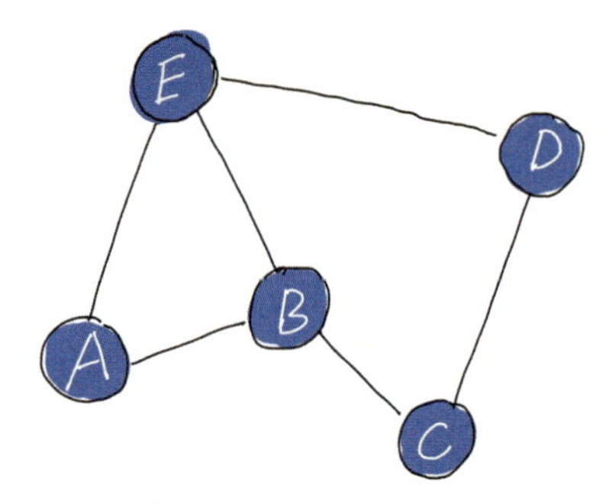

图 8-15　随机游走示例

2. 实现随机游走

按照算法逻辑实现随机游走。

```
1. def rondom_walk (self,length, start_node):
2.     walk = [start_node]
3.     while len(walk) < length:
4.         temp = walk[-1]
5.         temp_nbrs = list(self.G.neighbors(temp))
6.         if len(temp_nbrs) > 0:
7.             walk.append(random.choice(temp_nbrs))
8.         else:
9.             break
10.    return walk
```

3. Node2Vec 中的采样策略

随机游走已经给出了一种很好的节点采样策略，但是在实际应用中，可能更希望人为控制当前的序列生成是偏向于结构相似性，还是偏向于同质性。因此在 Node2Vec 中，对随机游走采样又进行了优化。Node2Vec 对随机游走过程中每一次随机选择的概率进行优化，不再是等权重，而是按照游走方向进行区分。图 8-16 是一张随机游走过程中权重分布的示意图。

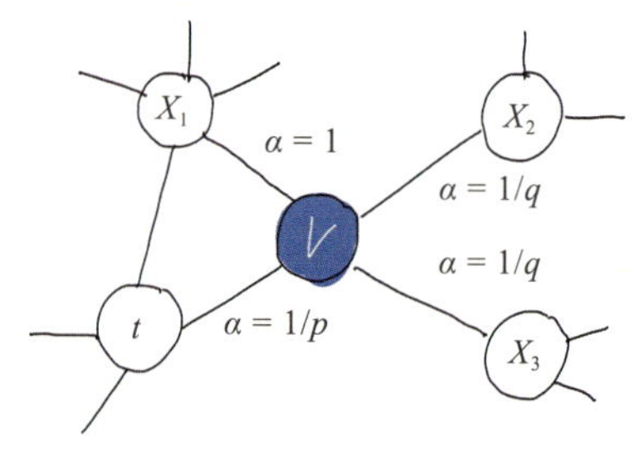

图 8-16　随机游走权重分布

假设由节点 t 出发，当前游走到节点 v。节点 v 向

4 个节点游走的概率见图 8-16。节点 t 作为节点 v 的前一个节点，此时 $1/p$ 的值越大，越倾向于表示结构相似性，因为有更大的概率回到原节点，然后游走到原本和 v 节点同级别的节点上去。而 $1/q$ 越大，越倾向于表示同质性，因为此时更倾向于选择一个离原节点 t 更远的节点。此时游走概率权重 α 可以表示为

$$\alpha_{pq}(t,x)=\begin{cases}\dfrac{1}{p}, & d_{tx}=0\\ 1, & d_{tx}=1\\ \dfrac{1}{q}, & d_{tx}=2\end{cases} \tag{8-42}$$

其中 d_{tx} 表示当前备选节点 x 距离上一个节点 t 的距离。

给定当前节点 v，访问下一个顶点 x 的概率为

$$P(c_i=x\mid c_{i-1}=v)=\begin{cases}\dfrac{\pi_{vx}}{Z}, & (v,x)\in E\\ 0, & \text{其他}\end{cases} \tag{8-43}$$

其中 π_{vx} 是节点 v 和顶点 x 之间的未归一化转移概率，Z 是归一化常数。Node2Vec 引入两个超参数 p 和 q 来控制随机游走的策略，假设当前随机游走经过边 (t,v) 到达节点 v，设 $\pi_{vx}=\alpha_{pq}(t,x)\cdot w_{vx}$，$w_{vx}$ 是节点 v 和 x 之间的边权。

4. Node2Vec 算法

了解了采样策略，接下来对 Nodo2Vec 算法原理进行简单解析。

设 $f(u)$ 是将节点 u 映射为嵌入向量的映射函数，对于网络中每个节点 u，定义 $N_S(u)$ 为通过采样策略 S 采样出的节点 u 的近邻顶点集合。Node2Vec 优化的目标是在给定每个顶点的条件下，令其近邻顶点（如何定义近邻顶点很重要）出现的概率最大。公式为

$$\max_f \sum_{u\in V}\log \Pr(N_S(U)\mid f(u)) \tag{8-44}$$

为了使上述最优化问题可解，必须满足两个假设：

1）条件独立性假设。

假设给定源顶点，其近邻顶点出现的概率与近邻集合中其余顶点无关。

$$\Pr(N_s(u)\mid f(u))=\prod_{n_i\in N_s(u)}\Pr(n_i\mid f(u)) \tag{8-45}$$

2）特征空间对称性假设。

一个顶点作为源顶点和作为近邻顶点的时候共享同一套嵌入向量。在这个假设下，上述条件概率公式可表示为

$$\Pr(n_i \mid f(u)) = \frac{\exp f(n_i) \cdot f(u)}{\sum_{v \in V} \exp f(v) \cdot f(u)} \tag{8-46}$$

根据以上两个假设条件，最终的目标函数表示为

$$\max_f \sum_{u \in V} \left[-\log Z_u + \sum_{n_i \in N_s(u)} f(n_i) \cdot f(u) \right] \tag{8-47}$$

由于归一化因子

$$Z_u = \sum_{n_i \in N_s(u)} \exp(f(n_i) \cdot f(u)) \tag{8-48}$$

的计算代价高，所以采用负采样技术优化。

5. 实现 Node2Vec 游走

下面借助于 Python 中的 Node2Vec 实现 Node2Vec 游走，由于采样时需要考虑前面 2 步访问过的顶点，所以当访问序列中只有 1 个顶点时，直接使用当前顶点和邻居顶点之间的边权作为采样依据。当序列多于 2 个顶点时，使用前文提到的有偏采样。

```
1. import networkx as nx
2. from node2vec import Node2Vec
3.
4. # 自定义图
5. graph = nx.fast_gnp_random_graph(n=100, p=0.5)
6.
7. # 预计算概率并生成行走
8. node2vec = Node2Vec(graph, dimensions=64, walk_length=30, num_walks=200, workers=4)
9.
10. # 嵌入节点
11. model = node2vec.fit(window=10, min_count=1, batch_words=4)
12.
13. # 寻找最相似节点
14. model.wv.most_similar('2')
15.
16. # 保存节点嵌入结果
17. model.wv.save_word2vec_format('EMBEDDING_FILENAME')
```

```
18.
19. # 保存模型
20. model.save('EMBEDDING_MODEL_FILENAME')
21.
22. # 用 Hadamard 方法嵌入边
23. from node2vec.edges import HadamardEmbedder
24.
25. edges_embs = HadamardEmbedder(keyed_vectors=model.wv)
26.
27. # 快速查找嵌入
28. edges_embs[('1', '2')]
29.
30. # 在单独的实例中获取所有边
31. edges_kv = edges_embs.as_keyed_vectors()
32.
33. # 寻找最相似边
34. edges_kv.most_similar(str(('1', '2')))
35.
36. # 保存边嵌入结果
37. edges_kv.save_word2vec_format('EDGES_EMBEDDING_FILENAME')
```

8.6 图卷积神经网络

Node2Vec 是一种无监督算法，是一种普适的、没有特定倾向的表示方法。金融信贷业务建模时，通常更倾向于使用有监督方法建模，因为携带目标信息的特征抽取方法对模型的贡献更大。图卷积神经网络（Graph Convolutional Network，GCN）就是这样一种网络表示算法。GCN 的使用方法与 Node2Vec 相同，首先使用 GCN 对网络进行抽取，然后将抽取的信息与结构化数据合并，即可用于评分卡建模。

8.6.1 卷积神经网络

在了解图卷积神经网络前，首先要理解什么是卷积（Convolutional）。当前在计算机视觉（Computer Vision）领域使用最多的模型是卷积神经网络（Convolutional Neural Network，CNN），而卷积就是其中最主要的组成部分。卷积的本质是使用一个卷积核矩阵，对已有的向量矩阵进行局部加权求和，而权重就是卷积核中每一个位置的数值。

卷积的数学定义是

$$(f*g)(t)=\int_{\mathbb{R}} f(x)g(t-x)\mathrm{d}x \tag{8-49}$$

通常，将 g 称为作用在 f 上的卷积核（kernel）。在二维空间中，卷积核是一个在图像每一层通道（channel）上平移并且进行加权求和的小方块。比如图 8-17 中 3×3 的小方块，每一个小格子中有一个数字，用来和通道上对应位置的灰度值进行加权求和。

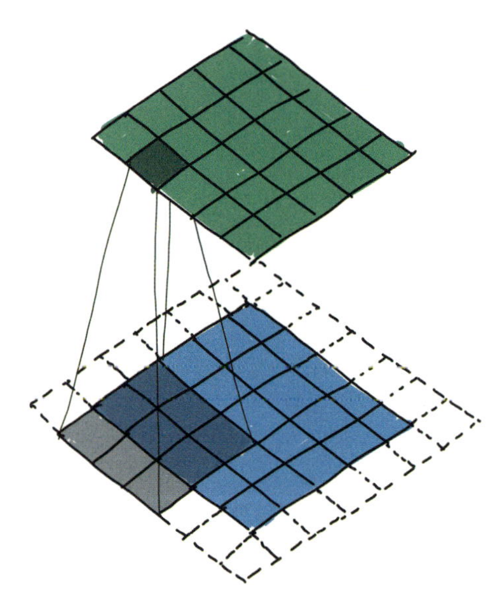

图 8-17 卷积示意图

下面通过一个例子来理解卷积神经网络的大概含义。假设网络中已经学习得到了一个神经元，表示为向量 $\boldsymbol{A}$：

$$A=\begin{bmatrix} 0 & 0 & 0 & 0 & 0 & 30 & 0 \\ 0 & 0 & 0 & 0 & 30 & 0 & 0 \\ 0 & 0 & 0 & 30 & 0 & 0 & 0 \\ 0 & 0 & 0 & 30 & 0 & 0 & 0 \\ 0 & 0 & 0 & 30 & 0 & 0 & 0 \\ 0 & 0 & 0 & 30 & 0 & 0 & 0 \\ 0 & 0 & 0 & 0 & 0 & 0 & 0 \end{bmatrix} \tag{8-50}$$

向量 $\boldsymbol{A}$ 用来识别如图 8-18 所示的弧度。

对于图 8-19，若想识别图 8-20 中是否存在图中类似的弧度，可以通过图卷积进行计算。需要注意的是，这里的卷积不是矩阵乘法，而是矩阵对应位置的元素相乘，并将所有结果进行相加得到最终结果。

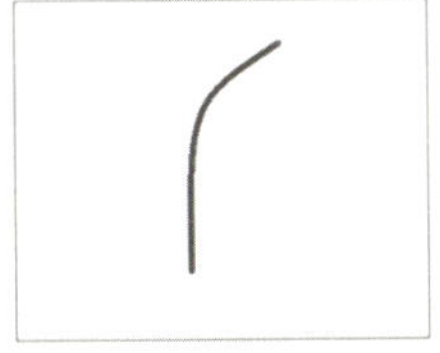

图 8-18　卷积示意图

图 8-19　卷积示意图

图 8-20　弧形所在区域

比如在图 8-20 中，黄色框内区域的像素，可以根据灰度值（0～225）表示为矩阵 **B**：

$$B=\begin{bmatrix}0&0&0&0&0&0&30\\0&0&0&0&50&50&50\\0&0&0&20&50&0&0\\0&0&0&50&50&0&0\\0&0&0&50&50&0&0\\0&0&0&50&50&0&0\\0&0&0&50&50&0&0\end{bmatrix} \tag{8-51}$$

将两个矩阵相乘，大部分元素是 0，简化得到图像局部灰度值矩阵和神经元的相似度为：

$$(50\times30)+(50\times30)+(50\times30)+(20\times30)+(50\times30)=6600 \tag{8-52}$$

6600 是一个较大的值，相对的可以识别出图 8-19 中有相似的拐角。

而图卷积神经网络，即期望在网络中针对节点序列进行卷积操作。在图像中，卷积的概念很直接，因为像素点的排列顺序有明确的上下左右的位置关系。但是在网络中没有明确的空间上的位置关系，并且通常在实际应用中都会关联成千上万的节点，没有办法按照原始的卷积定义进行计算。

在图卷积中，定义了一个新的卷积计算公式：

$$g_\theta * x = Ug_\theta U^{\mathrm{T}} x = Ug_{\theta'}(\Lambda)U^{\mathrm{T}} x \tag{8-53}$$

先不介绍其中变量的具体含义。为了了解这个公式是在说明什么，需要引入以下几个概念。

8.6.2　傅里叶变换

为了解决在复杂网络上的卷积计算问题，必须使用一种特殊的数学转化方法——傅里叶变换（Fourier）。傅里叶变换有非常重要的性质，它揭示出时域的卷积就是频域的乘积。因为函数在经历傅里叶变换的前后，相当于函数处在两套不同的坐标系中，一个是频域，另一个是时域。在其中的一个空间进行卷积操作，对另一个空间的影响就是进行了一次点乘操作。

首先看一下傅里叶变换的本体：

$$\mathcal{F}\{f\}(v)=\int_{\mathbb{R}}f(x)\mathrm{e}^{-2\pi ix\cdot v}\mathrm{d}x \quad (8\text{-}54)$$

并且定义其逆变换为：

$$\mathcal{F}^{-1}\{f\}(x)=\int_{\mathbb{R}}f(v)\mathrm{e}^{2\pi ix\cdot v}\mathrm{d}v \quad (8\text{-}55)$$

接下来将傅里叶变换代入卷积的公式中，首先定义 h 是 g 和 f 的卷积：

$$h(z)=\int_{\mathbb{R}}f(x)g(z-x)\mathrm{d}x \quad (8\text{-}56)$$

则有傅里叶变换：

$$\begin{aligned}\mathcal{F}\{f*g\}(v)=\mathcal{F}\{h\}(v)&=\int_{\mathbb{R}}h(z)\mathrm{e}^{-2\pi iz\cdot v}\mathrm{d}z\\&=\int_{\mathbb{R}}\int_{\mathbb{R}}f(x)g(z-x)\mathrm{e}^{-2\pi iz\cdot v}\mathrm{d}x\mathrm{d}z\\&=\int_{\mathbb{R}}f(x)\left(\int_{\mathbb{R}}g(z-x)\mathrm{e}^{-2\pi iz\cdot v}\mathrm{d}z\right)\mathrm{d}x\end{aligned} \quad (8\text{-}57)$$

代入 $y=z-x$，$\mathrm{d}y=\mathrm{d}z$，有

$$\begin{aligned}\mathcal{F}\{f*g\}(v)&=\int_{\mathbb{R}}f(x)\left(\int_{\mathbb{R}}g(y)\mathrm{e}^{-2\pi i(y+x)\cdot v}\mathrm{d}y\right)\mathrm{d}x\\&=\int_{\mathbb{R}}f(x)\mathrm{e}^{-2\pi ix\cdot v}\left(\int_{\mathbb{R}}g(y)\mathrm{e}^{-2\pi iy\cdot v}\mathrm{d}y\right)\mathrm{d}x\\&=\int_{\mathbb{R}}f(x)\mathrm{e}^{-2\pi ix\cdot v}\mathrm{d}x\int_{\mathbb{R}}g(y)\mathrm{e}^{-2\pi iy\cdot v}\mathrm{d}y\\&=\mathcal{F}\{f\}(v)\cdot\mathcal{F}\{g\}(v)\end{aligned} \quad (8\text{-}58)$$

对等式两边同时加上 $\mathcal{F}^{-1}$，得到

$$f*g=\mathcal{F}^{-1}\{\mathcal{F}\{f\}\cdot\mathcal{F}\{g\}\} \quad (8\text{-}59)$$

也就是说，当引入傅里叶变换后，卷积公式可以改写成：

$$f*g=\mathcal{F}^{-1}\{\mathcal{F}\{f\}\cdot\mathcal{F}\{g\}\} \quad (8\text{-}60)$$

其中 $\mathcal{F}\{f\}$ 代表傅里叶变换。这就是卷积定理。

8.6.3 拉普拉斯算子

常见的一阶导数定义为：

$$f'(x)=\lim_{h\to 0}\frac{f(x+h)-f(x)}{h} \tag{8-61}$$

而拉普拉斯算子（Laplacian）简单来说就是二阶导数：

$$\Delta f(x)=\lim_{h\to 0}\frac{f(x+h)-2f(x)+f(x-h)}{h^2} \tag{8-62}$$

在网络中，定义一阶导数是：

$$f'_{*g}(x)=f(x)-f(y) \tag{8-63}$$

其中，y 是 x 的邻居节点。那么对应的二阶导数可以定义为：

$$\Delta_{*g}f'(x)=\Sigma_{y\sim x}f(x)-f(y) \tag{8-64}$$

定义 $\boldsymbol{D}$ 是 $N\times N$ 的度矩阵（degree matrix）：

$$\boldsymbol{D}(i,j)=\begin{cases}d_i, & i=j\\ 0, & \text{其他}\end{cases} \tag{8-65}$$

再定义 $\boldsymbol{A}$ 是 $N\times N$ 邻接矩阵：

$$\boldsymbol{A}(i,j)=\begin{cases}1, & x_i\sim x_j\\ 0, & \text{其他}\end{cases} \tag{8-66}$$

所以网络中的拉普拉斯算子可以写成：

$$\boldsymbol{L}=\boldsymbol{D}-\boldsymbol{A} \tag{8-67}$$

标准化后得到：

$$\boldsymbol{L}=\boldsymbol{I}_N-\boldsymbol{D}^{-\frac{1}{2}}\boldsymbol{A}\boldsymbol{D}^{-\frac{1}{2}} \tag{8-68}$$

这就是归一化的拉普拉斯矩阵。

拉普拉斯矩阵具有良好的性质，它是对称矩阵，可以进行谱分解；只在中心节点和一阶相连的顶点这两种位置上有非 0 元素，其余位置都是 0；可以通过拉普拉斯算子与拉普拉斯矩阵进行类比。

之所以要定义拉普拉斯算子，是为了通过拉普拉斯矩阵的谱分解，寻找傅里叶变换的基。矩阵 $\boldsymbol{L}$ 的特征分解指，将矩阵 $\boldsymbol{L}$ 分解为由特征值 λ 和特征向量 $\boldsymbol{u}$ 表示的矩阵之积。

首先，求特征值和特征向量。λ 为特征值，$\boldsymbol{u}$ 为特征向量，则满足下式：

$$\boldsymbol{L}\boldsymbol{u}=\lambda\boldsymbol{u} \tag{8-69}$$

其次，令 $\boldsymbol{L}$ 为一个 $N\times N$ 的方阵，且有 N 个线性无关的特征向量。这样，$\boldsymbol{L}$ 可以被分解为：

$$\boldsymbol{L}=\boldsymbol{U}\boldsymbol{\Lambda}\boldsymbol{U}^{-1}=\boldsymbol{U}\begin{pmatrix}\lambda_1 & & \\ & \cdots & \\ & & \lambda_n\end{pmatrix}\boldsymbol{U}^{-1} \tag{8-70}$$

其中，$\boldsymbol{U}$ 是 $N\times N$ 方阵，且其第 i 列为 $\boldsymbol{L}$ 的特征向量 $\boldsymbol{u}_i$，$\boldsymbol{u}_i$ 为列向量：

$$\boldsymbol{U}=(\overrightarrow{u_1},\overrightarrow{u_2},\cdots,\overrightarrow{u_n}) \tag{8-71}$$

$\boldsymbol{\Lambda}$ 是对角矩阵，其对角线上的元素为对应的特征值。

比如在传统的傅里叶变换中，它的基是 $\mathrm{e}^{2\pi ix\cdot v}$，本质是拉普拉斯算子的一组特征向量：

$$\Delta\mathrm{e}^{2\pi ix\cdot v}=\lambda\mathrm{e}^{2\pi ix\cdot v} \tag{8-72}$$

其中 λ 是一个常数。

所以网络中的傅里叶基就是矩阵 $\boldsymbol{L}$ 的 n 个特征向量 $\boldsymbol{U}=[\boldsymbol{u}_1\cdots\boldsymbol{u}_n]$，$\boldsymbol{L}$ 可以分解为：

$$\boldsymbol{L}=\boldsymbol{U}\boldsymbol{\Lambda}\boldsymbol{U}^{\mathrm{T}} \tag{8-73}$$

其中，$\boldsymbol{\Lambda}$ 是特征值组成的对角矩阵。

而网络上的傅里叶变换，核心工作就是将拉普拉斯算子的特征函数变为网络中的拉普拉斯矩阵的特征向量。传统傅里叶变换中，基为 $\mathrm{e}^{-2\pi ix\cdot v}$，逆变换的基为 $\mathrm{e}^{2\pi ix\cdot v}$，维度是 ∞。而在图傅里叶变换中，基为 $\boldsymbol{U}^{\mathrm{T}}$，逆变换的基为 $\boldsymbol{U}$，维度是点的个数 n。所以图傅里叶变换可以定义为：

$$\mathcal{GF}\{f\}(\lambda_l)=\sum_{i=1}^{n}f(i)u_l^*(i) \tag{8-74}$$

其中，$f(i)$ 可以看作是作用在第 i 个点上的信号，可用向量来表示。

$$x=(f(1)\cdots f(n))\in\mathbb{R}^n \tag{8-75}$$

u_l^* 是 u_l 的对偶向量，u_l^* 是矩阵 $\boldsymbol{U}^{\mathrm{T}}$ 的第 l 行，而 u_l 是矩阵 $\boldsymbol{U}$ 的第 l 行。于是可以使用矩

阵形式来表示图傅里叶变换：

$$\mathcal{GF}\{x\}=\boldsymbol{U}^{\mathrm{T}}x \tag{8-76}$$

逆图傅里叶变换则定义为：

$$\mathcal{IGF}\{\hat{f}\}(i)=\sum_{l=0}^{n-1}\hat{f}(\lambda_l)u_l(i) \tag{8-77}$$

矩阵形式为：

$$\mathcal{IGF}\{x\}=\boldsymbol{U}x \tag{8-78}$$

8.6.4 GCN 中的图卷积

由式（8-60）可知，图卷积公式可以表示为：

$$g*x=\boldsymbol{U}(\boldsymbol{U}^{\mathrm{T}}g\cdot\boldsymbol{U}^{\mathrm{T}}x) \tag{8-79}$$

作为图卷积的卷积核函数 g，期望它像卷积神经网络中的卷积核一样，具有很好的局部性质，只会影响到一个像素附近的其他像素。于是可以把 g 定义成一个拉普拉斯矩阵的函数 $g(L)$。

每作用一次拉普拉斯矩阵相当于在图上传播了一次邻居节点。可以进一步把 $U^{\mathrm{T}}g$ 看作一个关于拉普拉斯特征值的函数，表示为 $g_\theta(\Lambda)$，参数为 θ。于是图卷积公式可以改写成：

$$g_\theta*x=\boldsymbol{U}g_\theta\boldsymbol{U}^{\mathrm{T}}x=Ug_{\theta'}(\boldsymbol{\Lambda})\boldsymbol{U}^{\mathrm{T}}x \tag{8-80}$$

这就是 8.6.1 节最后提出的图卷积公式。但是这个计算过程的复杂度是非常高的，需要求拉普拉斯矩阵的特征向量，以及进行大量的矩阵计算。下面考虑近似表示卷积核函数，目标是省去特征向量的求解：

$$g_{\theta'}(\boldsymbol{\Lambda})\approx\sum_{k=0}^{K}\theta'_kT_k(\tilde{\boldsymbol{\Lambda}}) \tag{8-81}$$

其中 T_k 是切比雪夫（Chebyshev）多项式。这里可以把 $g_\theta(\boldsymbol{\Lambda})$ 简单看成是一个 $\boldsymbol{\Lambda}$ 的多项式。$\tilde{\boldsymbol{\Lambda}}=2\boldsymbol{\Lambda}/\lambda_{\max}-\boldsymbol{I}_N$，$\lambda_{\max}$ 是 $\boldsymbol{L}$ 的最大特征值。$\theta'\in R_K$ 是切比雪夫系数的矢量。

因为

$$\boldsymbol{U}\boldsymbol{\Lambda}^k\boldsymbol{U}^{\mathrm{T}}=(\boldsymbol{U}\boldsymbol{\Lambda}\boldsymbol{U}^{\mathrm{T}})^k=\boldsymbol{L}^k \tag{8-82}$$

所以上面的卷积核函数可以写成 $\boldsymbol{L}$ 的函数：

$$g_{\theta'}(\boldsymbol{\Lambda}) \approx \sum_{k=0}^{K} \theta'_k T_k(\tilde{\boldsymbol{L}}) \tag{8-83}$$

其中，$\tilde{\boldsymbol{L}} = 2\boldsymbol{L}/\lambda_{\max} - \boldsymbol{I}_N$。此公式为拉普拉斯算了中的 K 阶多项式，即它仅取决于离中央节点最大 K 步的节点。如果设定 $K=1$，卷积核就可以简化为：

$$g_{\theta'} * x \approx \theta(\boldsymbol{I}_N + \boldsymbol{L})x = \theta\left(\boldsymbol{I}_N + \boldsymbol{D}^{-\frac{1}{2}}\boldsymbol{A}\boldsymbol{D}^{-\frac{1}{2}}\right)x \tag{8-84}$$

其中，$\tilde{\boldsymbol{L}} = 2\boldsymbol{L}/\lambda_{\max} - \boldsymbol{I}_N$，即一个线性的关于 $\boldsymbol{L}$ 的函数，因此它是拉普拉斯谱图上的一个线性函数。这样，仍然可以通过叠加多个这样的层来恢复一类丰富的卷积滤波函数，但是并不局限于切比雪夫多项式给出的显式参数化。直观认为，对于节点度分布非常宽的网络，该模型可以缓解局部邻域结构过拟合的问题。另外，对于固定的计算预算，这种分层线性公式允许构建更深入的模型，这是一种提高许多领域建模能力的方法。

令

$$\tilde{\boldsymbol{A}} = \boldsymbol{A} + \boldsymbol{I}_N \tag{8-85}$$

$$\tilde{D}_{ii} = \sum_j \tilde{A}_{ij} \tag{8-86}$$

$$g_{\theta'} * x = \theta\left(\tilde{\boldsymbol{D}}^{-\frac{1}{2}}\tilde{\boldsymbol{A}}\tilde{\boldsymbol{D}}^{-\frac{1}{2}}\right)x \tag{8-87}$$

通过堆叠多个上述卷积层，再加上激活函数，就得到具有以下分层传播规则的多层图形卷积网络：

$$\boldsymbol{H}^{(l+1)} = \sigma\left(\tilde{\boldsymbol{D}}^{-\frac{1}{2}}\tilde{\boldsymbol{A}}\tilde{\boldsymbol{D}}^{-\frac{1}{2}}\boldsymbol{H}^{(l)}\boldsymbol{W}^{(l)}\right) \tag{8-88}$$

其中，

- ❑ $\tilde{\boldsymbol{A}} = \boldsymbol{A} + \boldsymbol{I}_N$ 为无向图 G 的带自环邻接矩阵；
- ❑ $\boldsymbol{I}_N$ 为单位矩阵 3；
- ❑ $\tilde{D}_{ii} = \sum_j \tilde{A}_{ij}$；

- $W^{(l)}$ 为特定层，可训练权重向量；
- $\sigma(\cdot)$ 为激活函数，如 ReLU；
- $H^{(l)} \in R^{N \times D}$ 为第 l 层的激活矩阵，$H^{(0)} = X$。

【例 8-14】GCN 实践。

首先定义 GCN 网络。

```
1. import torch
2. import torch.nn as nn
3. import torch.nn.functional as F
4. import networkx as nx
5.
6. def normalize(A, symmetric=True):
7.     # A = A+I
8.     A = A + torch.eye(A.size(0))
9.     # 所有节点的度
10.     d = A.sum(1)
11.     if symmetric:
12.         # D = D^(-1/2)
13.         D = torch.diag(torch.pow(d, -0.5))
14.         return D.mm(A).mm(D)
15.     else :
16.         # D=D^(-1)
17.         D =torch.diag(torch.pow(d,-1))
18.         return D.mm(A)
19. class GCN(nn.Module):
20.     """
21.     Z = AXW
22.     """
23.     def __init__(self, A, dim_in, dim_out):
24.         super(GCN,self).__init__()
25.         self.A = A
26.         self.fc1 = nn.Linear(dim_in,dim_in,bias=False)
27.         self.fc2 = nn.Linear(dim_in,dim_in//2,bias=False)
28.         self.fc3 = nn.Linear(dim_in//2,dim_out,bias=False)
29.
30.     def forward(self, X):
31.         """
32.         计算 3 层 GCN
33.         """
34.         X = F.relu(self.fc1(self.A.mm(X)))
35.         X = F.relu(self.fc2(self.A.mm(X)))
36.         return self.fc3(self.A.mm(X))
```

加载二分类网络数据，实践图卷积网络。

```
1. # 获得数据
2. G = nx.karate_club_graph()
3. A = nx.adjacency_matrix(G).todense()
4. # 矩阵 A 需要标准化
5. A_normed = normalize(torch.FloatTensor(A/1.0),True)
6.
7. N = len(A)
8. X_dim = N
9.
10. # 没有节点的特征，简单用一个单位矩阵表示所有节点
11. X = torch.eye(N,X_dim)
12. # 正确结果
13. Y = torch.zeros(N,1).long()
14. # 计算 loss 的时候要去掉没有标记的样本
15. Y_mask = torch.zeros(N,1,dtype=torch.uint8)
16. # 一个分类给一个样本
17. Y[0][0] = 0
18. Y[N-1][0] = 1
19. # 有样本的地方设置为 1
20. Y_mask[0][0] = 1
21. Y_mask[N-1][0] = 1
22.
23. # 真实的空手俱乐部的分类数据
24. Real = torch.zeros(34, dtype=torch.long)
25. for i in [1,2,3,4,5,6,7,8,11,12,13,14,17,18,20,22]:
26.     Real[i-1] = 0
27. for i in [9,10,15,16,19,21,23,24,25,26,27,28,29,30,31,32,33,34]:
28.     Real[i-1] = 1
29.
30. # GCN 模型
31. gcn = GCN(A_normed, X_dim, 2)
32. # 选择 adam 优化器
33. gd = torch.optim.Adam(gcn.parameters())
34.
35. for i in range(300):
36.     # 转换到概率空间
37.     y_pred = F.softmax(gcn(X),dim=1)
38.     # 下面两行计算交叉熵损失
39.     loss = (-y_pred.log().gather(1,Y.view(-1,1)))
40.     # 仅保留有标记的样本
41.     loss = loss.masked_select(Y_mask).mean()
42.
43.     # 梯度下降
```

```
44.     # 清空前面的导数缓存
45.     gd.zero_grad()
46.     # 求导
47.     loss.backward()
48.     # 一步更新
49.     gd.step()
50.
51.     if i%100==0 :
52.         _,mi = y_pred.max(1)
53.         print(mi)
54.         # 计算精确度
55. print((mi == Real).float().mean())
```

运行结果为：

```
tensor([1, 1, 1, 1, 1, 0, 0, 1, 1, 1, 1, 1, 1, 1, 1, 1, 0, 1, 1, 1, 1, 1, 1, 0,
        0, 0, 1, 0, 0, 1, 1, 0, 1, 1])
tensor([0, 0, 1, 0, 0, 0, 0, 0, 1, 1, 0, 0, 0, 0, 1, 1, 0, 0, 1, 0, 1, 0, 1, 1,
        1, 1, 1, 1, 1, 1, 1, 1, 1, 1])
tensor([0, 0, 0, 0, 0, 0, 0, 0, 1, 1, 0, 0, 0, 0, 1, 1, 0, 0, 1, 0, 1, 0, 1, 1,
        1, 1, 1, 1, 1, 1, 1, 1, 1, 1])
tensor(1.)
```

8.7　本章小结

本章主要介绍了复杂网络中的节点中心度计算、节点分类、社区发现、网络表示学习。这四种网络数据挖掘方法在风控欺诈检测领域应用较为广泛，如果读者对更多的相关知识感兴趣，请自行拓展。

此外，在实际的欺诈检测业务中，使用不同的信息进行网络搭建，其结果会相差很多。因此除了掌握本章中的算法外，还需要收集更多欺诈业务信息，才能真正将欺诈检测做好。

参考文献

[1] 周志华 . 机器学习 [M]. 北京：清华大学出版社，2016.

[2] AGGARWAL C C. Outlier Analysis[M]. New York: Springer, 2016.

[3] 雷法特 . 信用风险评分卡研究：基于 SAS 的开发与实施 [M]. 王松奇，林智乾，译 . 北京：社会科学文献出版社，2013.

[4] 安德森 . 信用评分工具：自动化信用管理的理论与实践 [M]. 李志勇，译 . 北京：中国金融出版社，2017.

[5] 麦金尼 . 利用 Python 进行数据分析 [M]. 唐学韬，等译 . 北京：机械工业出版社，2014.

[6] 单良，乔杨 . 数据化风控 [M]. 北京：电子工业出版社，2018.

[7] OLAH C. Understanding LSTM Networks [EB/OL]. (2015-08-27) [2019-09-01]. https://colah.github.io/posts/2015-08-Understanding-LSTMs/.

[8] BREUNIG M M, KRIEGEL H P, NG R T, et al. LOF: Identifying Density-based Local Outliers[J]. ACM SIGMOD Record, 2000, 29(2):93-104.

[9] LIU F T, TING K M, ZHOU Z H. Isolation-based Anomaly Detection[J]. TKDD, 2012, 6(1).

[10] LONG M S, WANG J M, DING G G, et al. Transfer feature learning with joint distribution adaptation[C]//ICCV. Proceedings of the IEEE International Conference on Computer Vision. Piscataway: Computer Vision Foundation, 2013: 2200-2207.

[11] PAN S J, TSANG I W, KWOK J T, et al. Domain adaptation via transfer component analysis[J]. IEEE Transactions on Neural Networks, 2011, 22(2): 199-210.

[12] DAI W Y, YANG Q, XUE G R, et al. Boosting for transfer learning[C]//ACM. Proceedings of the 24th International Conference on Machine Learning. New York: ACM, 2007: 193-200.

[13] 陈一鸣，宋士吉 . 迁移极限学习机及其在域自适应问题的应用 [J]. 中国科技论文，2017, 14: 1565-1569.

[14] HE H B, GARCIA E A. Learning from Imbalanced Data[J]. TKDE, 2009, 21(9): 1263-1284.

[15] hren_ron. 不平衡学习（Imbalanced learning）[EB/OL]. (2018-07-23)[2019-10-30]. https://blog.csdn.net/hren_ron/article/details/81172044.

[16] HE X R, PAN J F, JIN O, et al. Practical lessons from predicting clicks on ads at Facebook[C]//KDD. Proceedings of the Eighth International Workshop on Data Mining for Online Advertising. New York: ACM, 2014:1-9.

[17] RENDLE S. Factorization Machines[C]//ICDM. Proceedings of the 2010 IEEE International Conference on Data Mining. Washington, DC: IEEE Computer Society, 2010: 995-1000.

[18] NEWMAN M E J, GIRVAN M. Finding and evaluating community structure in networks[J]. Physical Review E, 2004, 69(2 Pt 2):026113.

[19] BLONDEL V D, GUILLAUME J L, LAMBIOTTE R, et al. Fast unfolding of communities in large networks[J]. Journal of Statistical Mechanics: Theory and Experiment, 2008, 2008(10): 0-0.

[20] LANCICHINETTI A, FORTUNATO S. Community detection algorithms: a comparative analysis[J]. Physical Review E, 2009, 80(5):056117.

[21] GROVER A, LESKOVEC J. node2vec: Scalable Feature Learning for Networks[C]//KDD. Proceedings of the 22nd ACM SIGKDD International Conference on Knowledge Discovery and Data Mining. New York: ACM, 2016: 855-864.

[22] DEFFERRARD M, BRESSON X, VANDERGHEYNST P. Convolutional Neural Networks on Graphs with Fast Localized Spectral Filtering[C]//NIPS. Advances in Neural Information Processing Systems 29 (NIPS 2016). New York: Curran Associates, 2016.

[23] KIPF T N, WELLING M. Semi-supervised classification with graph convolutional networks[C]//ICLR. Proceedings of the International Conference on Learning Representations 2017. San Diego: ICLR, 2016.

[24] MOLNAR C. Interpretable Machine Learning [M/OL]. (2019-10-30)[2019-11-03]. https://christophm.github.io/interpretable-ml-book/.

推荐阅读

深度学习
核心技术、工具与案例解析

深度学习
主流框架和编程实战

自然语言处理与深度学习
通过C语言模拟

深度学习
Java语言实现

O'REILLY
TensorFlow
学习指南
深度学习系统构建详解

PaddlePaddle
深度学习实战

Neural Network Methods
for Natural Language Processing
基于深度学习的
自然语言处理

Python自然语言处理实战
核心技术与算法

深度卷积网络
原理与实践